Forschungen zur Reformierten Theologie

Herausgegeben von
Marco Hofheinz / Georg Plasger /
Michael Weinrich

Band 5
Sándor Fazakas / Georg Plasger (Hg.)
Geschichte erinnern als Auftrag der Versöhnung

Sándor Fazakas / Georg Plasger (Hg.)

Geschichte erinnern als Auftrag der Versöhnung

Theologische Reflexionen über Schuld und Vergebung

Neukirchener Theologie

Dieses Buch wurde auf FSC®-zertifiziertem Papier gedruckt.
FSC® (Forest Stewardship Council®) ist eine nichtstaatliche, gemeinnützige
Organisation, die sich für eine ökologische und sozialverantwortliche
Nutzung der Wälder unserer Erde einsetzt.

Bibliografische Information der Deutschen Nationalbibliothek

Die Deutsche Nationalbibliothek verzeichnet diese Publikation in der Deutschen
Nationalbibliografie; detaillierte bibliografische Daten sind im Internet über
http://dnb.d-nb.de abrufbar.

© 2015 Neukirchener Verlagsgesellschaft mbH, Neukirchen-Vluyn
Alle Rechte vorbehalten
Umschlaggestaltung: Andreas Sonnhüter, www.sonnhueter.com
Redaktion: Kerstin Scheler und Helena Schneider
Lektorat: Ekkehard Starke
DTP: Simon Plasger
Gesamtherstellung: Hubert & Co., Göttingen
Printed in Germany
ISBN 978-3-7887-2973-8 (Print)
ISBN 978-3-7887-2974-5 (E-PDF)

www.neukirchener-verlage.de

Vorwort

Dass Versöhnung zu den grundlegenden Aufgaben der christlichen Kirche gehört und als Mandat der Kirche gilt, wird inzwischen als Selbstverständlichkeit betrachtet. Wie aber Kirche und Theologie den auf Versöhnung angewiesenen Konfliktfeldern begegnen und sich selber als Subjekt historischer und gesellschaftlicher Konfliktgeschichten wahrnehmen kann und soll, ist keineswegs geklärt. Die geschichtlichen Erfahrungen des 20. Jahrhunderts in und nach den Weltkriegen sowie das Leiden und die Menschenrechtsverletzungen unter den kommunistischen Diktaturen haben Länder Mittelosteuropas zu einer intensiven Wahrnehmung geschichtlicher Schuldzusammenhänge geführt. Orte und Rituale der Erinnerungskultur stehen nicht nur im Dienste einer Pflichtwahrnehmung der Lebenden im Hinblick auf die Zukunft, sondern sie beweisen, dass die heutige Generation sich von den Untaten der vorangehenden Generationen in Haftung genommen fühlt. Trotz dieser „Hochkonjunktur von Erinnerungen" (Pierre Nora) wächst im Kontext neuer Herausforderungen durch die gesellschaftlichen Umwälzungen und Umbrüche nach der Wende 1989/90 (z.B. die wirtschaftliche, moralische und politische Krise, der Legitimationsmangel politischer Führungskräfte, die soziale Unsicherheit, die Fremdenangst und der Rechtsextremismus) die Unfähigkeit zu einer kritischen Auseinandersetzung mit der Frage: Was ist bzw. was bedeutet Schuld und Versöhnung im geschichtlichen und sozialen Kontext? Im Blick auf die ökonomische Globalisierung mit ihren weitreichenden sozialen Folgen, aber auch angesichts von tragischen Unfällen auf Massenveranstaltungen greift die Einsicht um sich, dass der Mensch immer weniger imstande ist, solche komplexen Prozesse zu steuern, zu kontrollieren und zu beherrschen – oder auch dafür Verantwortung zu übernehmen. Wie weit kann ein Mensch als Person oder als Leiter bzw. Repräsentant einer Institution oder eine Kollektive verantwortlich gemacht werden, wenn mit einem überpersonalen-strukturellen Schuldzusammenhang im historischen und sozialen Kontext zu rechnen ist? Und nach welchen Kriterien können und dürfen Theologie und Kirche in diesem Prozess der Erinnerung, der Vergangenheitsaufarbeitung, der Geschichtsdeutung teilnehmen, um die gesellschaftliche Relevanz der Versöhnungsbotschaft zur Gehör zu bringen? Und überhaupt, gibt es einen Anspruch auf Deutung von geschichtlichen Zusammenhängen auch seitens der reformierten Theologen? Auch wenn Erinnerung als gemeinsamer Wesenszug der verschiedenen Konfessionen und der jüdisch-christlich geprägten europäischen Kultur angesehen wird: Das kritische und normative Potenzial der Theologie für gesellschaftliche Erinnerungsprozesse ist neu zu bedenken. Der Sinn der Aufarbeitung von schuldhaften Verstrickungen oder Krisensituationen besteht nämlich nicht allein in der Entlarvung der verursachenden Täter, sondern im Bemühen um Heilung der Wunden auch bis in die Nachfolgegenerationen hinein und in der Eliminierung weiterer soziokultureller Deformationen, die durch die Verdrängung entstanden sind. Deshalb vollzieht reformatorische Theologie die Analyse der geschichtlichen Zusammenhänge und der soziokulturellen Konfliktsituationen nicht mit dem Anspruch auf eine billige Entschuldigung des Geschehenen, sondern als befreiende Besinnung auf die Dimensionen von Schuld und Sünde und in Verantwortung für die Geschichte.

Die Beiträge des vorliegenden Bandes konzentrieren sich in vergleichender Weise auf die Untersuchung der oben genannten Fragestellung angesichts der mittel- und osteuropäischen Transformationsgesellschaften (von Deutschland über Österreich bis Ungarn und Rumänien) – und zwar aus der Perspektive der reformierten Theologie. Der Kreis der deutschsprachigen und ungarischsprachigen reformierten Theologen, unter ihnen Wissenschaftler aus dem Bereich der Biblischen Wissenschaften, der Systemtischen Theologie und der Sozialethik sowie der Praktischen Theologie, befinden sich seit mehr als einem Jahrzehnt in einem Prozess regelmäßigen Austausches zum Rahmenthema öffentlicher Relevanz von Schuld, Vergebung und Versöhnung (bisherige Konferenzen fanden in Emden 2003, in Debrecen 2007 und wieder in Emden 2012 statt). Die Beiträge dieses Bandes wurden während der Tagung in Berekfürdő (unweit von Debrecen in Ungarn) in der Zeit von 4. bis 7. September 2014 vorgestellt und ausführlich diskutiert mit dem Ziel, ein biblisch orientiertes, systematisch reflektiertes und praktisch relevantes theologisches Sensorium für die europäische Erinnerungskultur zu entwickeln bzw. zu vertiefen. Gemeinsamkeiten und Unterschiede der jeweiligen gesellschaftlichen und kirchlichen Kontexte wurden nicht ausgeklammert; besonders die beiden extremen Erscheinungspole (Erinnerungskultur als Pseudoreligion versus kollektive Selbstentlastung) haben darauf hingewiesen, dass bei allen Gemeinsamkeiten in der theologischen Lehre und Tradition die jeweiligen Erfahrungshorizonte die theologische Urteilsfindung situationsbezogen und aktuell machen. Dieser Umstand kann aber nicht nur den thematischen Diskurs bereichern, sondern treibt das Interesse an theologischen Forschungsanliegen weiter voran. Deshalb ist der Autorenkreis dieses Bandes davon überzeugt, dass das Gedenken der Vergangenheit in Europa nicht nur auf die Stimme der reformierten Theologie angewiesen ist, sondern auch diese Theologie sich vor die Notwendigkeit gestellt sieht, einen substantiellen Beitrag zum Thema Geschichte und Versöhnung zu entwickeln und zu vertreten.

Wir danken der Autorin und den Autoren, dass sie ihre Beiträge als wissenschaftliche Abhandlung verfasst und für die Veröffentlichung zur Verfügung gestellt haben, sowie den weiteren Teilnehmerinnen und Teilnehmern der Tagung, die wichtige Impulse für die Diskussion bzw. für die Endgestaltung der Manuskripte gegeben haben. Für die finanzielle Ermöglichung der Konsultation in Ungarn sind wir einerseits dem gastgebenden Reformierten Kirchenkreis Jenseits der Theiß/Debrecen und seinem Bischof Gusztáv Bölcskei zu großem Dank verpflichtet, andererseits der Universität Siegen für einen Druckkostenzuschuss. Im Namen der Teilnehmerinnen und Teilnehmer möchten wir Michael Welker, Professor der Theologischen Fakultät der Universität Heidelberg, und Michael Beintker, Direktor des Seminars für Reformierte Theologie an der Evangelisch-Theologischen Fakultät der Universität Münster auch herzlich danken, dass sie diese Konsultationsreihe initiiert, gefördert und jahrelang begleitet haben. Bei der Fertigstellung des Bandes haben sich Kerstin Scheler und Helena Schneider (Redaktion) sowie Simon Plasger (Satz) verdient gemacht. Den Herausgebern und dem Verlag danken wir für die Aufnahme in die Reihe „Forschungen zur reformierten Theologie".

Debrecen / Siegen, im Juli 2015

Sándor Fazakas / Georg Plasger

Inhalt

Michael Beintker
Was leistet Aufarbeitung der Vergangenheit? 1

Sándor Fazakas
Was leistet Aufarbeitung der Vergangenheit? 14

Ulrich H.J. Körtner
Geschichte erinnern – Beobachtungen zur österreichischen
Perspektive 35

László Levente Balogh
Das Opfer als Deutungs- und Erinnerungsmuster in der ungarischen Erinnerungskultur von dem 19. Jahrhundert bis zur
Gegenwart 51

István Karasszon
Leidensgeschichten erinnern: Israel im Exil 68

Thomas Naumann
Der leidende Gottesknecht als Erinnerungsfigur zur
Bearbeitung katastrophaler Erfahrungen – eine Betrachtung
zu Jes 52,13–52,12. 79

Andreas Lindemann
Die Passion Jesu als erinnerte Leidensgeschichte 103

Imre Peres
Die Johannesapokalypse als erinnerte Leidensgeschichte . . . 131

Michael Welker
Geschichte erinnern – heilende und zerstörerische Formen
der Erinnerung und des Gedächtnisses 149

Ulrike Link-Wieczorek
Wiedergutmachung statt Strafe? 161

Dávid Németh
Schuld und Vergebung im seelsorgerlichen Gespräch 181

Autorenverzeichnis 199

Michael Beintker

Was leistet Aufarbeitung der Vergangenheit?

Einsichten und Erfahrungen aus deutscher Sicht

I. Vielschichtigkeit der Erinnerungen

Die Forderung nach „Aufarbeitung der Vergangenheit" scheint deutschen Ursprungs zu sein und dürfte bald nach 1945 in Umlauf gekommen sein. Sie steht in einem Zusammenhang zu der Scham der Deutschen, die nach dem Ende des Zweiten Weltkriegs mit dem ganzen Ausmaß der von ihnen angerichteten Katastrophe und der in ihrer Mitte gewirkten Verbrechen konfrontiert wurden. Wie sollte man mit der Last dieser Vergangenheit fertigwerden, wie den durch sie gewirkten Traumatisierungen standhalten, wo doch schon der bloße Blick auf das, was geschehen war, traumatisierte? Das Verlangen nach Vergessen und Vergessen-Können war nur zu begreiflich. Dem stand der kategorische Imperativ des Nicht-Vergessen-Dürfens im Weg, den Theodor W. Adorno so formuliert hat: „Hitler hat den Menschen im Stande ihrer Unfreiheit einen neuen kategorischen Imperativ aufgezwungen: ihr Denken und Handeln so einzurichten, daß Auschwitz nicht sich wiederhole, nichts Ähnliches geschehe."[1]

Die Teilung Deutschlands hat rasch zu einer Teilung der Erinnerungslandschaften geführt. In den Gründerjahren der Bundesrepublik Deutschland wurde die Alltagsmentalität von der Forderung bestimmt, dass irgendwann „doch einmal Schluss sein müsse" mit der Erinnerung an das Unheil und dass diese Vergangenheit mit all ihren Verstrickungen endlich auch als bewältigt gelten müsse. Lange Zeit sprach man lieber von Vergangenheits*bewältigung* statt von Vergangenheits*aufarbeitung*, bis man erkannte, dass sich eine von tiefer Schuld gezeichnete Vergangenheit nicht bewältigen, sondern allenfalls bearbeiten lässt. In der DDR überließ man die Frage nach dem Schlussstrich dem Westen. Den hatte man mit der Gründung des ostdeutschen Teilstaats schon im Jahr 1949 gezogen. Hier gehörte der „Antifaschismus" von Anfang an zur Staatsdoktrin, und das bedeutete, dass man mit dem Anspruch auftreten konnte, auf der Seite der Sieger angekommen zu sein (jedenfalls

---

[1] TH.W. ADORNO, Negative Dialektik, Gesammelte Schriften 6, Frankfurt a.M. 1973, 358.

auf der Seite der sowjetischen Sieger) und längst die richtigen Lehren aus der Vergangenheit gezogen zu haben. Die Formel von der „Aufarbeitung der Vergangenheit" war in der Sprache der DDR weitgehend ungebräuchlich. Aus DDR-Sicht war die nationalsozialistische Vergangenheit nur das unbewältigte Problem der Westdeutschen. Wer sich auf diese kollektive Lebenslüge einließ, brauchte sich auch für die deutsche Vergangenheit nicht mehr zu schämen.

1989 sind die geteilten Erinnerungslandschaften allmählich wieder ineinander verwachsen. Nun wurde das repressive DDR-System selbst zum Gegenstand der Aufarbeitung der Vergangenheit. Die Machtstrukturen, die offenen und verdeckten Mechanismen der Repression, die Umstände des Lebens in der Diktatur und das damit verbundene Unrecht wurden nun ihrerseits zum Gegenstand intensiver Bemühungen um Aufarbeitung.[2] Dabei zeigte sich auch in einem erschreckenden Ausmaß, wohin die politische Lebenslüge des verordneten Antifaschismus geführt hatte: nämlich geradewegs zu seinem Gegenteil, zur Rekultivierung rechtsradikaler Denkweisen. In abgeschwächter und modifizierter Weise blieben die Erinnerungslandschaften weiterhin geteilt. Während die frühere DDR-Bevölkerung mehrheitlich zu einer Verharmlosung der versunkenen DDR-Welt neigt und einseitig deren positive Seiten betont („Ostalgie"), haben die früheren Oppositionellen und die Mehrheit der Westdeutschen klare, ungeschönte Vorstellungen von den hässlichen Seiten der DDR.

Die Verpflichtung zur Aufarbeitung der NS-Vergangenheit wird nun aber von den meisten als gesamtdeutsche Aufgabe begriffen. Gerade hat das Nachrichtenmagazin „Der Spiegel" wieder eine entsprechende Titelgeschichte veröffentlicht: „Die Akte Auschwitz. Schuld ohne Sühne: Warum die letzten SS-Männer davonkommen."[3] Es geht um die letzten lebenden SS-Männer der „Generation Rollator" – der Jüngste ist 88 Jahre, der Älteste fast 100 Jahre alt –, die im Februar 2014 Gegenstand offizieller Ermittlungen geworden waren, nun aber wohl doch davonkommen. Und es geht um die Kritik am Versagen der deutschen Justiz in Vergangenheit und Gegenwart: „1,1 Millionen Menschen starben im größten Vernichtungslager der Nazis, die meisten Täter wurden nie

---

[2] Die Bemühungen um Aufarbeitung brachten eine umfangreiche Literatur hervor. Als repräsentativ können die Ergebnisse der dafür vom Deutschen Bundestag eingesetzten Enquete-Kommission gelten. Vgl. DEUTSCHER BUNDESTAG (Hg.), Materialien der Enquete-Kommission „Aufarbeitung von Geschichte und Folgen der SED-Diktatur in Deutschland" (12. Wahlperiode des Deutschen Bundestages), 9 Bände in 18 Teilbänden, Baden-Baden/Frankfurt a.M. 1995.
[3] Der Spiegel 35, 25. August 2014, Titel sowie 28–40.

bestraft. Jetzt verstreicht die letzte Chance, das Menschheitsverbrechen zu ahnden: Es geht um 30 SS-Angehörige."[4] Über die Spiegel-App konnten die Leser ein Rundumpanorama aus den Baracken in Auschwitz herunterladen. Beigefügt war eine CD mit einer Dokumentation „Das kurze Leben der Anne Frank". Man erkennt: Diese Vergangenheit vergeht nicht; sie bleibt massiv präsent.

II. Erinnern und Durcharbeiten

„Aufarbeitung": Frühere Generationen wären kaum auf die Idee gekommen, Phänomene wie das Erinnern oder das Trauern mit *Arbeit* zu konnotieren; sie wurden ganz einfach kultisch oder liturgisch zelebriert und waren nicht – wie die Tätigkeit – dem *wirksamen*, sondern dem *darstellenden Handeln* zugeordnet. Es war wohl Sigmund Freud, der das therapeutisch relevante Vermögen des Erinnerns, Wiederholens und Durcharbeitens von Traumata als einen spezifischen Modus von Arbeit begriff, um damit die Aktivität der Patienten gegen die der Aufhellung seelischer Konflikte im Weg liegenden Widerstände sichtbar zu machen.[5] Freud beobachtete, dass diese nicht erinnern wollen, weil sie Verwundung befürchten. Deshalb müssen sie der Erkenntnisarbeit ausgesetzt werden. Über die Individualpsychologie hat sich die Rede von Erinnerungs-, Erkenntnis- und Trauerarbeit an die Sozialpsychologie vererbt, die die Phänomene kollektiver Schuldamnesie und Schuldverleugnung thematisierte und das kollektive Schuldtrauma untersuchte, in dem die Deutschen nach dem Ende der NS-Diktatur befangen gewesen sind. Beispielhaft dafür war die Studie von Alexander und Margarete Mitscherlich „Die Unfähigkeit zu trauern", die in der Revitalisierung der Aufarbeitungsdebatte durch die Generation der Studentenrevolte von 1968 eine wichtige Rolle gespielt hat.[6]

---

[4] A.a.O. 28.
[5] Vgl. S. FREUD, Erinnern, Wiederholen und Durcharbeiten, in: ders., Gesammelte Werke 10, Frankfurt a.M. [4]1967, 126–136. Auf Seite 133 fällt der Ausdruck „Erinnerungsarbeit".
[6] Vgl. A. MITSCHERLICH/M. MITSCHERLICH, Die Unfähigkeit zu trauern. Grundlagen kollektiven Verhaltens, München [13]1980. Mit Blick auf Freuds Studie (s. Anm. 5) führen die Mitscherlichs zum Stichwort „Vergangenheitsbewältigung" aus: „Mit ‚bewältigen' ist [...] eine Folge von Erkenntnisschritten gemeint. Freud benannte sie als ‚erinnern, wiederholen, durcharbeiten'. Der Inhalt einmaligen Erinnerns, auch wenn es von heftigen Gefühlen begleitet ist, verblaßt rasch wieder. Deshalb sind Wiederholung innerer Auseinandersetzungen und kritisches Durchdenken notwendig, um die instinktiv und unbewußt arbeitenden Kräfte des Selbstschutzes im Vergessen, Verleugnen, Projizieren und ähnlichen Abwehrmechanismen zu über-

Die Theologie musste zur Kenntnis nehmen, dass es Ausmaße von Schuld gibt, denen das Vergeben nicht gewachsen ist und die das Vergessen als vergebungsethische Maßnahme ausschließen. Selbst dort, wo vergeben werden kann, darf nicht vergessen werden. Das gilt im Blick auf die Opfer, die oft als Erste aus dem Blick geraten – die Ermordeten, so Adorno, dürfen nicht „noch um das einzige betrogen werden, was unsere Ohnmacht ihnen schenken kann, das Gedächtnis".[7] Und es gilt genauso im Blick auf die Täter und die Mitschuldigen – um der Gerechtigkeit willen, die wir den Opfern schulden, und um der erklärten Absage an das Unrecht willen, die wir uns und den Nachgeborenen schuldig sind. Wir stehen hier vor einem Bewährungsfeld der Versöhnung, auf dem die Erinnerung an die Schuld Teil der Versöhnung ist und wo ihr Vergessen Versöhnung verhindern und bereits erfahrene Versöhnung wieder zweifelhaft machen würde. Bei systematisch betriebenem Massenmord und organisierter Menschenverachtung kann es kein Vergessen geben. Das widerspricht nur scheinbar der vom Evangelium ins Recht gesetzten Praxis der Vergebung. Denn es ist ja so, dass die Praxis der Vergebung zur Schuldeinsicht und -erinnerung befreit. Der, der in der Gewissheit lebt, dass seine Schuld vergeben wird, wird dazu befreit, sie zu sehen und zu erkennen. Er braucht sie nicht mehr zu verleugnen. Er kann erinnern, weil er Vergebung erfuhr. So kann die für das traditionelle Vergebungsverständnis paradox anmutende Behauptung gewagt werden: Das Erinnern und Vergegenwärtigen schuldgezeichneter Vergangenheit ist eigentlich nicht die Voraussetzung, sondern die Folge eines Aussöhnungsprozesses. Man entspricht der Aussöhnung, wenn man gegen das Vergessen und Verharmlosen andenkt. Erst so werden Denken und Handeln zukunftsfähig und vermögen sich glaubhaft in den nicht als abgeschlossen zu betrachtenden Prozess weiterer Aussöhnung einzubringen.

Aufarbeitung ist nicht *Ab*arbeitung, kein abschließbarer Prozess, sondern waches und gezieltes Erinnern. Genau genommen muss die aufzuarbeitende Vergangenheit *un*bewältigt bleiben, sie muss und soll stören, sie soll die Illusion vom entschuldeten Menschen schmerzhaft unterbrechen, damit sie zum Mahnruf für die Lebenden wird. Sie soll die Nachgeborenen zur Auseinandersetzung, zum Lernen, zum Widerstand gegen ihre Wiederauferstehung veranlassen.

---

winden. Die heilsame Wirkung solchen Erinnerns und Durcharbeitens ist uns aus der klinischen Praxis wohlbekannt [...]" (A.a.O. 24f.).

[7] TH.W. ADORNO, Was bedeutet: Aufarbeitung der Vergangenheit?, in: ders., Gesammelte Schriften, Band 10.2, Frankfurt a.M. 1977, (555–572) 557.

III. Ebenen der Aufarbeitung

Man kann drei Ebenen der Aufarbeitung der Vergangenheit unterscheiden: die juristische, die politische und die mentale Ebene.

Auf der juristischen Ebene stellt sich die Frage nach Wiedergutmachung und nach Bestrafung der Täter und Mittäter. Die zerstörte Rechtsordnung ist wieder aufzubauen und für die personelle Erneuerung in den gesellschaftlichen und politischen Funktionszentren ist Sorge zu tragen. So kam es zur Entnazifizierung nach 1945 und zur Entstasifizierung und zum Austausch der belasteten DDR-Eliten nach 1990. Hierbei handelte es sich genaugenommen um kurzfristige Sofortmaßnahmen, die mit allen Mängeln des befristeten Agierens verbunden sind. Das heißt: Die ergriffenen Maßnahmen waren selten objektiv gerecht: Die einen bewerteten sie als zu nachsichtig, die anderen als zu rabiat. Die Maßnahmen waren der Last des zur Klärung stehenden Unrechts kaum gewachsen. Trotzdem kann auf solche Einschnitte nicht verzichtet werden. Wenn die belasteten Akteure von gestern heute gleich wieder das Sagen und Führen hätten, während die Opfer ihrer Politik erneut marginalisiert würden, könnte der Gesellschaft schwerlich die Fähigkeit zum Neuanfang attestiert werden. Der sog. Elitentausch ist in Deutschland in den Jahren nach 1945 kaum gelungen. Der Zorn der 1968er Generation richtete sich dann gegen die nur halbherzig und entschieden zu großzügig vorgenommene Entnazifizierung. Nach 1990 wollte man es besser machen. Und in der Tat: Anders als in den anderen Staaten des ehemaligen Ostblocks ist im Osten Deutschlands sehr gründlich aufgeräumt worden. Das war möglich, weil die belasteten Eliten mit parlamentarischer Legitimation überprüft und ausgewechselt wurden, was den Verfahren zur Integritätsüberprüfung freilich den Vorwurf der „Siegerjustiz" eintrug. Die gerichtliche Aufarbeitung des DDR-Unrechts gestaltete sich freilich schwierig.

Bedeutsamer als die juristische Ebene von Vergangenheitsaufarbeitung ist die politische. Hier geht es vor allem um die Förderung demokratischer und rechtsstaatlicher Regularien. Diktaturen profitieren in erster Linie nicht von der Verführbarkeit der Massen, sondern von der Angepasstheit der Menschen im gesellschaftlichen Alltag. Sie machen sich deren Angst zunutze, sich wegen Kritik an den Verhältnissen Nachteile zuzuziehen. Obwohl man das Unrecht sieht, bedeckt man es kompromissbereit mit dem Mantel des Schweigens, der je nach herrschender Windrichtung gedreht und gewendet wird. Die Demokratie lebt jedoch von der aktiven und bei Bedarf kritischen Beteiligung der Bürgerinnen und Bürger. Deshalb müssen diese ausdrücklich im Gebrauch ihrer

Freiheit bestärkt und ihrer mündigen Mitverantwortung für das Ganze vergewissert werden. Mut und Beherztheit in der Realisierung gesellschaftlicher und politischer Verantwortung sind nicht selbstverständlich, sondern kostbar. Ihre Ermöglichungsbedingungen müssen in der Erinnerung an die verhängnisvollen Auswirkungen kollektiver Lethargie wie ein Augapfel gehütet werden.

Beide Ebenen, die juristische und die politische, müssen auf die mentale Ebene der Vergangenheitsaufarbeitung bezogen werden, will sagen: auf die Fähigkeit, die Erinnerung wachzuhalten und darin Einsichten zu gewinnen. Die Erinnerung übt darin ein, die kollektive und individuelle Schuldverstrickung als Bestandteil der eigenen Geschichte anzunehmen, ohne sich auf die „Gnade der späten Geburt" (Helmut Kohl) zu versteifen. Ihr stellten sich hinsichtlich der politischen und moralischen Katastrophe des deutschen Volkes zwischen 1933 und 1945 zwei Leitfragen: „Wie konnte es zu dieser Katastrophe kommen?" Und: „Was ist zu tun, damit sich das Geschehene nicht wiederholen kann?" Beide Fragen bieten Aufschluss über prinzipielle Motive schuldbewusster Erinnerung. Die erste Frage intendiert die kritische Rekonstruktion des Gewesenen. Die zweite Frage speist sich wesentlich aus einem pädagogischen Motiv, indem sie das Lernziel vorgibt: „Das darf sich nie wiederholen."

IV. Aufarbeitung als kritische Selbstreflexion

Dieser wichtige Erkenntnisprozess verlief sehr unbefriedigend. Alexander und Margarete Mitscherlich haben von der „Unfähigkeit zu trauern" gesprochen und in ihren sozialpsychologischen Analysen untersucht, weshalb die Menschen von sich aus nicht in der Lage sind, sich selbstkritisch mit ihrer Schuld zu beschäftigen, weshalb sie in der Regel die Strategien der Schuldabwehr und Schuldverleugnung bevorzugen, um sich mit ihrer Lebensgeschichte zu arrangieren. Gleichwohl musste und muss die Frage nach Bearbeitung schuldhafter Vergangenheit aufrecht und schmerzhaft wachgehalten werden, denn die nüchterne Tatsache der Schuldverleugnung – ein der Bibel vertrautes menschliches Grundphänomen – kann nicht zu einer hinnehmbaren ethischen Grundregel umgemünzt werden. Die Verharmlosung der Schuldverleugnung und die Rechtfertigung der Erkenntnisverweigerung potenziert dann die frühere Schuld zur „zweiten Schuld", wie es der jüdische Publizist Ralph Giordano in seinem Buch „Die zweite Schuld oder Von der Last Deutscher zu sein"[8] eindringlich und anklagend zum Ausdruck gebracht hat.

Gegenüber der Entrüstung über verweigerte Trauerarbeit bzw. kollektive Buße ist freilich Zurückhaltung angebracht. Für die Nachgeborenen ist es einfach, sich über diejenigen zu empören, die den Epochenumbruch nach 1945 zu durchleben und zu durchleiden hatten. Welche Chancen zur Schuldeinsicht hatten die Menschen, die aus den Trümmern krochen oder auf der Flucht waren? Man studiere die Zeitzeugnisse, um sich bewusst zu machen, dass alle Interessen dem nackten Überleben galten, der physischen Zukunftssicherung. Die Menschen waren froh, dass der Spuk des „1000jährigen Reiches" vorbei war und dass sie ihn wenigstens überlebt hatten. Es ist auch nachvollziehbar, dass die Menschen, die sich mit der DDR politisch identifiziert hatten, von ihren Verstrickungen in das Unrecht nichts wissen wollten, und schon die Charakterisierung der DDR als „Unrechtsstaat" entrüstet zurückwiesen. Anderenfalls hätten sie sich dazu bekennen müssen, dass sie in der Gefangenschaft eines kollektiven Selbstbetrugs gelebt hatten. Aufarbeitung der Vergangenheit als mentales Rekonstruktions- und Lernprojekt der Gesellschaft kann also nicht einfach auf die Forderung nach Schuldeinsicht bei jenen zugespitzt werden, die in unterschiedlichster Verwicklung Zeugen jenes Unheils gewesen sind. Profane Bußforderungen befestigen die Erinnerungsblockaden, die sie lauthals anprangern. Es ist die Frage, ob es außerhalb der christlichen Gemeinde Jesu Christi jemals einen Ort geben kann, an welchem Menschen sich mit ihrer eigenen Schuld und Mitschuld identifizieren können, gerade weil die Zusage der Vergebung die Identifikation mit der Schuld unterbricht. Aufs Ganze gesehen bleibt Aufarbeitung ein Unterfangen, das mehr in der Außenperspektive der Schuldwahrnehmung verhaftet bleibt, als uns lieb sein kann. Das ist, wenn der Tribunalisierungsdrang gedämpft werden kann, durchaus ein sinnvoller Zugang. Denn jeder, der sich der Erinnerung und ihrer dokumentierten Überlieferung stellt, wird sich wenigstens vor der Frage sehen, wo *er* denn gestanden hätte in der Finsternis der NS-Zeit, ob er sich wohl entschiedener, mutiger, tapferer verhalten hätte als jene, die nach seiner Auffassung entschieden zu leichtgläubig und feige existierten. Die gleiche Frage gilt es auszuhalten, wenn die mit der nationalsozialistischen Gewaltherrschaft trotz zahlreicher Analogien nicht gleichzusetzenden Verhältnisse in der DDR auf dem kritischen Prüfstand stehen. Individuelle Schuldeinsicht verlangt Zeit und Freiheit, sie lässt sich nicht erzwingen.

---

[8] Vgl. die überarbeitete Fassung des Kapitels: Der verordnete Antifaschismus. Ein Wort zum Thema NS-Erbe und DDR, in: R. GIORDANO, Die zweite Schuld oder Von der Last Deutscher zu sein (Hamburg 1987), Berlin-Ost 1990, 215–228.

Enthüllungskampagnen, Überflutung des Bewusstseins mit moralischen Postulaten und dokumentativ angelegte Schocktherapien sind der intendierten Klärung eher hinderlich, weil es in erster Linie gar nicht um die Frage geht, ob auch ich zu Massenerschießungen oder zu Spitzeldiensten fähig wäre (sie wird ohnehin rundweg verneint werden), sondern um die Alltäglichkeit menschlichen Versagens unter totalitären Politikbedingungen. Es geht um die Banalität des Stillhaltens und ängstlichen Gefügigseins und die Desorientierung durch Blindheit.

In seinem Essay „Was bedeutet: Aufarbeitung der Vergangenheit?" hielt Adorno fest: „Was immer propagandistisch geschieht, bleibt zweideutig."[9] Statt den Zorn über die Schergen des Naziregimes zu entfachen, müssten z.B. die Rassevorurteile durchschaut werden, die als tiefsitzende Vorurteilsstruktur den Judenmord begünstigten und alle Drangsalierungen der Juden hinnehmen ließen. Adorno illustrierte die Zweideutigkeit des Propagandistischen an der Geschichte einer Frau, „die einer Aufführung des dramatischen Tagebuchs der Anne Frank beiwohnte und danach erschüttert sagte: ja, aber *das* Mädchen hätte man doch wenigstens leben lassen sollen".[10] Er fügte hinzu: „Sicherlich war selbst das gut, als erster Schritt zur Einsicht. Aber der individuelle Fall, der aufklärend für das furchtbare Ganze einstehen soll, wurde gleichzeitig durch seine eigene Individuation zum Alibi des Ganzen, das jene Frau darüber vergaß."[11] Adorno machte am Beispiel des Antisemitismus deutlich, dass man von der Präsentation der Fakten nicht allzu viel erwarten könne. Die Adressaten würden sie entweder nicht an sich heranlassen oder sie jeweils als Ausnahmen neutralisieren. Deshalb sollte man die Argumentation auf die Subjekte wenden, zu denen man redet: „Ihnen wären die Mechanismen bewusst zu machen, die in ihnen selbst das Rassevorurteil verursachen. Aufarbeitung der Vergangenheit als Aufklärung ist wesentlich solche Wendung aufs Subjekt, Verstärkung von dessen Selbstbewusstsein und damit auch von dessen Selbst."[12] So lange solche Vorurteile wirken, muss Aufarbeitung geleistet werden. Da sie de facto immer wieder neu zum Zuge kommen, ist Aufarbeitung ein nie abschließbarer Prozess.

Bedeutsam ist in diesem Zusammenhang Folgendes: Vergangenheitsaufarbeitung, die als Selbstaufklärung des Individuums angelegt wird, durchbricht die Mechanismen der Schuldabwehr. Insbesondere nimmt sie in einer neuen „Wendung auf das Subjekt" die Depersonalisierung

---

[9] ADORNO, Aufarbeitung, 570.
[10] Ebd.
[11] Ebd.
[12] A.a.O. 571.

des Schuldverständnisses zurück,[13] indem sie die Verstrickung bzw. die Anfälligkeit für Verstrickung als existentielle Grunderfahrung des Individuums in der modernen Massengesellschaft sichtbar macht. Jeder und jede ist fehlbar, und jeder und jede ist durch Verblendung seiner humanen Orientierung entfremdet: Das sollen sie und er erkennen – in der Hoffnung auf Realitätsgewinn, Courage und waches Bewusstsein. In Wiederaufnahme der Überlegungen Adornos hat Jürgen Habermas die neue Aufarbeitungsdebatte nach dem Ende der DDR reflektiert und von der „Selbstreflexion" gesprochen, die den Individuen auferlegt sei und die nicht einfach durch juristische Verfahren oder durch die öffentlich ausgetragene ethisch-politische Selbstverständigung ersetzt werden könne.[14] Die Reflexion der Vergangenheit könne „nur dann heilen, wenn sie nicht von außen als Waffe gegen uns eingesetzt wird, sondern von innen als Selbstreflexion wirksam wird".[15] Habermas beklagte hinsichtlich der Überhitzung der Debatte um die politischen und moralischen Hinterlassenschaften der DDR, dass Personalisierung und Tribunalisierung den Fokus von öffentlichen Klärungen unscharf werden lassen.[16] Die mediale Fixierung auf bestimmte Personen bzw. Tätergruppen, vergleichbar einem kollektiven Abreagieren des Zorns, dürfe über zwei klar bestimmbare Aufgaben nicht hinwegsehen: zum einen juristische Verfahren und zum anderen eine gewisse Bereitschaft „zur existentiellen Selbstprüfung"[17]. Nur, wenn das geleistet werde, könne „die ethisch-politische Aufarbeitung der Vergangenheit eine mentalitätsbildende Kraft erlangen und für eine freiheitliche politische Kultur Anstöße geben".[18]

V. Gefährdung durch Ungeduld und moralische Empörung

Die Zielstellungen, die sich mit der Aufgabe der Vergangenheitsaufarbeitung verbinden, sind einleuchtend. Die Theologie wird sie nicht vorlaut in Zweifel ziehen, obwohl sie nicht davon ablassen wird, die Schuldfrage in den Dimensionen von Vergebung und Versöhnung zu thematisieren, auch hier nicht. Den Glaubwürdigkeitsverlust, den sich

---

[13] Vgl. M. BEINTKER, Rechtfertigung in der neuzeitlichen Lebenswelt. Theologische Erkundungen, Tübingen 1998, 27.
[14] Vgl. J. HABERMAS, Bemerkungen zu einer verworrenen Diskussion. Was bedeutet "Aufarbeitung der Vergangenheit" heute?, DIE ZEIT vom 3. April 1992, (82–85) 82.
[15] Ebd.
[16] Vgl. ebd.
[17] Ebd.
[18] Ebd.

die Kirchen durch Barmherzigkeitskalküle an der falschen Stelle zugezogen haben, indem sie sich z.B. von der kritischen Überprüfung ihres eigenen Versagens und ihren Systemverstrickungen suspendierten, kann das theologische Nachdenken nur problematisieren. Es muss gerade hier auf schonungslose Klarheit drängen, damit das Wort von der Vergebung vor seiner Pervertierung in „Weißwäscherei" geschützt wird.[19] Das Wort von der Vergebung darf freilich auch nicht durch politmoralische Gesetzlichkeit behindert werden.

Die Aufarbeitung der NS-Vergangenheit lässt sich auch als Geschichte von Fehlschlägen beschreiben. Das spricht nicht gegen ihre Notwendigkeit, wohl aber gegen ihre Überfrachtung mit Erwartungen, die nicht einlösbar sind. Der von Habermas angesprochene Heilungseffekt mag einzelnen Individuen widerfahren. Wird jedoch die Hoffnung genährt, man könne die Gesamtgesellschaft mittels einer groß angelegten Katharsis kollektiv therapieren, dann unterschätzt man die Anfälligkeit der *conditio humana* für Rückschläge aller Art.

„Germany on the couch"[20] – so hatte die Financial Times einen Artikel betitelt, der sich mit den gesellschaftspsychologischen Erkundungen des Hallenser Psychotherapeuten Hans-Joachim Maaz befasste. In seinem Buch „Der Gefühlsstau"[21] hatte Maaz ein „Psychogramm der DDR" (Untertitel) entworfen und die charakterlichen Verformungen der Menschen unter repressiven Bedingungen aufzuhellen versucht. Der DDR-Bürger wurde als ressentimentgeleiteter, autoritätshöriger, gehemmter Charakter beschrieben, der nach 40 Jahren Sozialismus nichts Besseres zu tun gewusst habe, als seine oralen Bedürfnisse nach westdeutschen Komfortbegriffen auszuleben. Die Kränkung durch die sozialistisch verwaltete Welt habe er wohlstandssüchtig kompensieren wollen, ohne sich den Schmerz der kritischen Selbstaufhellung zumuten zu wollen. Daher sei er weiter hörig und verführbar. Wenn jedoch die Gesellschaft gesunden solle, so müssten sich ihre Individuen zuallererst von ihren neurotischen Interaktionsmustern befreien lassen. Die politische Revolution muss nach Maaz durch eine „psychische Revolution"[22] ergänzt werden, durch einen therapeutisch gelenkten und be-

---

[19] Vgl. E. NEUBERT, Vergebung oder Weißwäscherei. Zur Aufarbeitung des Stasiproblems in den Kirchen, Freiburg i.Br. 1993. Die von Neubert bezeichnete Alternative ist in der Tat mit allen Mitteln zu vermeiden. Ob Neuberts theologische Reflexion dessen, was Vergebung vermag (vgl. hierzu bes. a.a.O. 162–171), hier ausreicht, ist eine Frage für sich.
[20] Financial Times vom 13. Januar 1993.
[21] H.-J. MAAZ, Der Gefühlsstau. Ein Psychogramm der DDR, Berlin 1990.
[22] A.a.O. 186–193.

gleiteten Weg „zum ‚neuen' Leben"[23], der aus Erkenntnis und emotionaler Erfahrung erwächst und de facto auf Gesellschaftstherapie zielt,[24] ohne dass doch die Einlösung dieses Programms, das Maaz inzwischen auf die ganze Republik ausgedehnt hat,[25] nachvollziehbar einsichtig gemacht werden kann. Es dürfte sich auch *sub conditione humana* schwerlich in der von Maaz gewünschten Weise einlösen lassen.

Maßvoller, aber nicht weniger kühn, fielen die Erwartungen aus, die die Initiatoren eines „Tribunals" zur DDR-Vergangenheit Anfang 1992 skizzierten: Mit der Öffnung der Stasi-Archive am 1. Januar 1992 habe ein „unwägbarer, nicht steuerbarer, aber notwendiger und *schließlich befreiender* Prozeß"[26] begonnen. Bei all dem Richtigen, das die Initiatoren benannten, ist bis heute nicht recht deutlich, was uns berechtigt, diesen Prozess als befreiend zu qualifizieren. Befreiend hat er sich ganz gewiss für die Opfer dargestellt. Aber auch für die Mehrheit der Bevölkerung, die Erkenntnisarbeit als Zumutung und Demütigung von sich wies? Muss hier nicht eher darauf vertraut werden, dass die Anpassungsneigung zum Guten hin ausschlägt, nämlich zur Bereitschaft, die Demokratie zu akzeptieren und ihre Chancen zu nutzen? So ärgerlich es für den sozialtherapeutischen Eifer auch sein mag: Die Demokratisierung Westdeutschlands nach 1945 war erfolgreich, weil man sich kollektiv an den bis dahin verpönten Parlamentarismus der westlichen Welt angepasst hatte. Erst allmählich begriff man die Vorzüge dieser Demokratie und wurde mit reichlicher Verspätung dann auch Demokrat aus Überzeugung.

Eine Einsicht, die aus der reflektierenden Aufarbeitung von Vergangenheitsaufarbeitung resultiert, darf nicht unausgesprochen bleiben: Je totaler die Erwartungen an Aufarbeitung werden, desto resignativer können die Ernüchterungen sein. War man nach 1989 mit dem Pathos aufgebrochen, bei der nun anstehenden Aufklärung über die DDR-Zeit die Irrwege und Fehler der Klärungsprozesse nach 1945 nicht zu wiederholen, so meldete sich bereits nach drei Jahren intensivster Bemühungen Skepsis. Plötzlich las man an prominenter Stelle, dass sich Vergangenheit überhaupt nicht bewältigen lasse (das hätte man schon immer wissen können!). In einem von namhaften Autoren herausgegebenen

---

[23] A.a.O. 192.
[24] Vgl. a.a.O. 193.
[25] Vgl. H.-J. MAAZ, Die narzisstische Gesellschaft. Ein Psychogramm, München 2012.
[26] J. GAUCK/F. SCHORLEMMER/W. THIERSE/W. ULLMANN/R. HÖPPNER u.a., Begreifen, was gewesen ist: Plädoyer für ein Tribunal, FAZ vom 23. Januar 1992, 29.

Manifest „Weil das Land Versöhnung braucht"[27] schrieb Marion Gräfin Dönhoff: „Nichts kann uns von der Vergangenheit erlösen – es gibt keine ‚Vergangenheitsbewältigung' –, die Zukunft kann nur durch Aussöhnung, nicht durch Abrechnung oder Rache gewonnen werden."[28] Wenn im Zeichen der Vergangenheitsaufarbeitung eine säkulare Bußstimmung erzeugt werden soll – Buße, die die Gewissheit der Sündenvergebung nicht mehr kennt und sich zwangsläufig auf das moralische Fegefeuer beschränkt –, dann kann auch die dosierteste Offenlegung von Schuld nur verwunden und zerstören. Richard Schröder hat den hier fälligen theologischen Einspruch scharf pointiert: „Christliche Beichtpraxis ohne Gott ist etwas Inhumanes, und [...] der Beichtstuhl auf dem Marktplatz wird zum Pranger. Gesichtsverlust heilt nicht."[29] Man könne nicht eine breite und freie Aussprache über das Gewesene wünschen und zugleich Mittäter- und Mitläuferschaft rigide sanktionieren.[30]

Aufarbeitung der Vergangenheit verlangt Zeit und Geduld. Bei der von Adorno und Habermas postulierten Selbstreflexion handelt es sich um einen langfristigen Lernprozess, der nur gelingen kann, wenn er nicht unter Erfolgsdruck gestellt wird. Die Vorgänge in Ostdeutschland boten eine Fülle von Material über die Folgen des moralischen Perfektionismus in der Beurteilung des menschlichen Verhaltens. Es ist nicht gelungen, die fällige personelle Erneuerung der gesellschaftlichen Funktionszentren so vorzunehmen, dass neues Unrecht vermieden werden konnte. Die Justiz, von der man eine Objektivierung und transmoralische Behandlung von Vergehen und Straftaten erwarten sollte, war überfordert. Hinsichtlich der Öffnung von Archiven wurde ein Zustand erreicht, der früheren Historikergenerationen unvorstellbar gewesen ist: Fast jede lebende Person konnte zeitweise ohne archivalische Schonfrist bis in die intimsten Details ihrer Lebensgeschichte hinein ausgeleuchtet werden, sofern es von Relevanz für die Öffentlichkeit war. Die Gefahr, des Guten zu viel zu tun und damit einer Übertribunalisierung zu erliegen, wurde kaum gesehen.

Aufarbeitung der Vergangenheit kann bei dem Versuch, kritisch Verstrickungen zu durchschauen, selbst in Verstrickungen geraten. Ohne

---

[27] M. Gräfin Dönhoff/P. Bender/F. Dieckmann/A. Michnik/F. Schorlemmer/R. Schröder/U. Wesel, Ein Manifest: Weil das Land Versöhnung braucht, Reinbek 1993.
[28] A.a.O. 14 (Vorwort), vgl. a.a.O. 88.
[29] R. Schröder, Ein Beichtstuhl auf dem Marktplatz wird zum Pranger, in: Dönhoff u.a., Manifest, (15–32) 29.
[30] Vgl. a.a.O. 27.

Behutsamkeit und Geduld, ohne Augenmaß für die Grenzen menschlichen Handelns, verhindert sie sich selbst. Zu leicht kann sie auf ihre Weise der Schuld verfallen, die sie zu entlarven gedachte. Die leisen Töne werden hier mehr erreichen als die medienerpichten Sensationsmeldungen.

VI. Menschen bleiben fehlbar

Im Bemühen um Aufarbeitung der Vergangenheit schwingt ein unerkanntes soteriologisches Motiv mit: die Erwartung nämlich, die Menschen würden sich durch Einsicht in ihre Geschichte grundlegend bessern und erneuern. Mit dem Verlust für das Verständnis der Rechtfertigungsbotschaft war der Sinn für die Unterscheidung von *iustitia coram Deo* und *iustitia civilis* weithin verloren gegangen. Nunmehr wird der immer relativen *iustitia civilis* ein Anspruch auf Letztgültigkeit aufgebürdet, der sie hoffnungslos überfordert. Es soll innerweltlich geleistet werden, was für den Glauben nur als eschatologische Hoffnung bezeugt werden kann: die Realisierung der neuen Schöpfung bei einer überzeugenden Verabschiedung des Alten. Wenn das Alte nur durchschaut ist, dann kann es von uns nicht mehr Besitz ergreifen, so das Vorurteil. Es sollte zwar darauf vertraut werden, dass Menschen durch Einsicht in ihr Versagen reifen. Es muss aber auch damit gerechnet werden, dass sie fehlbar bleiben und hinter gewonnene Einsichten wieder zurückfallen. Bei Hegel heißt es sogar: „Was die Erfahrung aber und die Geschichte lehren, ist dieses, daß Völker und Regierungen niemals etwas aus der Geschichte gelernt und nach Lehren, die aus derselben zu ziehen gewesen wären, gehandelt haben."[31] Wenn wir uns nur die Kriege und Kriegsausbrüche dieses Jahres vergegenwärtigen, werden wir sagen müssen, dass Hegel in unheimlicher Weise Recht hat. Jedenfalls gilt: Alles, was man hier ausrichten kann, wird Fragment bleiben. Die Aufarbeitung der Vergangenheit, die die Abgründe des menschlichen Herzens ignoriert, übernimmt sich und geht an ihrer Selbstüberschätzung zugrunde. Sie kann nur gewinnen, wenn sie nicht perfekt sein möchte und sich von der Gewissheit der Sündenvergebung halten und begrenzen lässt. Das letzte Urteil über uns liegt bei Gott. Und dieses Urteil wird voraussichtlich strenger und zugleich barmherziger ausfallen als die Tribunale der Menschen.

---

[31] G.F.W. HEGEL, Vorlesungen über die Philosophie der Geschichte, in: ders., Werke in zwanzig Bänden, Theorie-Werkausgabe 12, hg. von E. Moldenhauer, Frankfurt a.M. 1970, 17.

Sándor Fazakas

Was leistet Aufarbeitung der Vergangenheit?

Einsichten und Erfahrungen aus ungarischer Sicht

Als *Helmuth Thielicke* 1945 Barths Forderung nach einem allgemeinen Schuldbekenntnis der Deutschen, um klare Verhältnisse zu schaffen und wieder aufatmen zu dürfen, zurückwies[1], tat er dies mit dem Hinweis auf einen Schuldzusammenhang, der – seines Erachtens - durch den Versailler Vertrag gekennzeichnet war. Ohne Anspruch auf eine billige Entschuldigung für die Grausamkeiten des Krieges und des Massenmordes zu erheben oder diese Ereignisse direkt auf den die Deutschen belastenden Friedensvertrag kausal zurückführen zu wollen, weist er darauf hin, dass *Versailles ein Milieu und eine Atmosphäre geschaffen hat, in der der Nazismus gedeihen konnte.* Er verstand darunter eine Wechselwirkung zwischen industrieller Niederlage, wirtschaftlicher Notlage, fremdem Geist des Kulturbolschewismus und den quälenden Gefühlen eines gedemütigten, doch kulturell hochqualifizierten Volkes, die in einem geschichtlichen Tiefpunkt dazu führen konnte, dass das Volk der Stimme eines Mannes (Hitler) folgen konnte.[2] Diesen Rekurs Thielickes auf Versailles bezeichnete *Ernst Wolf* in seiner Replik[3] als einen verhängnisvollen Mythos – einen Mythos, der nicht nur Verbrechen als Mittel zur Herstellung eines vermeintlichen Status quo zu legitimieren versucht, sondern statt Schuldeinsicht zur Selbstrechtfertigung leitet.

Hier ergibt sich eine merkwürdige Parallele. 1920 schreibt der ungarische Historiker *Gyula Szegfű* im Vorwort zu seinem Buch über die Ursachen des Zerfalls des ungarischen Staatswesens: „Ich musste dieses Buch schreiben. Dieses Buch ist meine persönliche Erfahrung [...]. Das Elend der Katastrophe im Oktober des Jahres 1918 wird von uns Intellektuellen am tiefsten gespürt, ... an unserem Körper und in un-

---

[1] Vgl. H. THIELICKE, Exkurs über Karl Barths Vortrag in Tübingen (08.11.1945), in: M. GRESCHAT (Hg.), Im Zeichen der Schuld. 40 Jahre Stuttgarter Schuldbekenntnis. Eine Dokumentation, Neukirchen-Vluyn 1985, 163-172. Vgl. K. BARTH, Ein Wort an die Deutschen (02.11.1945), in: GRESCHAT, Im Zeichen der Schuld, 160-163.

[2] Vgl. THIELICKE, Exkurs über Karl Barths Vortrag, 166-167. Hervorhebung von SF.

[3] Vgl. Ernst Wolf an Helmut Thielicke, in: GRESCHAT, Im Zeichen der Schuld, (172-179) 174.

serer Seele, selbstbewusst und suchend nach Zusammenhängen [...]. Ich finde keinen Mut zur weiteren Arbeit, solange ich keine Rechenschaft ablege über den Niedergang, der zu dieser Katastrophe geführt hat, [...] und solange ich nicht den Kräften ins Augen sehe, die unsere Nation aus der Bahn der gesunden Entwicklung gekippt haben."[4]

Wie sind diese Einstellungen zu deuten? Geht es wirklich um einen Anspruch auf Deutung von geschichtlichen Zusammenhängen, die aber von Symptomen der historischen Traumata keineswegs frei sind? Oder hat man mit Facetten eines Mythos zu tun, der tatsächlich eine ständige Rückwärts-Orientierung beschwört, statt nach vorne zu blicken, um den Prozess des künftigen Zusammenlebens zu gestalten, in dem eine befreiende Besinnung auf die Dimension von Schuld und Sünde unentbehrlich sein sollte? Gerade dieser Mythos ist das Befremdliche, aber man wird ihn nicht verarbeiten können, wenn man ihn einfach verabschiedet oder als obsolet setzt. Vielmehr gilt es zu analysieren, zu verstehen, zu hinterfragen. Ich möchte deshalb die Aussagen von H. Thielicke, E. Wolf und Gy. Szegfű im Lichte unserer Erfahrungen nicht als Gegensatz, sondern als komplementär verstehen, weil ein Streben nach Schuldeinsicht die Analyse der historisch-gesellschaftlichen Zusammenhänge und die darüber erworbene Erkenntnis nicht ausschließt, sondern eher das Gegenteil der Fall ist: Die Einsicht in die Geschichte wird erst dadurch ermöglicht. Deshalb gehe ich in meiner Betrachtung in drei Schritten vor.

I. Erfahrungen seit 1989

Das Jahr der großen Transformation in Europa, das Jahr 1989, wurde auch in Ungarn genauso wie in dessen Nachbarländern und selbst von der Reformierten Kirche in Ungarn als *annus mirabilis* erlebt. Die „Plötzlichkeit und Leichtigkeit, mit der Diktaturen und die vom Kalten Krieg bestimmte internationale Ordnung zusammenbrach"[5], hat eine Kirche und Gesellschaft, die mit einem andauernden Zusammenleben mit dem System – und lasst uns hinzufügen, mit einer Sicht auf die Geschichte des 20. Jahrhunderts – gerechnet haben, überrascht. Das Jahr war zunächst von Ereignissen wie dem Paneuropa-Picknick, der Grenzöffnung von Sopron und dem Fall der Berliner Mauer gekennzeichnet, bald sollte es aber als eine *Zäsur* gelten, als das Ende des Kalten Krie-

---

[4] GY. SZEGFŰ, Három nemzedék. Egy hanyatló kor története [Drei Generationen. Geschichte eines untergehenden Zeitalters], Budapest 1920, 6.
[5] J. RUPNIK, 1989 als Weltereignis. Die grosse Transformation in Europa und die Globalisierung, Lettre International 104 (2014), (15-21) 15.

ges, als das Ende des kurzen 20. Jahrhunderts, als Beginn der Freiheit und Meinungsäußerung für Mittel- und Osteuropa, als Revolution und Auftakt für die Demokratisierungsprozesse dieser Gesellschaften. Aus globaler Perspektive aber sollte es – laut dem Historiker und Politologen *Jaques Rupnik* – als „Beginn des globalen Kapitalismus" (nicht unbedingt als Ende des Kalten Krieges etwa aus der Sicht Asiens), als eine „Stoßwelle für das Ende der Apartheid in Südafrika oder als ein Vorbild für den Arabischen Frühling"[6] gelten. Es ist nicht unsere Aufgabe, hier allen Interpretationen und Narrativen nachzugehen (obwohl wir mit dem Phänomen des „Narrativen" noch zu tun haben werden). Mit Blick auf die Fragestellung unserer Konferenz möchte ich darauf hinweisen, dass die Ereignisse um 1989 trotz dieser lokalen, europäischen und globalen Bedeutung für das kollektive Gedächtnis der ungarischen Gesellschaft und der Kirche und vermutlich für die ostmitteleuropäischen Völker nicht so prägend geworden sind wie weitere Erinnerungsorte oder Erinnerungsdaten des 20. Jahrhunderts (z.B. der Kriegsbeginn und das Kriegsende, Auschwitz und der Gulag, der ungarische Volksaufstand 1956, der Prager Frühling 1968, die polnische Solidarität der 80er Jahre usw.).[7] Vielleicht liegt es daran, dass die Erfahrungen in einer Welt nach 1989 gegenüber den mit der Transformation verbundenen und erhofften Erwartungen weit zurückliegen und diese Welt wieder in eine Krise geraten ist. Die großen Versprechen dieser Transformationsprozesse[8] sind ernüchternden Erfahrungen gewichen: (1) Statt Demokratie als einzige Grundlage legitimer Regierung zu betrachten ist eine gewisse Demokratiemüdigkeit eingetreten – autoritäre Tendenzen und die Banalität der Politik überschatten zivilgesellschaftliche Ansprüche und Initiativen; (2) an die Stelle der erhofften sozialen Marktwirtschaft als Garant für die Modernisierung dieser Gesellschaften ist der vorangetriebene und uneingeschränkte Kapitalismus und das weiterhin andauernde wirtschaftliche Ost-West-Gefälle getreten[9] (bestätigt durch die neue Migrationswelle aus Mittel-Osteuropa Richtung Westen); (3) die Hoffnung auf die Erschaffung einer neu-

---

[6] Ebd.
[7] Vgl. S. FAZAKAS, Erinnern und Versöhnen, in: P. BUBMANN/R. DEIZNER/H.-J. LUIBL (Hg.), Erinnern, um Neues zu wagen. Europäische Gedächtniskulturen, Evangelische Perspektiven, Erlangen 2011, (199-210) 201.
[8] Vgl. RUPNIK, 1989 als Weltereignis, 15.
[9] Näher ausgeführt habe ich dies in S. FAZAKAS, Protestantische Identität und gesellschaftliche Gestaltungsaufgabe. Europäische Integration und ›soziales Europa‹ als Herausforderungen des ungarischen Protestantismus, in: T. JÄHNICHEN/T. MEIREIS/J. REHM/H.-R. REUTER/S. REIHS/G. WEGNER (Hg.), Soziales Europa? (Jahrbuch Sozialer Protestantismus Band 7), Gütersloh 2014, (227-245) 229f.

en internationalen Ordnung durch die Wiedervereinigung Europas an der Stelle der bipolaren Welt wurde wiederum enttäuscht angesichts der politisch-moralischen Krise der europäischen Institutionen und der Bedrohung durch eine neue Machtpolitik (siehe Ukraine- und Russlandkrise). Außerdem weisen neure sozialpsychologische Forschungen auf Vergangenheitsreminiszenz, Nostalgie und Sehnsucht nach der alten sozialen Sicherheit aus der Zeit des Sozialismus hin, ausgelöst von den Begleiterscheinungen wirtschaftlicher Umwälzungen und von den massiven Enttäuschungen wegen der sozialen und wirtschaftlichen Ungerechtigkeit (z.B. Aufkommen alt-neuer Eliten aus den Reihen des früheren politischen Systems).[10]

Kirchen sollten diesbezüglich keine Ausnahme darstellen. Vielleicht hängt kirchlicherseits diese Demokratie- und Europamüdigkeit oder zumindest -zurückhaltung damit zusammen, worauf auch *Michael Beintker* hinweist: Auf Grund seiner längeren Tradition hat der europäische Protestantismus einerseits Europa – und die jeweiligen politischen Systeme – als Raum betrachtet, in dem die Kirchen ihre Kirchengemeinschaft mit Leben füllen können, andererseits seien gegen eine allzu unkritische Aufwertung des Europaaspektes theologische und ekklesiologische Bedenken angebracht.[11] Für Ungarn würde ich diese Feststellung annehmen und mit dem Hinweis ergänzen, dass das Interesse an partnerschaftlichen, grenzübergreifenden Beziehungen auf Gemeindeebene vor und nach der Wende und das unrühmliche Erbe „zeitgemäßer theologischer Entscheidungen"[12] und kirchendiplomatischer Bemühungen auf der Bühne der internationalen Ökumene vor 1989 (z.B. ungarischer Beitrag zur Ökumenischen Vollversammlung in Uppsala 1968, „Prager Friedenskonferenz" usw.)[13] ein kirchliches Engage-

---

[10] Vgl. G. PICKEL, Nostalgie oder Problembewusstsein? Demokratisierungshindernisse aus der Bewältigung der Vergangenheit in Osteuropa, in: S. SCHMIDT/G. PICKEL/S. PICKEL (Hg.), Amnesie, Amnestie oder Aufarbeitung? Zum Umgang mit autoritären Vergangenheiten und Menschenrechtsverletzungen, Wiesbaden 2009, 129-158.

[11] Vgl. M. BEINTKER, Europa als unabgegoltene Idee, ZThK 111 (2014), (56-75) 57f.

[12] Vgl. Z. BALOG/G. SAUTER (Hg.), Mitarbeiter des Zeitgeistes? Die Auseinandersetzung über die Zeitgemäßheit als Kriterium kirchlichen Handelns und die Kriterien theologischer Entscheidungen in der Reformierten Kirche Ungarns 1967-1992, Frankfurt a.M. 1997.

[13] Vgl. a.a.O. 121-126. Vgl. K. MIRÁK (Szerk.), Háló. Dokumentumok és tanulmányok a Magyarországi Evangélikus Egyház és az állambiztonság kapcsolatáról, 1945-1990 [Netz. Dokumente und Studien über die Zusammenarbeit der Evangelisch-Lutherischen Kirche in Ungarn mit der Staatsicherheit], Budapest 2013, 239f.

ment gegenüber den gesellschaftlichen Transformationsprozessen eher hemmen. Wo die Kirche ebenfalls keine Ausnahme bildet - auf Grund ihrer Überlappung der Mitgliedschaft und der Eingebundenheit in die Mentalitätsgeschichte der ungarischen Gesellschaft –, ist die Halbherzigkeit und das Unbehagen angesichts der Frage nach der sogenannten Aufarbeitung der Vergangenheit. Die Gründe dafür wurden bereits teilweise erwähnt: Das Jahr 1989 sollte eigentlich auch im Bereich der Erinnerungskultur eine Wende mit sich bringen, da es während der Zeit des real existierenden Sozialismus – wie in der ehemaligen DDR – beinahe gelungen war, „eine kollektive Selbstentlastung von den drückenden Gehalten der Geschichte einer Nation zu organisieren".[14] Das war nicht der Fall, ein Paradigmenwechsel in der Aufarbeitung bezüglich der vorkommunistischen Zeit fand also nicht statt (der Preis dafür wird erst jetzt gezahlt[15]), obwohl seit 1989 klar geworden ist: Die Aufarbeitung der Vergangenheit ist mit Blick auf die NS-Vergangenheit keine spezifisch deutsche, bundesrepublikanische Angelegenheit mehr. Die Aufgabe stellt sich überall – mit *Helmut König* gesagt –, wo der Anspruch auf einen Übergang von vordemokratischen bzw. autoritären Verhältnissen zu einem demokratischen politischen System sich meldet. Es sollte nämlich um nicht weniger gehen als um die Frage, „wie die neu etablierten Demokratien mit den strukturellen, personellen, mentalen Hinterlassenschaften ihrer Vorgängerstaaten umgehen und wie sie sich in ihrer Selbstdefinition und ihrer politischen Kultur zu ihrer jeweiligen belastenden Geschichte stellen".[16]

> Theoretisch und rechtlich gesehen sind in Ungarn – ähnlich wie in den Ländern der postsozialistischen Gesellschaften – die Voraussetzungen für eine Aufarbeitung der Vergangenheit bzw. Vergangenheitsbewältigung mit der Ausnahme einer öffentlichen parlamentarischen Untersuchungskommission (wie der Enquete-Kommission in Deutschland), gegeben. Auflösung bzw. Verbot

---

[14] H. LÜBBE, Kollektivschuld. Funktionen eines moralischen und juridischen Unbegriffs, Rechtshistorisches Journal 16 (1997), (687-695) 691.

[15] Siehe die weiterhin andauernde Debatte um die Deutung der Nazivergangenheit und über den Gewinn oder Schaden einer wissenschaftlich-publizistischen Aufarbeitung: Wird das Unrechtssystem aufgeklärt und durch kollektiv-historisches Wissen über die Vergangenheit endlich verabschiedet, oder wird der individuell-wissenschaftliche Ehrgeiz einzelner Forscher eher den Sensationshunger der Medien und der Öffentlichkeit befriedigen?

[16] H. KÖNIG, Von der Diktatur zur Demokratie, in: H. KÖNIG/M. KOHLSTRUCK/A. WÖLL (Hg.), Vergangenheitsbewältigung am Ende des zwanzigsten Jahrhundert, Leviathan-Sonderheft 18 (1998), Opladen/Wiesbaden 1998, (371-392) 375.

der belasteten Organisationen, Rehabilitierung und Entschädigung der Verfolgten, Wiedergutmachung für staatliche Enteignungen, Strafverfolgung bzw. Bestrafung der Täter (wobei angemerkt sei: nur wo es um nach völkerrechtlichen Vereinbarungen nicht verjährbare Verbrechen geht), Durchleuchtung und Aktenveröffentlichung usw. sind schon seit Anfang bzw. Mitte der 90er Jahre juristisch geregelt, sind aber bezüglich ihrer Inhalte und praktischen Ergebnisse wenig wirksam. Der Grund mag darin liegen – wie schon angedeutet -, dass eine „konsequente Aufarbeitung [...] eine allgemeine und ausgeprägte Unzufriedenheit der Gesellschaft mit dem früheren Herrschaftssystem"[17] voraussetzt, das ist aber für Ungarn (als die „fröhlichste Baracke" des ehemaligen Ostblocks) nicht selbstverständlich gewesen. Unzufriedenheit, wenn es sie überhaupt gab, war eher wirtschaftlicher als politischer Natur, und nur eine bescheidene Gruppe der Intellektuellen und Akademiker hat die historische Chance, die sich mit den Veränderungen in der Sowjetunion und in der Weltpolitik ergab, erkannt und wahrgenommen. Es bleibt die Aufgabe einer empirischen Untersuchung aufzuklären, mit welchen Auffassungen und Haltungen die verschiedenen sozialen Gruppen aus jener Zeit die Ereignisse verfolgt oder mitgestaltet haben (vom Misstrauen über Neutralität bis zur stillen Anpassung). Wie eine Analyse nachträglich feststellt – ohne weitere Details über die politischen Debatten und Instrumentalisierungsversuche zu erörtern -, folgte „auf die weiche Diktatur und den sanften Übergang eine milde Vergangenheitsbewältigung".[18]

Und da die Transformation nach 1989 und der eingeschlagene Weg zur gesellschaftlich-politischen Konsolidierung als ein gemeinsames Unternehmen der alten und der neueren politischen Elite vollzogen wurde, konnte die Forderung nach einer rückhaltlosen Aufklärung von Verbrechen der Vergangenheit nicht befriedigt werden. Die Bewahrung des sozialen Friedens und der nationalen Einheit erwies sich angeblich als ein höherer Wert für die Stabilisierung der neu zu errichtenden gesellschaftlichen Ordnung. Die Suche nach mehr Gerechtigkeit, die Sehnsucht nach juristischer, wissenschaftlicher und geistig-geistlicher Aufarbeitung der Vergangenheit sowie das Bemühen um eine angemessene Erinnerungskultur standen von vornherein unter dem Diktat einer „Ver-

---

[17] A. SCHAUSCHITZ, Vergangenheitsbewältigung in Ungarn. Dossier und Analyse, in: KÖNIG/KOHLSTRUCK/WÖLL, Vergangenheitsbewältigung am Ende des zwanzigsten Jahrhundert, (233-260) 256f.
[18] A.a.O. 259.

träglichkeit für die weitere Entwicklung des Landes".[19] Eine zu lange oder zu intensive Auseinandersetzung mit den dunklen Seiten der sozialistischen Vergangenheit wurde eher als Belastung empfunden – große Teile der Bevölkerung, die weder direkt noch indirekt von Menschenrechtsverletzungen betroffen gewesen waren, erwarteten und erwarten heute für sich persönlich keinen konkreten Gewinn von einer Aufarbeitung. Was übrigblieb, war dann oft eine Vergangenheitspolitik, die als strategisches oder taktisches Instrument für die Legitimierung eigener politischer Ziele oder für die Delegitimierung oder Diskriminierung politischer Gegner eingesetzt wurde.

II. Das Problem der Geschichte

In Ungarn hat man zudem die Erfahrung gemacht, dass an die Stelle einer erhofften Einheit der Geschichte bzw. einer eindeutigen und damit abschließbaren Interpretation der jüngsten Vergangenheit die Pluralität der Geschichten getreten ist – und zwar in Form von Geschichten und Gegen-Geschichten, umgeben von einem Kampf um Erinnerungen. Je weniger sich die Menschen, die sich erinnern, der erinnerten Zeit angehörig fühlen, desto mehr drängt sich merkwürdigerweise eine moralisierende Sicht der Geschichte auf. Je größer der zeitliche Abstand von den herausragenden „Dingen" einer katastrophalen Geschichte wird, die – mit Hannah Arendt gesprochen – sich niemals hätten ereignen dürfen, desto selektiver werden einzelne Aspekte dieser Geschichte herausgehoben, aus dem ursprünglichen Zusammenhang herausgerissen, um dann im Dienste stilisierter Selbstinterpretationen zu stehen. Je nach Interesse sind solche Bestrebungen von Pathos und (kollektivem) Selbstmitleid einerseits, von moralischem Entsetzen, Bestürztheit und Verwirrungen andererseits umgeben. Anscheinend wird diese Ausdifferenzierung in zwei Extremen weiterentwickelt: Wie schon angedeutet werden die großen Katastrophen der nationalsozialistischen und stalinistischen Epoche als unfassbar und als unverständlich bezeichnet und dementsprechend jeder rationalen Erklärung entzogen. D.h., jeder Versuch einer vernunftmäßigen Erklärung des Geschehenen kann unter den Verdacht einer Entschuldigung geraten. Stattdessen neigt man dazu, solche Desaster als beispiellos zu bezeichnen, um dadurch weiterhin ein moralisches Deutungsmonopol aufrechtzuerhalten. So werden Zusammenhänge und die Komplexität der Geschichte ausgeklammert. Was danach bleibt, also die Ereignisse zwischen

---

[19] Vgl. PICKEL, Nostalgie oder Problembewusstsein?, 136f.; FAZAKAS, Protestantische Identität und gesellschaftliche Gestaltungsaufgabe, 231.

den großen, erinnerungswerten Daten, die die Zusammenhänge bilden könnten, wird als weniger relevant den Historikern überlassen und den Archiven übergeben. Wie der ungarische Historiker *Gábor Gyáni* – im Anlehnung an Maurice Halbwachs, Paul Ricœur, Pierre Nora – feststellt: Die Geschichte der Historiker ist von der Erinnerung unterschieden. Die Geschichte der Historiker versucht einerseits, die „Lücken und Leere zwischen den Erinnerungsdaten zu füllen"[20], andererseits lässt sie aber selbst die unberührt gebliebenen Erinnerungen als fragwürdig erscheinen. Dadurch entsteht eine selektive Vielfalt unübersehbarer Geschichten – der Grundüberzeugung klassischer Geschichtsphilosophie gegenüber –, die keine Einheit mehr anstreben, sondern auf einer Legitimität dieser Pluralität beharren. Zugleich gibt es nicht wenige Denker, die sich fragen: Lässt sich diese Fragmentierung der Geschichte nicht mehr aufheben? Besitzt eine dermaßen triumphierende Unversöhnlichkeit nicht das Potenzial für neue Gewalt? Wie könnte man eine „erneute Sammlung"[21] der Geschichtsinterpretationen oder einander verknüpfende Vergangenheitsbezüge erzielen, gerade um der Zukunft willen? Ohne die theoretischen Ansätze im Detail zu erörtern, sei an dieser Stelle nur darauf hingewiesen, dass eine strikte Gegenüberstellung von kollektiver Erinnerung und historischem Gedächtnis nur in akademischen Kreisen und auf der Ebene wissenschaftlicher Abhandlungen zu finden ist. In der Realität lässt sich auch in der ungarischen Gesellschaft die These bestätigen, dass an die Stelle eines historischen Objektivismus gegenüber der Erinnerung eine Abhängigkeit, ja eine Koalition der beiden getreten ist: Historiker betrachten es als ihre Aufgabe, das geschichtlich-kulturelle Erbe zu pflegen, es als Quelle zu betrachten und zur historischen Kontinuität beizutragen – die Politik versucht, dabei als Auftraggeber oder Identitätsstifter zu agieren. Durch das Ineinandergreifen verschiedener Annäherungsweisen (von der *oral history* über die Dokumentation der früheren mündlichen Überlieferung bis zum quellenkritischen Umgang mit Daten und Fakten) entsteht ein Geflecht von historischer Vorstellungskraft und kritisch-wissenschaftlicher Geschichtsschreibung. Referenzrahmen für dieses „Projekt" ist die Nation: Wie das ungarische Beispiel auch zeigt, verfügt die Nation nicht mehr über eine einheitliche, ununterbrochene, kontinuierliche Geschichte – die Geschichte der Nation und die Einheit einer Nation bleiben nur in der Erinnerung unversehrt. Die Trauma-

---

[20] G. GYÁNI, Az elveszíthető múlt [Die verlierbare Vergangenheit], Budapest 2010, 70.
[21] B. LIEBSCH (Hg.), Bezeugte Vergangenheit oder Versöhnendes Vergessen: Geschichtstheorie nach Paul Ricœur, DZPh Sonderband 24, Berlin 2010, 11.

Ereignisse (z.B. Trianon, UngarischerAufstand 1956) werden einerseits als historische Fakten anerkannt, andererseits als meta-historische Konstruktionen wahrgenommen[22] – je mehr die Krisenerscheinungen der Gegenwart bzw. die Unerträglichkeit des politisch-sozialen und wirtschaftlichen „So-Seins" der Gesellschaft empfunden wurden und auch werden, umso schneller erscheinen solche Konstruktionen als plausible Deutungsrahmen für die eigene und kollektive Identität. Doch diese Erinnerung bedarf historischer Daten und Stützpunkte, kollektiver Aneignung, Symbolen und Repräsentationen, um mit den Mitteln der Geschichte dargestellt werden zu können. So gehen die zwei Schichten der Geschichte – laut Assmann und Gyáni –, die objektiv-historische und die subjektiv erinnerte, ohne jeglichen Übergang ineinander auf, weil sich über das Archivieren und die kritische Beurteilung hinaus diesbezüglich weitere Interessen durchsetzen möchten.[23] So werden nationale Erinnerung und Geschichtsschreibung absolut – nur noch die freimütigen Akademiker und Wissenschaftler plädieren für eine Unvereinbarkeit von wissenschaftlicher Geschichtsschreibung und konstruierter Tradition, um die kritische Funktion der ersteren aufrechterhalten zu können.

In dieser Hinsicht gibt *Paul Ricœur* in seinem Spätwerk (*Gedächtnis, Geschichte, Vergessen*[24]) eine Differenzierung zu bedenken und spricht eine Empfehlung aus: Angesichts des Endes der Geschichte und der Geschichtsdeutungen rät er zum einen zur Besinnung auf den Unterschied zwischen *geschichtlicher Erfahrung* und *geschichtlicher Erkenntnis*, um auf diese Weise eine geschichtliche Existenz (*conditio historica*)[25] anzustreben. Zum anderen verlangt er angesichts einer traumatischen und befremdenden Erinnerungskultur (die ausschließlich des Befremdenden gedenkt, das so droht, einem fragwürdigen Vergessen zu übergeben zu werden) eine Treue der Vergangenheit gegenüber. Das heißt, er verlangt die Anerkennung der Vergangenheit, nicht um die Geschichte der Ungerechtigkeit und der Gewalt masochistisch in Erinnerung zu rufen, sondern um das Versprechen einer anderen Zukunft zu nähren.[26]

---

[22] Vgl. P. GYÖRGY, Állatkert Kolozsváron – Képzelt Erdély [Tiergarten in Klausenburg – Imaginäre Transsylvanien], Budapest 2013, 128f.
[23] Vgl. J. ASSMANN, A kulturális emlékezet [Das kulturelle Gedächtnis], Budapest 1999, 30. GYÁNI, Az elveszíthető múlt, 80.
[24] Vgl. P. RICŒUR, Gedächtnis, Geschichte, Vergessen, Paderborn 2004.
[25] Vgl. a.a.O. 441f.
[26] Vgl. a.a.O. 761; LIEBSCH, Bezeugte Vergangenheit, 13.

Hier stellt sich die Frage: Welche Relevanz könnten die Geschichtsdeutung, die geschichtliche Existenz bzw. die kritisch-wissenschaftliche Geschichtsschreibung versus identitätsstiftende Tradition für die Kirche und Theologie haben? Ausgehend von unserer Fragestellung „Was leistet Aufarbeitung der Vergangenheit?" und in der Hoffnung auf eine andere Zukunft bzw. – mit Ricœur gesagt – auf eine „Verbindung zwischen dem Geist der Vergebung und dem Erfüllungshorizont" des ganzen Unternehmens Geschichtserinnerung,[27] lässt uns die Beobachtung einfach nicht los, dass die Schäden, die in der Kirche festzustellen sind, nicht nur auf die Veränderungen in der Geschichte und in der Gesellschaft zurückzuführen sind, sondern auf die Unfähigkeit oder die Verweigerung, sich mit diesen Veränderungen auseinanderzusetzen.

> Exemplarisch steht für diese Erscheinung die Äußerung eines hohen kirchlichen Würdenträgers auf die Frage in einem Interview „Verzweifeln Sie manchmal an dieser Modernitätsverweigerung gegenüber gesellschaftlichen Entwicklungen in Ihrer eigenen Kirche?" Die Antwort lautet: „Nein, eigentlich nicht, weil ich irgendwo auch fasziniert bin von der Tatsache, daß die Kirche über eine lange Zeit, im Grunde bis weit in unser Jahrhundert hinein, sicher um den Preis auch mancher Isolierung, vielleicht sogar fast Ghettoisierung, es schon verstanden hat, ihr Leben einigermaßen intakt zu halten. Ich würde das nicht nur negativ als Verweigerung sehen, sondern auch positiv als Schutz."[28] (Aber er gibt zu: Aber dies geht heute so nicht mehr).

Bezogen auf die geschichtlich-gesellschaftliche Verortung der Kirchen unter den totalitären politischen Systemen im 20. Jahrhundert bewies sich die Rücksicht auf den Bestand kirchlicher Strukturen und ihrer inneren Lehrautonomie als ein höheres Gut als die ethisch-politischen Konsequenzen, die aus der Lehre der Kirche hätten entspringen können. Auf eine Analyse der Gesellschaft und der realen Machtverhältnisse wurde verzichtet, die Machtfrage wurde nie richtig gestellt. Vorstellungen der Geschichte und der geschichtlichen Existenz der Menschen waren nicht im Blickfeld. Die soziale und politische Aktivität der Kirchen begrenzte sich auf den individualethischen Bereich der Mitglieder, auf Trost und Mahnung, auf moralische Prinzipien und kasuistische Moral oder auf eine unkritische Zustimmung der Machtverhältnisse. Die Vorstellung einer strikten Trennung von Glaube und Politik,

---

[27] RICŒUR, Gedächtnis, Geschichte, Vergessen, 760.
[28] Der Absturz in die Moderne. der Wandel im Osten, Armut und Asyl im Wohlstand, der Krieg in Bosnien und die Kirche: Der Mainzer Bischof Karl Lehmann im Gespräch mit der Zeit, in: Die Zeit 52, 23. Dezember 1994, http://www.zeit.de/1994/52/der-absturz-in-die-moderne (28.08.2014).

vom kirchlichen und politischen Bereich, gestützt von einer ontologischen Ordnungsmetaphysik (über Staat, Volk und Nation), hat nur zwei extreme Handlungsmöglichkeiten zugelassen: entweder eine *Begeisterung* für die guten und gerechten Ziele des jeweiligen Staates, z. B. im Fall eines Krieges mit dem Ziel, die Würde der Nation wiederherstellen zu können, oder *moralisch-politische (und theologische) Zugeständnisse*, um angeblich Schlimmeres zu verhindern. Merkwürdigerweise sind die Derivate solcher Begeisterung kirchlicherseits in allen kritischen Epochen zu beobachten: Die Mobilmachung des Kaiserreiches und der Feldzug der Männer an die Front in den Tagen des bevorstehenden Krieges im Jahr 1914 wurden genauso eifrig begrüßt wie die angeblich gerechteren und dem Zuspruch des Evangeliums entsprechenden Ziele[29] der neuen Gesellschaftsordnung nach dem Zweiten Weltkrieg oder später die gute Zusammenarbeit von Christen und Nicht-Christen am Aufbau der sozialistischen Gesellschaft. Als Grund für die letztere wurde eine versöhnende Entsprechung zwischen Kirche und Welt, zwischen kirchlichen und nichtkirchlichen bzw. nichtbiblischen Mitteln Gottes - laut der Barth-Interpretation von Zoltán Jánossy[30] in den fünfziger Jahren – angenommen mit dem Ziel, den Frieden der Menschheit zu bewirken.

Zu den Zugeständnissen, die gemacht wurden, um scheinbar Schlimmeres abzuwehren, denke man an die Haltung kirchlicher Amtsträger – abgesehen von den wenigen Ausnahmen – gegenüber den antijüdischen Maßnahmen der Regierungen oder die Hinnahme der Pogrome, der Diskriminierung und Deportationen der Juden vor und während des Zweiten Weltkrieges in Europa.

Was *Heinz Eduard Tödt* für die deutschen evangelischen Theologen und Kirchenleute mit Blick auf das kirchliche Klima während der Novemberverbrechen 1938 feststellen konnte,[31] gilt ohne Weiteres auch für den ungarischen Protestantismus, obwohl eine übergreifende Aufarbeitung dieser Aspekte noch fehlt: Tödt sagt, dass das gefährliche Zusammenspiel des traditionellen christlich-religiösen Antijudaismus und

---

[29] Vgl. L. RAVASZ, "Amit az evangélium ígér, azt váltsa valóra a demokrácia". Részlet a református püspökök közös pásztorleveléből [Was das Evangelium verheißt, soll von Demokratie verwirklicht werden. Fragment aus dem gemeinsamen Rundbrief der Bischöfe], Élet és Jövő [Leben und Zukunft] 1945. augusztus 18, 1.

[30] Vgl. Z. JÁNOSSY, Politikai állásfoglalások Barth Károly teológiájában [Politische Stellungnahme in der Theologie Karl Barths], Theologiai Szemle [Theologische Rundschau] 29 (1986), (21–26) 24.

[31] Vgl. H.E. TÖDT, Die Novemberverbrechen 1938 und der deutsche Protestantismus. Ideologische und theologische Voraussetzungen für die Hinnahme des Pogroms, KZG 2 (1989), 14-37.

der sittlich-soziokulturellen Judenfeindschaft zur Verweigerung der Solidarität für die verfolgten Juden führen konnte. Ungarische Kirchenleitende haben den ersten zwei Judengesetzen im Oberhaus des ungarischen Parlamentes mit dem Argument zugestimmt, das „wirtschaftliche und gesellschaftliche Gleichgewicht" sei wiederherzustellen, auch wenn eine rassenbiologische Diskriminierung unakzeptabel sei.[32] Ohne diese Gesetze würden die radikalen politischen Kräfte und damit der nationalsozialistische Einfluss bei den bevorstehenden Parlamentswahlen zu einer dammbruchartigen Mehrheit gelangen, was unerwünscht sei. Auch wenn die Gewaltmaßnahmen des radikalen Rassenantisemitismus in vielen Kreisen abgelehnt wurden und nicht wenige Pfarrer versucht haben, zwischen den Zeilen die Mitverantwortung der Christen für die bedrängten Juden (und nicht nur für die Judenchristen) zu thematisieren, definierte die „protestantische Tradition [...] die evangelische Botschaft zu dieser Zeit überwiegend im Gegensatz zu Gesetzlichkeit und zum statuarischen Kultuscharakter des Judentums".[33] Die Weichen für die Ansätze einer neuen Israel-Theologie wurden erst 1938 von Barth[34] und 1940 von Bonhoeffer[35] gelegt. Der Gedanke einer in der Erwählungsgeschichte Gottes gründenden Gemeinschaft von Israel, Judentum und Kirche oder die Mahnung, dass die Verwerfung der Juden die Verwerfung Christi und dann der Kirche nach sich ziehen sollte, waren selbst in den Kreisen der Bekennenden Kirche nicht angekommen. Stattdessen waren das Gehorsamsgebot gegenüber der Obrigkeit und die ideologische Infiltration einer sozio-kulturellen Judenfeindlichkeit tief verwurzelt.

H.E. Tödt gelangt bezüglich der Analyse ideologischer und theologischer Voraussetzungen für die Hinnahme der Novemberverbrechen von 1938 zu einem Fazit, das zum Weiterdenken leitet: Die historische Aufarbeitung des Geschehens besteht nicht in der Wiederholung der Schuldbekenntnisse einzelner oder kirchlicher Leitungsorgane bzw. der politischen Erklärungen zu Schuld und Verantwortung. Sie besteht

---

[32] Vgl. R. BRAHAM, A magyar Holocaust [Der ungarische Holocaust], I. kötet, Budapest 1988, 122; L. RAVASZ, Emlékezéseim [Meine Erinnerungen], Budapest 1992, 213; Felsőházi Napló 1939-1945 [Tagebücher des Oberen Hauses], II., in: Országgyűlési dokumentumok 1861-1990 [Dokumente des ungarischen Parlaments 1961-1900], http://www3.arcanum.hu/onap/opt/a110616.htm?v=pdf&a=spec:start (26.10. 2014), 163. 288f.

[33] TÖDT, Die Novemberverbrechen, 27.

[34] Vgl. K. BARTH, Die Kirche und die politische Frage von heute (1938), in: ders., Eine Schweizer Stimme 1938-1945, Zollikon–Zürich 1945, 69-107.

[35] Vgl. D. BONHOEFFER, Ethik, in: ders., Gesammelte Werke (DBW 6), Gütersloh 1992, 95.

vielmehr in einer zeitgeschichtlichen Analyse, in der Einsicht in den Geschehenszusammenhang und in die Motive der beteiligten Akteure der Ereignisse.[36] Einsicht in die Zusammenhänge der Geschehnisse, aus der sich für die heute Lebenden Konsequenzen ergeben, lässt sich über diese Analyse gewinnen – andernfalls macht man es sich mit pauschalen Urteilen und klischeehafter Zustimmung leicht, die zu einer Mitverantwortung für den weiteren Gang der Geschichte nicht beitragen. Theologie betrachtet die Geschichte vom Rechtfertigungsglauben her als Handlungszusammenhang und zwar als personal und sozial bedingte Reihe von Handlungen, die selber als Resultat eines Ereigniszusammenhanges (Gottes existenzbegründendes Eingreifen wie Schöpfung oder Christus-Geschehen) zu sehen sind, in dem dem eigenen Handeln vorangehende, irgendwie im Verhältnis zu Gottes Setzung stehende und unterschiedliche Handlungszusammenhänge vorhanden sind. In diesem personal-sozial-geschichtlich strukturierten Zusammenhang besteht für die Person die Möglichkeit zum Einvernehmen (Glaube) oder zum Widerspruch (Sünde) der Setzung Gottes und ihrer eigenen Existenz gegenüber; dabei rechnet man mit einer Reihe von dem Handeln Gottes entsprechend oder widerstrebend vollzogenen Handlungen oder dem Verzicht auf Handeln, das selber nicht nur als gut, sondern auch als falsch bezeichnet werden kann, indem es der Existenz des Handelnden widerspricht. In diesem Zusammenhang ist Sünde „nicht nur die Verkennung Gottes, sondern die Behauptung der Wahrheit des Irrtums über ihn"[37], und man rechnet damit, dass die ganze Umwelt des Glaubens – als geschichtliche Umwelt – ein kontinuierlicher Zusammenhang personalen und sozialen Handelns in einem Gefüge von Wahlmöglichkeiten ist. Deshalb entspricht es diesem Geschichts- und Wirklichkeitsverständnis nicht, wenn im Laufe einer Aufarbeitung der Geschichte nur einzelne historische Momente erinnert, verabsolutiert oder dafür kirchlich-theologische Akzente geliefert werden. Dies würde eher einer vor-geschichtlichen, quasi mythischen Weltauffassung entsprechen, wie *Ervin Vályi Nagy* in einem Aufsatz über das Problem der Geschichte aus dem Jahre 1963 zu zeigen versucht: „Aufeinanderfolge der menschlichen Aktionen" und „Verkettung der Ereignisse" gab es immer, diese aufeinanderfolgenden Geschehnisse wurden aber nicht

---

[36] Vgl. TÖDT, Die Novemberverbrechen, 34.
[37] W. HÄRLE/E. HERMS, Rechtfertigung. Das Wirklichkeitsverständnis des christlichen Glaubens, Göttingen 1980, 193.

immer durch ein geschichtliches Bewusstsein wahrgenommen.[38] Mythische Weltdeutung dagegen fragt nicht nach Kausalität der Widerfahrnisse, sondern betrachtet sie als Macht oder Übel, mit denen man damals in dem kultischen Begehen fertig zu werden versuchte - nicht aber durch eine Entmachtung durch Verstehen als Folge rationaler Untersuchung. Wenn das Übel in der mythischen Ordnung schwer zu ertragen gewesen sein sollte, war es doch annehmbar in der Hoffnung auf eine baldige Befreiung – natürlich von außen oder durch eine andere Macht.[39] Will man aber der neuzeitlichen- und biblisch-theologischen Geschichtsauffassung treu bleiben, soll vielmehr die Möglichkeit eingeräumt werden, die herausragenden und erinnerungswürdigen Daten und Ereignisse der Vergangenheit als exemplarisch für das geschichtliche Zusammenwirken zu betrachten und die verschiedenen Handlungsoptionen, Einstellungen und Entscheidungen bzw. Unterlassungen und ihre Folgen dementsprechend zu werten. Deshalb ist es geboten, dieses Gefüge von Handlungen und Wahlmöglichkeiten möglichst zu erforschen, zu analysieren und freizulegen, um den gängigen Deutungsmonopolen („wir haben keine andere Wahl") entgegenwirken zu können. Zu dieser Analyse gehört auch die Feststellung der theologischen Defizite. Ohne die Einzelheiten und kontextbezogene Defizite näher ausführen zu wollen – weil solche Versagen immer konkret gedeutet und analysiert werden sollten –, seien hier nur einige beispielhaft erwähnt:

- Übernahme der menschenverachtenden Ideologien und Verfälschung der kirchlichen Lehre und Theologie;

- einseitige, negative und wirklichkeitsfremde Wahrnehmung der jüdischen Religion;

- Verdrängung und Abschwächung biblischer Aussagen über Gottes Erwählung, über heilsgeschichtliche Zusammengehörigkeit von Juden und Christen, über die politische Macht oder über Nächsten- und Feindesliebe, Verantwortung usw.;

- in „theologische Ausdrucksform" gekleidete falsche Prämissen, die das „So-sein" des Staates mit dem Heilswillen Gottes ohne Weiteres zu identifizieren versuchten, um die Sendung der Kirche im Dienste einer angeblich gerechteren sozialistischen Ge-

---

[38] E. VÁLYI NAGY, Das Problem der Geschichte (1963), in: Á. VÁLYI-NAGY (Hg.), Geschichtserfahrung und die Suche nach Gott. Die Geschichtstheologie Ervin Vályi Nagys, Stuttgart 2000, (36-45) 39.
[39] Vgl. a.a.O. 43.

sellschaftsordnung zu stellen, und „alle Bedenken gegen die jeweiligen konkreten Ordnung"[40] abzubauen.

In dieser Perspektive liegt Versagen und Schuld nicht nur dort, wo man aus Furcht und Angst vor repressiven Maßnahmen eines totalitären Staates auf Protest, Fürsprache für Entrechtete, auf Kritik am politischen Regime oder an den eigenen kirchenpolitischen Kompromissen verzichtete, sondern auch dort, wo man die gesellschaftliche Wirklichkeit verengt wahrnahm, wo man theologisch-kirchliche Traditionen bevorzugte statt sich um neue kontextbezogene bibelexegetische Einsichten zu bemühen und wo man solche praktischen Konsequenzen zuließ, deren Folge die Ausgrenzung oder die verweigerte Solidarität sein musste.[41] Verantwortlich ist der Mensch nämlich nicht nur dafür, dass er ethischen Maßstäben entspricht, sondern auch für sein Wirklichkeitsverständnis; ein Christ und die Kirche sind für ihre Sicht der Wirklichkeit, ja für ihre Theologie verantwortlich.

III. Ethische Dimension der Aufarbeitung und der Erinnerung

Angesichts der gesellschaftlich-politischen Umwälzungen Mittel-Ost-Europas im Jahre 1989 sehen der amerikanische Politologe Fukuyama und viele Anhänger die These über das Ende der Geschichte als bestätigt: nämlich, dass der Liberalismus alle historischen Alternativen überwunden habe. Deshalb macht diese Vereinheitlichung der Geschichte (als höchste Verwirklichung des Weltgeistes) jede weitere Entwicklung obsolet.[42] Diese Einschätzung gewann breite Akzeptanz und wurde durch den wissenschaftlich-technischen Fortschritt und den wirtschaftlichen Wachstumsoptimismus noch verstärkt. Die Ereignisse der letzten 25 Jahre in unserem geopolitischen Raum und in der Weltpolitik – ganz zu schweigen von den Katastrophen der Moderne – haben diese optimistische Geschichtsdeutung nicht bestätigt, ganz im Gegenteil: Statt als eine vom höheren Sinn erfüllte Gegenwartserfahrung und Zukunftsperspektive hat man die Geschichte der letzten Jahrzehnte als unerfüllte, von Zufällen oder von fremden (politischen und wirtschaft-

---

[40] E. VÁLYI NAGY, Gott oder Geschichte? Über Prämissen der heutigen reformierten Kirchenführung in Ungarn (1955), in: VÁLYI-NAGY (Hg.), Geschichtserfahrung und die Suche nach Gott, (25-35) 31-34.
[41] Vgl. TÖDT, Die Novemberverbrechen, 37.
[42] Vgl. F. FUKUYAMA, Das Ende der Geschichte. Wo stehen wir? München 1992; A. HETZEL, Bezeugen, Vergeben, Anerkennen. Ethische Motive in der Geschichtsphilosophie Paul Ricœurs, in: LIEBSCH, Bezeugte Vergangenheit, (217-232) 218.

lichen) Interessen diktierte, sinnlose Zeit erlebt.[43] Diese Entwicklung erweckt aber als Gegenreaktion entweder tiefe Skepsis der Geschichte gegenüber oder eine neotraditionalistische, beinahe mythologische, imaginäre Geschichtsdeutung. Diese letztere ist der hegelianisch-optimistischen Geschichtsphilosophie ähnlich: Sie versucht, die (selektiv erinnerten) Ereignisse mit einem höheren Sinn zu versehen und damit das erfahrene Leiden, Unrecht und die Unterdrückung diesem Sinn zu unterstellen. Die Geschichte des Volkes, der Nation oder der Gemeinschaft wird transzendiert, eine imaginäre Vergangenheit in Erinnerung gerufen – in diesem Sinne werden die Unrechts- und Leiderfahrungen neu geordnet: Diejenigen, die zur Stärkung einer kollektiven Identität brauchbar sind (etwa Trianon, der Versailler Friedensvertrag oder der Volksaufstand 1956 und dessen Niederschlagung) werden erinnert; auch der erlittene Verlust, die Niederlage etc. werden als zukunftserschließende Opfer dargestellt. Die Geschichte des moralischen Scheiterns, der Anpassung und der eben erwähnten Zugeständnisse werden eher vergessen oder stoßen auf massives Desinteresse. Damit wird aber die erlittene Ungerechtigkeit der wirklichen Opfer vergessen (und zum zweiten Mal geopfert) und die Wirklichkeit von Schuld und Sünden im sozialen Interaktionsbereich wird einfach relativiert.

Ebenfalls gibt Paul Ricœur zu bedenken, dass die Arbeit des Erinnerns an das Vergessen und an die Einbildungskraft gebunden ist. Das Vergessen bildet die Voraussetzung dafür, dass überhaupt erinnert werden muss – die Einbildungskraft ermöglicht, dass etwas Abwesendes in die Anwesenheit zurückgerufen und in der gegenwärtigen Situation gedeutet wird.[44] Das ist der Nachteil (die Negativität[45]) des Gedächtnisses. Aber zu dieser Einbildungskraft bzw. zu diesem Gedächtnis gehören auch der Irrtum, die Untreue und leider auch der Missbrauch. So gehört zu dieser Einbildungskraft – und damit zur Beschäftigung mit der Vergangenheit – die Gefahr, auf dem Gebiet der Erinnerung zu selektieren, zu manipulieren, etwas vorzuspielen und - im extremen Fall - etwas zu erzeugen. Eine stilisierte und identitätspolitisch motivierte Erinnerungspolitik und Erinnerungskultur kann mit ihrem selektiven Umgang mit den Ereignissen und deren vergleichgültigenden Tendenzen bestimmten vergangenen Lebenserfahrungen gegenüber nicht gerecht

---

[43] Näher ausgeführt in FAZAKAS, Protestantische Identität und gesellschaftliche Gestaltungsaufgabe, 227-245; DERS., Identität(en) zwischen Universalismus und Partikularismus. Europa in der Krise – Anmerkungen aus mitteleuropäischer Perspektive, ZEE 57 (2013), 282-288.
[44] Vgl. RICŒUR, Gedächtnis, Geschichte, Vergessen, 92. 652.
[45] Vgl. ebd.

werden. Deshalb kommt – laut Ricœur – keine Erinnerung, kein Gedächtnis ohne einen gewissen Anspruch auf Wahrheit und Gerechtigkeit aus – aber eine ethisch vertretbare Beschäftigung mit der Geschichte ist dort, wo Unrecht als Unrecht, Schuld als schuldhaftes Versagen benannt werden kann.

Damit stehen wir vor der Frage nach der *ethischen und moralischen Dimension* der Geschichtserinnerung bzw. der Aufarbeitung. Die Feststellung, dass es eine ethische Pflicht zur Erinnerung gibt, gilt inzwischen als selbstverständlich und hat sich im kollektiven Gedächtnis unserer Gesellschaften eingenistet. Ein Verzicht auf das Gedenken würde nämlich nicht nur die Opfer dem Vergessen und damit einem zweiten Unrecht überantworten – sondern „das Unrecht ins Recht setzen".[46] Doch die Fragen nach dem „Wie?" und „Auf welche Weise?" sind hier von Belang. Ich möchte hier nur einige praktische Fragen und Probleme ansprechen – thesenartig und vielleicht als Stoff für ein weiteres Gespräch –, die für unseren Kontext weiterhin zu stellen sind bzw. die bisher nicht richtig angegangen worden sind. Es wäre angebracht zu klären,

- mit welchen weitreichenden Konsequenzen zu rechnen ist, wenn die Verantwortung für moralisch-sittliche Schuld weiterhin ausgeblendet wird, wenn behauptet wird, man hätte bloß eine Pflicht erfüllt. An welchem Legalitäts- und Machtprinzip orientiert sich eine solche Pflicht? Die Frage besteht aber nicht nur im Fall der Mauer- und Grenzschussbefehle - auch in einem liberal-freiheitlichen Staat gibt es Fälle, in denen man juristisch freigesprochen wird, doch beruft man sich auf Werte und Normen, die von einer Mehrheit in der Gesellschaft bzw. von einer Gemeinschaft geteilt werden.

- mit welchen Folgen zu rechnen ist, wenn Einblick in die geheimen Akten gewährt wird, man aber noch nicht weiß, wie mit solchem Wissen umzugehen ist.

- dass Arbeit an der Vergangenheit nicht nur mit den sogenannten Hauptschuldigen, den gescheiterten Persönlichkeiten des politischen, kulturellen, bzw. kirchlichen Lebens zu tun hat. Dies ist inzwischen in weiten Kreisen klar und die Aufmerksamkeit richtet sich nun auf die Helfer und Helfershelfer und darüber hinaus auf die Analyse von historischen, sozialen und mentalitätsgeschichtlichen Zusammenhängen. Aber wird es möglich sein, weiterhin eine transparente Aufarbeitung der Vergangenheit

[46] HETZEL, Bezeugen, Vergeben, Anerkennen, 223.

zu gewähren und sie zugleich dem Instrumentalisierungsversuch der sensationslustigen Moralisten, deren Agieren jede Solidarität aushöhlt, zu entziehen?

• wie weit die Glaubwürdigkeit der Kirche mit der Frage steht oder fällt, ob sie bereit ist, sich ihrer Vergangenheit zu stellen und auf welche Art und Weise sie die dunklen Seiten ihrer Geschichte aufarbeiten will.

Wie schon angedeutet sind der Gegenstand historischer Aufarbeitung und der Erinnerungskultur Ereignisse, die auf Handlungen, Tun und Unterlassen politisch-sozialer Akteure, vor allem der Repräsentanten und Leitungskräfte des öffentlichen, politischen und kirchlichen Lebens zurückzuführen sind. Je nach den rechtlichen, politischen und technischen Rahmenbedingungen der zeitgeschichtlichen Forschung eines Landes werden dazu die Quellen erforscht, gesammelt und ausgewertet. Dies gilt auch für die Kirchen bezüglich ihres eigenen Archivmaterials oder des der staatlichen Behörden. Man strebt nach einer möglichst objektiven Darstellung, auch wenn die Beiträge der Zeitzeugen (wenn solche noch am Leben sind) an die subjektiv-persönliche Dimension der erlebten Geschichte erinnern. Wenig Aufmerksamkeit wird aber dem allgemeinen Zeitgeist, der weltanschaulichen Prägung, der kollektiven Stimmung und den Gefühlen bzw. der damals herrschenden Moral gewidmet. Diese Indizien werden durch das schriftlich vorhandene Archivmaterial, Protokolle und Berichte - wenn überhaupt - nur indirekt vermittelt und lassen sich nicht ohne Weiteres rekonstruieren, obwohl sie von Belang wären.
Eine Begeisterung für die großen politischen Ziele einer Nation oder für den Aufbau einer angeblich gerechteren Gesellschaft lassen sich mit Hilfe der zeitgeschichtlichen Presse und Verlautbarungen und in Studien mit wissenschaftlichem und normativ-verpflichtendem Anspruch nachlesen. Doch werden sie – mindestens im ungarischen Kontext – wenig berücksichtigt, obwohl Gefühle eine wichtige Rolle gespielt haben – sowohl bei Fehlentscheidungen politischer Art, wo ein Gespür für die vernunftmäßige Unterscheidung zwischen Recht und Unrecht durch eine solche Begeisterung einfach verwischt wurde, als auch in der erschwerten Erinnerungsarbeit der Betroffenen. Lasst uns dazu zwei Beispiele nebeneinander stellen:

> Thomas Mann schreibt in seinem Tagebuch vom 17. Juli 1944:
> „Man soll nicht vergessen und sich nicht ausreden lassen, daß der Nationalsozialismus eine enthusiastische, funkensprühende

Revolution, eine deutsche Volksbewegung mit einer ungeheuren seelischen Investierung von Glauben und Begeisterung war."[47]

Imre Kertész geht in seinem „Roman eines Schicksalslosen" der Frage nach, wie man als „Auschwitz-Überlebender das Überleben überlebt"[48], wie man es also erträgt, in eine Welt zurückzufinden, in der das eigene Erleben Menschen gegenüber, die diese Erfahrungen nicht teilen, mitzuteilen unmöglich ist. Oder wie kommt man als Überlebender mit Schuldgefühlen den Ermordeten gegenüber zurecht? Und wie kommt man mit der Scham und der Erinnerung an Situationen der Erniedrigungen und des Ausgeliefertseins zurecht oder mit dem Gefühl des Alleingelassen-Seins, der Ohnmacht, sogar der Fremdheit in einer neuen Kultur des Vergessens und des Wegschauens, in der jede solche Erinnerung eher als Störungsfaktor gegen den angeblich vorhandenen sozialen Frieden gilt?

Beide Aspekte sind weitere Analysen wert. An dieser Stelle möchte ich nur auf das hinweisen, was *Johannes Fischer* auf den Punkt gebracht hat: Wo es auf die Begründung von Handlungen und Entscheidungen ankommt, hat man mit der „emotionalen Konstitution" der Menschen zu tun, und „es gilt insbesondere für den Bereich der Moral".[49] Weder eine Reduktion der Moral auf das Handeln noch die Erwägung, dass das Handeln nur auf rationalen Überlegungen beruhe, kann im Lichte der Erfahrungen in der Moderne standhalten. Und in der Konfrontation mit konkreten Situationen, die Entscheidungen abverlangen, werden emotionale Einstellungen vorausgesetzt. Hier geht es nämlich nicht nur um die spirituelle Dimension menschlichen Lebensvollzuges, um den Geist der Freundschaft in einer Gruppe von Menschen oder um die Euphorie über den Fall der Mauer und des Eisernen Vorhangs. Hier geht es auch um Situationen, die zur Genese historischer Ungerechtigkeit und zu Schuldkonstellationen beitragen - also um Begeisterung und Überzeugungen, die sich zu Motiven für unmenschliche Handlungen verdünnen und in einem kollektiven Wahn den Menschen in die Barbarei stürzen.[50] Die moralischen Emotionen sind – laut Fischer – durch

---

[47] Th. MANN, Tagebücher 1944-1946. Herausgegeben von Inge Jens, Frankfurt a.M. 1986, 78.

[48] C. HELL: „...dann hat Gott sich mir im Bild von Auschwitz offenbart". Das Werk des ungarischen Schriftstellers Imre Kertész, Orientierung 60 (1996), (220-223) 222f.

[49] J. FISCHER, Verstehen statt Begründen. Warum es in der Ethik um mehr als nur um Handlungen geht, Stuttgart 2012, 15. Vgl. DERS., Ethik als rationale Begründung der Moral?, ZEE 55 (2011), 192-204.

[50] Vgl. FISCHER, Verstehen statt Begründen, 133-136.

die eigene Geschichte und Kultur geformt, der die Menschen angehören. Daher ist eine abstrahierte, sterile, alle Kulturen und Situationen übergreifende, nur rational begründete Moral wirklichkeitsfremd. Dabei geht es aber nicht einfach um bloße Affekte und Reaktionen angesichts einer Situation, sondern um eine schon vorgeformte, „affektiv gehaltvolle Wahrnehmung" bzw. um eine „kognitiv-emotionale Erkenntnis"[51], die den Menschen befähigt, einer Situation entsprechend zu reagieren und zu handeln. Veranschaulicht wird dies am Beispiel des Mitgefühls: Die Emotion des Mitgefühls ist ein essentieller Bestandteil, um das Leid eines anderen wahrnehmen zu können. Diese Wahrnehmung geschieht aber nicht durch Deskription moralischer Sachverhalte, sondern durch *Narrative*, d.h. indem leidensbezogene Situationen und Handlungen vor Augen geführt bzw. vergegenwärtigt werden. Das wäre die Voraussetzung dafür, dass Sachverhalte moralisch richtig erfasst und angemessen verstanden werden, statt spontan auf diese zu reagieren. Damit will Fischer aber nicht sagen, dass die Erzählungen im Alltag, die Narrative und die Deutungen von Sachverhalten nicht vielfältig sind und sogar miteinander konkurrieren, sondern dass sie für kritische Prüfungen oder Nachfragen offengehalten werden sollten. Doch lassen sich Natur und Wahrheitsmomente früherer oder aktueller moralischer Entscheidungen nicht allein aus „gedanklichen Ableitungen" von Prinzipien ohne einen „Rekurs auf die Anschauung oder Vorstellung von Situationen und Handlungen"[52] erkennen.

Was bedeutet dies für unsere Betrachtung bezüglich der Aufarbeitung der Geschichte? Folgt man automatisch oder oberflächlich der Beobachtung von J. Fischer über die Rolle der Gefühle und der Erzählungen bei der moralischen Urteilsbildung, fällt es leicht zu sagen: Lasst uns den Erzählungen mehr Raum gewähren und setzt den Narrativen Gegennarrative entgegen. Aber gerade das ist die Erscheinung, welche vom heutigen ungarischen Kontext widergespiegelt wird, die man gerne überschreiten möchte und die ich anfangs als Kampf um die Geschichte bezeichnet habe. Einerseits – das muss man zugeben – ist es unentbehrlich, dass Menschen Raum und Möglichkeit gewährt werden soll, um ihre Leidensgeschichten (oder die der Vorfahren) erinnern zu können, um Nichtbetroffene für die Wahrnehmung ihres Leidens zu sensibilisieren und auf diese Weise einer Kultur des Wegschauens entgegenzuwirken; andererseits wäre es Theologie und Kirche angeraten, sich mit den Moralvorstellungen vorangegangener Generationen auseinanderzusetzen – nicht weil die Geschichte sich wiederholen könnte, sondern um

---

[51] FISCHER, Ethik als rationale Begründung der Moral?, 198.
[52] FISCHER, Was ist das Argument?, ZEE 55 (2011), (214-217) 214.

bestimmte Zusammenhänge besser durchschauen zu können, die unter Umständen und in neuen Situationen neues Unrecht erzeugen könnten. Was leistet Aufarbeitung der Vergangenheit? Eine befriedigende und möglichst umfassende Antwort gibt es kaum auf diese Frage. Doch die frühere Behauptung, „die Geschichte sei von den Gewinnern geschrieben", ist schon durch die öffentlichen Versöhnungsakte, die Erinnerungskultur und insbesondere durch die Gewährung der Opferperspektive während der zurückliegenden Jahrzehnte widerlegt worden. Bezüglich der Handlungs- und Entscheidungszusammenhänge besteht aber weiterhin Forschung- und Erklärungsbedarf. Ein solcher Anspruch soll keineswegs als verhängnisvoller Mythos zur Selbstrechtfertigung gedeutet werden. Vielmehr besteht die Aufgabe darin, klarzustellen, dass der Mythos in der Moderne nicht mehr als harmlose, primitive Glaubensmeinung oder als Phänomen naiver Weltbetrachtung verstanden wird und mit dem Fortschritt oder der Religionskritik einfach überholt werden könnte. Vielmehr scheint der Mythos, funktional gesehen, ein Versuch zu sein, die bedrängenden Widersprüche einer Gesellschaft zu bewältigen und ein Ausdruck dafür zu sein, dass sich eine soziale Gruppe an ihre eigene Vergangenheit gebunden fühlt und ein Gefühl der Solidarität zu unterhalten sucht.[53] In dieser Hinsicht bilden Entscheidungen und Handlungen, soziale und wirtschaftliche Faktoren, Moralität und Emotionalität, Erinnerungspraktiken und Geschichtsdeutung einen wechselseitigen Zusammenhang, der unter Umständen für machtpolitische Zwecke missbraucht werden könnte. Nüchternheit und Analyse sind also angebracht, um diese Zusammenhänge nicht als verhängnisvolle Macht, sondern als eine geschichtliche und zeitliche Wirklichkeit[54] wahrzunehmen.

---

[53] Vgl. W. BURKERT/A. HORSTMANN, Art. Mythos, Mythologie, HWPh 6 (1984), (281-318) 301f.; I.U. DALFERTH, Mythos, Ritual, Dogmatik. Strukturen der religiösen Text-Welt, EvTh 47 (1987), 272-291.
[54] Vgl. VÁLYI NAGY, Das Problem der Geschichte, 42.

Ulrich H.J. Körtner

Geschichte erinnern – Beobachtungen zur österreichischen Perspektive[1]

I. Österreich und die evangelischen Kirchen im Gedenkjahr 2014

Böse Zungen behaupten, die heimliche Nationalhymne Österreichs stamme aus der Operette „Die Fledermaus" von Johann Strauß: „Glücklich ist, wer vergisst, was doch nicht zu ändern ist". Auch im Gedenkjahr 2014 sagt man der Alpenrepublik nach, auf typisch österreichische Weise mit der Erinnerung an den ersten Weltkrieg umzugehen. Selbst österreichische Historiker attestieren dem Land, sich mit der Erinnerung an dieses geschichtliche Ereignis schwerzutun. „Österreichs Krampf mit dem Gedenkjahr" war kürzlich ein Beitrag auf dem Wissenschafts-Online-Portal des ORF überschrieben.[2] Die Erinnerungskultur, so war dort zu lesen, schwanke zwischen Heroisierung und Verdrängung. Für typisch österreichisch hält der Politologe Anton Pelinka das „Schwanken zwischen einer Identifizierung mit einem Reich, das mit dem heutigen Österreich nicht mehr zu tun hat als mit allen anderen Nachfolgestaaten Österreich-Ungarns auch", gepaart mit „einer Abwesenheit von nationaler Identifikation"[3].
Zum spezifisch österreichischen Umgang mit dem Ersten Weltkrieg gehört nach Ansicht des Historikers Oliver Rathkolb von der Universität Wien, den Kopf in den Sand zu stecken und sich als unschuldiges Opfer zu fühlen. Während in Deutschland schon seit der sogenannten Fischer-Kontroverse, die 1959 begann,[4] intensiv über die Kriegsschuld-

---

[1] Referat auf der 4. Konsultation ungarischer und deutschsprachiger reformierter Theologen vom 4.–7. September 2014 in Berekfürdö / Ungarn. Eine kürzere Fassung ist unter demselben Titel erschienen in: MdKI 65 (2014), 87–91.
[2] Vgl. http://science.orf.at/stories/1743189 (28.07.2014).
[3] Zitiert nach P. PRANTER, „Eine Zeit, in der der Kaiser noch lebte", http://orf.at/stories/2229622/2229636 (28.07.2014).
[4] Unter den Publikationen des Hamburger Historikers Fritz Fischer (1908–1999) seien besonders erwähnt: F. FISCHER, Griff nach der Weltmacht. Die Kriegszielpolitik des kaiserlichen Deutschland 1914/18, Düsseldorf 2013 (Nachdruck der Sonderausgabe 1967; 1. Auflage 1961); DERS., Krieg der Illusionen: Die deutsche Politik von 1911 bis 1914, Düsseldorf 1998 (1. Auflage 1969). Zur Einschätzung der Thesen Fi-

frage diskutiert wird und mittlerweile selbst ehemalige Siegermächte wie Großbritannien über ihre politische Mitverantwortung für den Ausbruch des Krieges debattieren, ist eine solche Debatte in Österreich bis heute weitgehend ausgeblieben. Offenbar findet auch deshalb das Buch „Die Schlafwandler" des australischen Historikers Christopher Clark,[5] der an der Universität Cambridge lehrt, in Österreich so großen Anklang. Clark hielt auch am 27. Juli die Eröffnungsrede bei den Salzburger Festspielen, die immerhin im Zeichen des Gedenkjahres 2014 standen.[6] Der allerdings missverständliche Titel von Clarks monumentalem Werk wird in Österreich gern so verstanden, dass der Ausbruch des Krieges ein tragisches Verhängnis war, an dem eigentlich alle europäischen Mächte irgendwie Schuld hatten – oder auch nicht.[7] Bis heute steht dagegen Karl Kraus' Kriegsdrama „Die letzten Tage der Menschheit" einzigartig dar, welches unerbittlich die Frage nach der Schuld der politisch und militärisch Verantwortlichen der Habsburgermonarchie stellt und sie im Namen der sinnlosen Opfer des Krieges anklagt.[8] Österreichs problematischer Umgang mit der Erinnerung an den Ersten Weltkrieg setzte im Grunde schon in der 1. Republik ein, auf welche der Ständestaat von 1934 und schließlich 1938 der „Anschluss" an Hitlerdeutschland folgte. Nach 1945 entstand die Legende – um nicht zu sagen lange währende Lebenslüge – der 2. Republik, wonach Österreich das erste Opfer Hitlers war, so dass die Mittäterschaft im 2. Weltkrieg und bei Kriegsverbrechen der deutschen Wehrmacht ebenso verdrängt werden konnte wie die Beteiligung am Holocaust und die Geschichte des Antisemitismus in Österreich.

Die heutige Geschichtsforschung betont die historische Kontinuität zwischen dem Ersten und dem Zweiten Weltkrieg. Der französische Sozialwissenschaftler und Publizist Raymond Aron hat die Formel vom

---

schers in der gegenwärtigen Forschung siehe H. STRACHAN, Wer war schuld? Wie es zum Ersten Weltkrieg kam, in: S. BURGDORFF / K. WIEGREFE (Hg.), Der Erste Weltkrieg. Die Ur-Katastrophe des 20. Jahrhunderts, München ³2014, 240–255.

[5] Vgl. CHR. CLARK, Die Schlafwandler. Wie Europa in den Ersten Weltkrieg zog, München ¹¹2013.

[6] Die Rede ist auszugsweise in der Tageszeitung „Der Standard" veröffentlicht worden: CHR. CLARK, „In einer zunehmend gefährlichen Welt", DER STANDARD, 28.7.2014, online: http://derstandard.at/2000003590974/In-einer-zunehmend-gefae hrlichen-Welt (28.07.2014).

[7] Auch in Deutschland gibt es einen neuen Revisionismus in der Kriegsschuldfrage, der sich durch das Werk von Clark bestätigt sieht. Vgl. dazu kritisch H.A. WINKLER, Und erlöse uns von der Kriegsschuld, in: DIE ZEIT Nr. 32 (31.07.2014), 14.

[8] Vgl. K. KRAUS, Die letzten Tage der Menschheit. Tragödie in fünf Akten, mit Vorspiel und Epilog (stw 1320), Frankfurt a.M. (1986) ¹⁴2013.

neuen Dreißigjährigen Krieg geprägt, der von 1918 bis 1945 dauerte, unterbrochen von einer Phase eines labilen Gewaltfriedens, die durch den Aufstieg totalitärer Regime und den Ausbruch von Bürgerkriegen geprägt war. In Deutschland ist die These vom zweiten Dreißigjährigen Krieg vor allem durch den kürzlich verstorbenen Bielefelder Historiker Hans-Ulrich Wehler vertreten worden.[9] Betrachtet man wie Wehler den Ersten Weltkrieg als Auftakt und Vorbild des Zweiten, dann hat die Verdrängung der Erinnerung an die Zeit von 1914 bis 1918 und ihre Vorgeschichte eine besondere Brisanz, weil sie verhindert, dass man sich auch mit den geschichtlichen Ereignissen und Entwicklungen nach 1918 bzw. nach 1938 angemessen auseinandersetzt.

Allerdings wäre es verhängnisvoll, das Gedenken an den Ersten Weltkrieg als Auftakt eines neuen Dreißigjährigen Krieges nur auf die Kriegsschuldfrage zu reduzieren, so wichtig es auch sein mag, an diese im heutigen Österreich zu erinnern. Der österreichische Historiker Pfoser plädiert vielmehr dafür, an die „enormen, völlig sinnlosen Opfer" zu erinnern, „die dieser Krieg verursacht hat"[10]. Auch das hat wie kein Zweiter Karl Kraus in den „Letzten Tagen der Menschheit" unerbittlich getan.

Ein eigenes Thema der Geschichtsforschung zum Ersten Weltkrieg ist auch in Österreich die Rolle der Kirchen. Die österreichweit größte Ausstellung zum Krieg war 2014 auf der Schallaburg zu besichtigen. Diese war übrigens gut einhundert Jahre lang das Zentrum der Reformation in Niederösterreich. Das Thema „Die Kirchen und der Erste Weltkrieg" wird in der Gedenkschau und dem dazu gehörigen Ausstellungskatalog allerdings nur am Rande gestreift. Ein kurzer Beitrag von Edith Petschnigg beleuchtet Aspekte biblisch legitimierter Kriegsrhetorik. Als evangelisches Beispiel bringt die Autorin kurze Auszüge aus dem Erlass des Evangelischen Oberkirchenrates A.u.H.B. vom 29. Juli 1914.[11]

Während die Evangelische Kirche in Deutschland im Juli 2014 ein Wort zum 100. Jahrestag des Beginns des Ersten Weltkriegs unter dem Motto „Richte unsere Füße auf den Weg des Friedens" (Lk 1,79) veröf-

---

[9] Vgl. H.-U. WEHLER, Der zweite Dreißigjährige Krieg. Der Erste Weltkrieg als Auftakt und Vorbild für den Zweiten Weltkrieg, in: BURGDORFF / WIEGREFE (Hg.), Der Erste Weltkrieg, 23–35.
[10] Zitiert nach PRANTER, Eine Zeit.
[11] Vgl. E. PETSCHNIGG, „Hätten wir die Bibel jetzt nicht ...". Aspekte biblisch legitimierter Kriegsrhetorik im Ersten Weltkrieg, in: Jubel & Elend. Leben mit dem großen Krieg 1914–1918, Schallaburg 2014, (262–265) 263f.

fentlicht[12] und schon zuvor eine umfangreiche Materialsammlung zum Gedenken an den Ersten Weltkrieg herausgegeben hat,[13] die auch den Entwurf für einen Gedenkgottesdienst und liturgische Bausteine für Gottesdienste und Andachten enthält, gibt es auf Seiten der Evangelischen Kirche A.u.H.B. in Österreich nichts Vergleichbares. Der kirchliche Almanach „Glaube und Heimat" 2014 setzt allerdings einen 18 Seiten starken historischen Themenschwerpunkt, der auch auf die Haltung der evangelischen Kirchen und einzelner Theologen zum Ersten Weltkrieg sowie auf das Schicksal des Salzburger Dichters Georg Trakl eingeht, der evangelisch war.[14] Wie Christoph Hatschek feststellt, wurde die anfänglich verbreitete Kriegsbegeisterung „keineswegs nur von der Politik, sondern insbesondere auch von der Kirche – über sämtliche Konfessionen hinweg – direkt euphorisch mitgetragen"[15]. Alle Theologiestudenten der Wiener Evangelisch-Theologischen Fakultät haben sich im November 1914 als Kriegsfreiwillige gemeldet. Eine große Ausnahme in der allgemeinen Kriegsbegeisterung bildete der Pfarrer der Reformierten Stadtkirche in Wien Charles Witz-Oberlin, dem Landessuperintendent Thomas Hennefeld in der Juli/August-Ausgabe des „Reformierten Kirchenblattes" einen Beitrag gewidmet hat.[16]

Wenngleich die evangelischen Kirchen in Österreich kein eigenes Wort zum Gedenken an den Kriegsausbruch veröffentlicht haben, so engagieren sie sich doch stark in der Gemeinschaft Evangelischer Kirchen in Europa (GEKE), deren Generalsekretär der österreichische Bischof Michael Bünker ist. Die GEKE hat im Sommer 2014 ein gemeinsames Wort der protestantischen Kirchen zum Gedenken an den Ersten Weltkrieg veröffentlicht, das sich übrigens die EKD in ihrem Gedenkwort ausdrücklich zu eigen macht. Der Text findet sich unter anderem in der

---

[12] Der Text ist online abrufbar unter http://ekd.de/download/20140616_wort_des_rates_der_ekd_zum_ersten_weltkrieg.pdf (28.07.2014).

[13] Die Materialsammlung ist online abrufbar unter http://www.ekd.de/themen/material/erster_weltkrieg (28.07.2014).

[14] Der Themenschwerpunkt umfasst folgende Beiträge: CHR. HATSCHEK, Österreich-Ungarn auf dem Weg ins Jahr 1914, in: Glaube und Heimat 68 (2014). Evangelischer Kalender für Österreich, Wien 2013, 35–37; K.-R. TRAUNER, Theologen und der Weltkrieg, a.a.O. 38–43; CHR. DANZ, Vom theologischen Hörsaal in den Krieg, a.a.O. 44–46; W. POBASCHNIG, „Die Glocke muss bleiben". Der Erste Weltkrieg im Spiegel von Gemeindevertretungsprotokollen der evangelischen Pfarrgemeinde Waiern, a.a.O. 47–50; L. VON ELTZ-HOFFMANN, Georg Trakl, am Krieg zerbrochen, a.a.O. 51–52.

[15] HATSCHEK, Österreich-Ungarn, 37.

[16] Vgl. TH. HENNEFELD, Ein Friedensfreund im Kriegsrausch der Zeit. Charles Witz-Oberlin und seine Haltung zum Krieg, Reformiertes Kirchenblatt 92 (2014), H. 7–8, 1–3.

Ausgabe Nr. 21 des GEKE-Magazins „focus", das dem Gedenken an 1914 gewidmet ist.[17] Ausgehend von unseren Beobachtungen zum Gedenken an den Ersten Weltkrieg in Österreich sollen im Folgenden einige weitere Beispiele für den Umgang der evangelischen Kirchen in Österreich mit der Geschichte – und zwar auch mit ihrer eigenen Geschichte – gegeben werden. Wir konzentrieren uns dabei auf die Geschichte des Protestantismus nach 1918, also in der Phase von der Ersten Republik bis zum Ende des Zweiten Weltkriegs, ihre anfängliche Deutung nach 1945 sowie die kritische Aufarbeitung dieser Periode in jüngerer Zeit. Im Spiegel dieser Erinnerungsarbeit sollen auch die Deutung der Reformation und ihre politische Instrumentalisierung im österreichischen Protestantismus seit dem 19. Jahrhundert zur Sprache kommen.

II. Die Geschichte der Evangelischen Kirche in Österreich 1934–1945 im Konflikt der Interpretationen

Die Protestanten im heutigen Österreich bilden bekanntlich eine Diasporakirche. Ihr Anteil an der Gesamtbevölkerung ist seit 1971 rückläufig und liegt derzeit bei 3,7 Prozent. Anfänglich konnte sich die Reformation in ganz Österreich ausbreiten, doch wurde der evangelische Glaube in der Zeit der Gegenreformation konsequent zurückgedrängt. Die Habsburger verfolgten eine Politik der Unterdrückung, die auch auf die Mittel der Vertreibung und der Transmigration zurückgriff. Sogar noch nach dem Toleranzpatent Josefs II. von 1781 wurden 1837 die Protestanten aus dem Zillertal vertrieben. Erst das Protestantenpatent von 1861 brachte eine rechtliche Gleichstellung der Protestanten mit der katholischen Bevölkerungsmehrheit. Ende des 19. Jahrhunderts setzte die Los-von-Rom-Bewegung ein, die zu einem starken Anwachsen der protestantischen Bevölkerung führte. Von 1900 bis 1939 verdreifachte sich die Zahl der Evangelischen, wobei die Übertrittsbewegung vor allem von deutschnationalen Motiven geprägt war. Diese sollten sich im Ständestaat von 1934 verstärken, der den katholischen Glauben zur Staatsreligion erklärte und als neue Gegenreformation erlebt wurde. Tatsächlich hat der Chefideologe des Ständestaates Dietrich von Hildebrand (1889–1977) eine historische Parallele zur Gegenreformation gezogen und Engelbert Dollfuß mit Kaiser Ferdinand II., dem Voll-

---

[17] „Zu erinnern ist zuerst an die Opfer. Die Gemeinschaft Evangelischer Kirchen in Europa gedenkt des Beginns des 1. Weltkrieges", in: focus Nr. 21 (1/2014), 7–9. Am 3. August fand in Gunsbach/Elsass ein offizieller Gedenkgottesdienst der GEKE statt, bei dem aber keine österreichischen Kirchenvertreter anwesend waren.

ender der Gegenreformation, verglichen.[18] Nach 1918 und erst recht in der Zeit des Ständestaates wünschte sich die Mehrheit der Protestanten den Anschluss Österreichs an das Mutterland der Reformation, der freilich durch den Friedensvertrag von Saint Germain untersagt worden war. Schon vor 1938 gab es unter Österreichs Evangelischen eine große Zahl illegaler Nationalsozialisten und von Sympathisanten Hitlers. 73 von 126 Pfarrern waren bereits vor dem „Anschluss" Mitglieder der NSDAP.

Eine Schlüsselfigur des Protestantismus in dieser Zeit war der Jurist und zeitweilige Kirchenpräsident Robert Kauer (1901–1953), dessen Biographie von Harald Uhl 2014 erschienen ist.[19] Sein Werdegang ist in den Kontext der Zeitgeschichte eingebettet, deren kritische Aufarbeitung erst vor wenigen Jahrzehnten einsetzte.[20] Bereits 1932 trat Kauer der NSDAP in Wien bei. Wie viele Pfarrer und führende Vertreter der evangelischen Kirche war auch die Evangelisch-Theologische Fakultät der Universität Wien von deutschnationalen Kräften beherrscht. Sie verstand sich als „Grenzburg" und „Bollwerk" deutscher Kultur im Osten.[21] Der Praktische Theologe Professor Gustav Entz (1884–1954) trat bereits im Sommer 1933 den „Deutschen Christen" bei. Er war auch der „Cheftheologe"[22] des Evangelischen Bundes in Österreich, der 1903 als „Deutsch-Evangelischer Bund für die Ostmark" gegründet worden war und protestantisches Sendungsbewusstsein mit großdeutschen Hoffnungen verband.[23] Die 1933 als Teilorganisation des Evangelischen Bundes gegründete Evangelische Akademikerschaft wurde noch 1946 von Gustav Entz unumwunden als „nationalsozialistische

---

[18] Vgl. K.W. SCHWARZ, Bischof Dr. Hans Eder und die Evangelische Kirche in Österreich in der Ära des Nationalsozialismus, http://museum.evang.at/sites/default/files/userfiles/Raum-9/K_Schwarz_Eder.pdf 2 (29.07.2014), 13.

[19] Vgl. H. UHL, Robert Kauer. Ein Kirchenpräsident in den Konflikten seiner Zeit, Wien 2014. Kauer war vom März 1938 bis zum April 1939 kommissarischer Kirchenpräsident der Evangelischen Kirche A.u.H.B.

[20] Die kritische Aufarbeitung innerhalb der evangelischen Kirche ist vor allem durch Ulrich Trinks (1930–2008), Johannes Dantine (1938–1999) und Michael Bünker vorangetrieben worden. Grundlegende Arbeiten stammen von Karl W. Schwarz, Rudolf Leeb, Gustav Reingrabner, Karl-Reinhart Trauner und Harald Uhl (s. Anm. 19).

[21] Vgl. K.W. SCHWARZ, „Grenzburg" und „Bollwerk". Ein Bericht über die Wiener Evangelisch-theologische Fakultät in den Jahren 1938–1945, in: L. SIEGELE-WENSCHKEWITZ/C. NICOLAISEN (Hg.), Theologische Fakultäten im Nationalsozialismus, Göttingen 1993, 361–392.

[22] UHL, Kauer, 61.

[23] Vgl. UHL, Kauer, 24.

Tarnorganisation" bezeichnet.[24] Auch Hans Eder, seit 1940 Bischof der lutherischen Kirche in Österreich, gehörte der NSDAP an. Obwohl es in Bezug auf kirchliche Amtsträger einen Unvereinbarkeitsbeschluss der Partei gab, ist nicht bekannt, dass Eder nach seiner Übernahme des Bischofsamtes aus der NSDAP ausgeschlossen wurde oder aus ihr ausgetreten ist.[25] Dagegen kritisierte der als „Nazisuperintendent" diffamierte Superintendent und Notbischof Johannes Heinzelmann (1873–1946), der sich geweigert hatte, evangelische Gedenkfeiern für Engelbert Dollfuß abzuhalten, in seinem Neujahrshirtenbrief 1938 die nationalsozialistische Weltanschauung fundamental. Unter dem Druck namhafter Teile seiner Kirche legte Heinzelmann noch im Jänner 1938 das Amt des Notbischofs nieder und wirkte fortan nur noch als Pfarrer in Villach.

Unser Thema ist nun nicht die Geschichte der evangelischen Kirche Österreichs während der Zeit des Ständestaates und des Nationalsozialismus als solche, sondern die Deutung dieser Geschichte und ihre Rezeption nach 1945 und heute. Vor dem Hintergrund der Geschichte von Reformation und Gegenreformation hat sich die Evangelische Kirche immer wieder in der Opferrolle gesehen und die eigene Geschichte vor allem als Geschichte der Unterdrückung und der Verfolgung erzählt. Verbunden mit dieser Selbstsicht war eine dezidiert großdeutsche politische Ausrichtung, die sich auch in einer deutschnationalen Lutherrezeption und Reformationsdeutung zeigte, wie man sie in Deutschland aus der Zeit des Kulturkampfes nach 1871 und auch in Verbindung mit der deutschen Kriegstheologie im Ersten Weltkrieg kennt. Im Kontext der österreichischen Diasporasituation gewannen diese Lesart der Reformation und diese Lutherdeutung ihre besondere Zuspitzung.

Die protestantischen Hoffnungen, die sich mit der Okkupation Österreichs durch Hitlerdeutschland 1938 verbanden, sollten sich jedoch nicht erfüllen. Robert Kauer, selbst ein überzeugter Nationalsozialist, suchte die kirchenpolitische Unabhängigkeit der evangelischen Kirche zu erhalten, was ihm aber nicht gelang. Im Sommer 1939 wurde sie in die Deutsche Evangelische Kirche eingegliedert. Kauer wechselte bereits im April des selben Jahres an die Reichsanwaltschaft beim Reichs-

---

[24] Vgl. UHL, Kauer, 34f. Nach Entz war noch lange Zeit eine Stiftung der Evangelischen Kirche benannt, die Stipendien an Theologiestudierende vergab. Sie wurde erst 2001 in Wilhelm-Dantine-Stiftung umbenannt. Zu Entz siehe vor allem K.W. SCHWARZ (Hg.), Gustav Entz – ein Theologe in den Wirrnissen des 20. Jahrhunderts, Wien 2012.

[25] Vgl. UHL, Kauer, 72.

gericht in Leipzig.[26] Der in Deutschland ausgefochtene Kirchenkampf weitete sich jedoch nicht nach Österreich aus. Die Verantwortlichen hielten es sich im Gegenteil zugute, diesen von Österreich fernzuhalten. Die Kirchenleitung forderte in dieser Angelegenheit strikte Neutralität und ihr Präsident Kauer scheint sogar zeitweilig geglaubt zu haben, den Kirchenkampf von Österreich aus entschärfen zu können. So hat auch die Barmer Theologische Erklärung von 1934 in Österreich keine Wirkung erzielt. Auch nach 1945 ist sie lange Zeit praktisch gar nicht rezipiert worden. Das änderte sich erst unter dem Einfluss von Wilhelm Dantine (1911–1981), seit 1963 Professor für Systematische Theologie A.B. an der Evangelisch-Theologischen Fakultät Wien, und seinem reformierten Kollegen Kurt Lüthi (1923–2010), der 1964 an die Wiener Fakultät berufen worden war. Erst jetzt setzte an der Fakultät auch eine nennenswerte Rezeption der Theologie Karl Barths ein.[27] Und erst 2004 wurde nach langer Diskussion ein ausdrücklicher Hinweis auf die Barmer Theologische Erklärung in die Präambel der Kirchenverfassung der Evangelischen Kirche A.u.H.B. aufgenommen.[28]

Zwar hat auch die römisch-katholische Kirche den Anschluss Österreichs an Hitlerdeutschland anfangs befürwortet, zum Teil unter dem Druck der politischen Machtverhältnisse. Der Wiener Kardinal Innitzer zeigte sich Hitler gegenüber zunächst äußerst devot. Selbstverständlich gab es unter den Nationalsozialisten auch viele Katholiken oder ehemalige Mitglieder der katholischen Kirche. Die deutschnationale Option war in Österreich jedoch vor allem mit dem Protestantismus verbunden. Es ist daher verständlich, dass Vertreter der evangelischen Kirche ihr Naheverhältnis zum Nationalsozialismus zu relativieren und zu verdrängen suchten, um nicht als Totengräber Österreichs dazustehen. Nachdem die Option eines großdeutschen Reiches endgültig der Vergangenheit angehörte, galt es, eine neue österreichische Identität aufzubauen und der evangelischen Kirche ihren festen Platz in der Zweiten Republik zuzuweisen. Die Abgrenzung gegenüber Deutschland und Osteuropa gehört aber zu den wesentlichen Komponenten der nationalen Identität des heutigen Österreich.[29]

---

[26] Vgl. UHL, Kauer, 138f.
[27] Vgl. W. DANTINE / K. LÜTHI (Hg.), Theologie zwischen gestern und morgen. Interpretationen und Anfragen zum Werk Karl Barths, München 1968.
[28] „Beide Kirchen bejahen die Theologische Erklärung der Bekenntnissynode von Barmen als verbindliches Zeugnis für ihren Dienst."
[29] Vgl. O. RATHKOLB, Die paradoxe Republik. Österreich 1945 bis 2005, Wien 2005, 35–42.

Schon während der Zeit des Ständestaates galt die evangelische Kirche als „Nazikirche".³⁰ Tatsächlich war es in zahlreichen Pfarrgemeinden zu einer Allianz mit den verfolgten Nationalsozialisten gekommen, für die Robert Kauer in seinem pseudonymen, mit zahlreichen Dokumenten versehenen Werk „Die Gegenreformation in Neu-Österreich" (1936) Partei ergriff.³¹ In einem amtsbrüderlichen Rundschreiben vom 26. Mai 1946 rang Bischof D. Gerhard May mit der Frage, wie in den lutherischen Gemeinden mit ehemaligen NSDAP-Mitgliedern hinsichtlich des Presbyteramtes umgegangen werden solle. Einerseits erinnerte May daran, dass viele NSDAP-Mitglieder trotz politischen Drucks nicht aus der Kirche ausgetreten seien. Andererseits ist ihm auch bewusst, dass in manchen Gemeinden „nahezu keine Männer vorhanden sind, welche die kirchliche Qualifikation zum Presbyteramt aufweisen und die nicht Nazi [...] waren"³². Es bestand also tatsächlich eine große Nähe zwischen der Evangelischen Kirche in Österreich und der NSDAP.

Entsprechende Kritik, die nach 1968 laut wurde, versuchten Vertreter der Kirche freilich noch lange zurückzuweisen. Der allseits geachtete Wiener Superintendent Georg Traar (1899–1980), der von 1938 bis 1953 Landesjugendpfarrer gewesen war, versuchte noch 1974 den Eindruck zu erwecken, als ob es auch in Österreich einen nennenswerten kirchlichen Widerstand gegen den nationalsozialistischen Staat gegeben hätte, der z.B. die Beschneidung der evangelischen Jugendarbeit zur Folge gehabt hätte. Harald Uhl wertet Traars Einlassungen zu Recht als Beispiel für „eine bis weit in die Nachkriegszeit reichende Geschichtsvergessenheit" und mehr noch „eine langanhaltende Verdrängungsstrategie"³³. Was aber den Vorwurf der Nazikirche betrifft, gelangt Uhl zu dem Ergebnis: „Es fällt angesichts der Ereignisse und der Veröffentlichungen um die Jahreswende 1937/38 auch im zeitlichen Abstand von mehreren Jahrzehnten schwer, der am Ende des Ständestaates in dieser Phase aufgekommenen, diffamierenden Bezeichnung

---

³⁰ Vgl. M. LIEBMANN, Die evangelische Kirche in der Ersten Republik und im autoritären Ständestaat, in: H. WOLFRAM (Hg.), Geschichte des Christentums in Österreich. Von der Spätantike bis zur Gegenwart, Wien 2005, 417–422.
³¹ Die Gegenreformation in Neu-Österreich. Ein Beitrag zur Lehre vom katholischen Ständestaat. Anhand amtlicher Erklärungen und Dokumente vorgestellt und hg. von Dr. Kurt Aebi, Dr. Theodor Bertheau, Dr. Hans Glarner, Dr. Ernst Geyer u. Rudolf Grob, Zürich 1936. An Kauers Autorschaft besteht in der Forschung kein Zweifel. Vgl. UHL, Kauer, 37f.
³² Zitiert nach UHL, Kauer, 75.
³³ A.a.O. 67.

der Evangelischen Kirche in Österreich als ‚Nazikirche' mit Überzeugung entgegenzutreten."[34]

III. Die Evangelischen Kirchen und die Juden

Zur kritischen Aufarbeitung der Geschichte, die in den letzten Jahrzehnten in Angriff genommen worden ist, gehört nun auch die Auseinandersetzung mit dem Antisemitismus und der Haltung der Evangelischen Kirche zum Judentum und zum Holocaust. Es geht dabei nicht nur um einzelne Gestalten wie Georg von Schönerer, einem bekannten Proponenten der Los-von-Rom-Bewegung in Österreich, dessen aggressiver Antisemitismus von der heutigen Geschichtsforschung als eine Quelle von Hitlers Judenhass ausgemacht wird. Oder man denke an Adolf Eichmann, Sohn eines evangelischen Presbyters, der 1906 in Solingen geboren wurde und von 1914 bis 1933 in Linz, ab 1938 in Wien, Prag und Berlin lebte und den Judenmord mit organisierte. Es geht vielmehr um die Mitschuld der Evangelischen Kirche in Österreich als ganzer. Eine Stellungnahme, die dem Stuttgarter Schuldbekenntnis vom Oktober 1945 vergleichbar wäre, hat es in Österreich nach dem Zweiten Weltkrieg jahrzehntelang jedoch nicht gegeben. Erst im Gedenkjahr 1998, 60 Jahre nach dem „Anschluss" Österreichs und den Novemberpogromen hat die Generalsynode der Evangelischen Kirche A.u.H.B. eine Erklärung mit dem Titel „Zeit zur Umkehr – die Evangelischen Kirchen in Österreich und die Juden" verabschiedet, die auf die Initiative des reformierten Landessuperintendenten Peter Karner, den ehemaligen Leiter der Evangelischen Akademie Ulrich Trinks, den steirischen Senior Othmar Göring (1938–2013) und den lutherischen Oberkirchenrat Johannes Dantine zurückging.[35]
In ihrem gemeinsamen Wort erklären die lutherische und die reformierte Kirche: „Mit Scham stellen wir fest, daß sich unsere Kirche für das Schicksal der Juden und ungezählter anderer Verfolgter unempfindlich zeigten. Dies ist umso unverständlicher, als evangelische Christen in ihrer eigenen Geschichte, zumal in der Gegenreformation, selbst diskriminiert und verfolgt worden waren. Die Kirchen haben gegen sichtbares Unrecht nicht protestiert, sie haben geschwiegen und weggeschaut, sie sind ‚dem Rad nicht in die Speichen gefallen' (Bonhoeffer). Deshalb

---

[34] A.a.O. 64.
[35] Vgl. ebd.

sind nicht nur einzelne Christinnen und Christen, sondern auch unsere Kirchen am Holocaust/an der Schoah mitschuldig geworden."[36]
Auch in diesem Dokument ist die Erinnerung an die Gegenreformation ein historischer Referenzpunkt. Sie wird nun aber in ganz anderer Weise in Anspruch genommen als zur Zeit der Los-von-Rom-Bewegung und im Ständestaat. Die Erinnerung an die Gegenreformation dient nicht dazu, sich selbst einmal mehr als Opfer zu stilisieren, sondern im Gegenteil zur Anklage, auf der Seite der Täter gestanden oder an ihrer Seite mitschuldig geworden zu sein. Auch in gegenwärtigen gesellschaftlichen und politischen Auseinandersetzungen etwa um den Schutz von Asylsuchenden oder um die Diskriminierung von Migranten und Andersgläubigen verweisen die Evangelischen Kirchen in Österreich auf die eigene historische Erfahrung von Verfolgung und Diskriminierung, aus der die besondere Verpflichtung erwachse, sich für die Schwachen und ihre Rechte einzusetzen.

Die Erklärung von 1998 vollzieht aber auch eine radikale Abkehr von einer triumphalistischen Deutung der Reformation und einer Heroisierung Luthers. So heißt es im Text: „Die Entwicklung des Antisemitismus bis in die Schoah hinein stellt für uns als Evangelische Kirchen und evangelische Christen eine Herausforderung dar, die bis in die Wurzeln unseres Glaubens reicht. [...] Uns evangelische Christen belasten in diesem Zusammenhang die Spätschriften Luthers und ihre Forderung nach Vertreibung und Verfolgung der Juden. Wir verwerfen den Inhalt dieser Schriften. Der biologische und politische Rassismus des 19. und 20. Jahrhunderts konnte sich des christlichen Antijudaismus als religiös-ideologischer Bestätigung bedienen. Dagegen gab es in unseren Kirchen kaum Widerstand. Es haben sich vielmehr auch evangelische Christen und Pfarrer an der antisemitischen Propaganda beteiligt. Nahmen sich die Kirchen verfolgter Juden an, dann vorwiegend der getauften. Diese unsere belastete Vergangenheit verlangt nach einer Umkehr, die die Auslegung der Heiligen Schrift, die Theologie, die Lehre und die Praxis der Kirche umfaßt."

Zehn Jahre später riefen die Evangelische Kirche A.B., die Evangelische Kirche H.B. und die Evangelisch-methodistische Kirche in Österreich ein Schwerpunktjahr aus, das der Standortbestimmung zum evangelisch-jüdischen Verhältnis in Österreich dienen sollte. Die Erinnerung an die Zeit nach 1938 bleibe, wie es in dem Aufruf der Kirchen hieß, auch in Zukunft ein wichtiger Auftrag und verpflichte die Ge-

---

[36] Der Text ist online abrufbar unter http://evang.at/fileadmin/evang.at/doc_reden/um kehr_01,pdf (29.07.2014).

meinden und die einzelnen Christen dazu, jeder Form von Rassismus und Antisemitismus entgegenzutreten.[37]

IV. Evangelische Kirchen und Demokratie in Österreich

Zur geschichtlichen Erinnerungsarbeit der evangelischen Kirchen in Österreich gehört auch die Bestimmung ihres Verhältnisses zur modernen Demokratie. In Deutschland und Österreich hat es lange gedauert, bis die evangelischen Kirchen ihr Verhältnis zum modernen demokratischen und weltanschaulich neutralen Rechtsstaat geklärt haben. Erst 1985 veröffentlichte die Evangelische Kirche in Deutschland eine Demokratiedenkschrift.[38] Es sollten noch weitere 17 Jahre vergehen, bis auch die evangelischen Kirche A. u. H.B. in Österreich eine Denkschrift zum Verhältnis von Evangelischer Kirche und Demokratie veröffentlichte.[39] Sie ist durchaus in einem gewissen Zusammenhang mit der Stellungnahme „Zeit zur Umkehr" zu sehen. Ihr unmittelbarer Anlass waren aber die politischen Auseinandersetzungen wegen der Bildung einer ÖVP-FPÖ-Regierung im Jahr 2000, die Österreich tief erschütterte und in ganz Europa Erschrecken auslöste. Die heftig umstrittenen Sanktionen, die von den übrigen EU-Staaten gegen Österreich verhängt wurden, führten zu einer innenpolitischen Zerreißprobe. Inzwischen hat sich die Lage in Europa bekanntlich dramatisch verändert. Rechtsgerichtete und nationalistische Parteien sind in etlichen europäischen Ländern zu einer starken politischen Kraft geworden. Das Erstarken der FPÖ in Österreich, dessen Ursachen hier nicht im Einzelnen analysiert werden können, war nur ein Vorgeschmack dessen, was wir heute in Europa insgesamt erleben.

Die Regierungsbeteiligung der rechtspopulistischen FPÖ, die bis heute einen verharmlosenden Umgang mit dem Nationalsozialismus pflegt und selbst Politiker mit rechtsextremen Anschauungen in ihren Reihen duldet, hat seinerzeit die Grundsatzfrage aufgeworfen, wie man generell den Rechtspopulismus in Europa wirksam in seine Schranken weisen kann. Die evangelischen Kirchen in Österreich fühlten sich beson-

---

[37] Der Text der im Oktober 2007 veröffentlichten Kundgebung „Auf dem Weg der Umkehr – Jahr der Standortbestimmung zum evangelisch-jüdischen Verhältnis in Österreich" ist abrufbar unter http://www.evang.at/fileadmin/evang.at/doc_reden/2008-Auf-dem-Weg-der-Umkehr_01.pdf (29.07.2014).

[38] Vgl. Evangelische Kirche und freiheitliche Demokratie. Der Staat des Grundgesetzes als Angebot und Aufgabe, Gütersloh (1985) ³1986.

[39] Vgl. Evangelische Kirchen und Demokratie in Österreich. Denkschrift der Generalsynode 2002. Der Text ist abrufbar unter http://www.evang.at/file admin/evang.at/doc_reden/demokratie_01.pdf (29.07.2014).

ders herausgefordert, ist doch der Anteil an evangelischen Kirchenmitgliedern unter FPÖ-Wählern und -Funktionären mancherorts traditionell relativ hoch. Ihre Vorgängerpartei – der „Verband der Unabhängigen" (VdU) – entstand nach dem Zweiten Weltkrieg nicht nur als Sammelbecken ehemaliger Nationalsozialisten, sondern auch als Auffangbecken für deutschnationale Kräfte. In der 1956 aus dem VdU hervorgegangenen FPÖ gibt es noch immer einen deutschnationalen und nationalliberalen Flügel, der für sich das Erbe der bürgerlich-demokratischen Revolution von 1848 und ihres nationalliberalen Gedankenguts reklamiert.[40]

Die österreichische Denkschrift soll hier nicht im Detail vorgestellt werden. Uns interessiert nur die Frage, welche Rolle in ihr die Erinnerung an die Geschichte spielt und welche historischen Referenzpunkte für die theologische Argumentation von Bedeutung sind. Unter der Überschrift „Himmelreich und Erdenmacht in der protestantischen Tradition" erinnert der zweite Hauptteil zunächst an vorreformatorische Entwicklungen und geht anschließend auf Luthers Zwei-Reiche- bzw. Zwei-Regimenten-Lehre sowie auf Calvins Lehre von der Königsherrschaft Christi ein. Letzterer wird beim Entstehen der modernen Demokratie eine bedeutende Rolle zuerkannt. „Hauptsächlich deshalb, weil damit jedem einzelnen Christen ein Stück Verantwortung auferlegt war für die künftige Entwicklung der Gesellschaft. Auch bildete das geistlich motivierte Widerstandsrecht gegenüber staatlichen Übergriffen einen ersten Schritt zu dem hin, was man im modernen Sprachgebrauch als ‚Zivilcourage' bezeichnen würde."[41] Weitere historische Bezugspunkte sind Karl Barths Modell von Christengemeinde und Bürgergemeinde sowie die Barmer Theologische Erklärung. Wenn 2004, wie bereits erwähnt, ein ausdrückliches Bekenntnis zu Barmen in die Präambel der Verfassung der Evangelischen Kirche A.u.H.B. aufgenommen wurde, so ist dies auch eine Folgewirkung der Demokratiedenkschrift von 2002. Ein weiterer Impuls war die Grundsatzerklärung der österreichischen reformierten Kirche aus dem Jahr 1996,[42] die sich an mehreren Stellen auf die Barmer Theologische Erklärung bezieht,

---

[40] Zur Geschichte des VdU vgl. L. HÖBELT, Von der vierten Partei zur dritten Kraft. Die Geschichte des VdU, Graz 1999. Höbelt steht der FPÖ nahe. Zur politikwissenschaftlichen Einordnung der FPÖ vgl. A. PELINKA, Die FPÖ in der vergleichenden Parteienforschung. Zur typologischen Einordnung der Freiheitlichen Partei Österreichs, in: Österreichische Zeitschrift für Politikwissenschaft 31 (2002), H. 3, 281–290.
[41] Evangelische Kirchen und Demokratie in Österreich, 6f.
[42] Der Text ist abrufbar unter http://www.reformiertekirche.at/grundsatz.html#6 (29.07.2014).

allerdings ohne sie ausdrücklich zu nennen. Weitere Referenzen sind Dietrich Bonhoeffers Gedanke der Kirche für andere und sein Einsatz im Widerstand gegen Hitler und die nationalsozialistische Gewaltherrschaft sowie die Leuenberger Konkordie.

Der dritte Hauptteil „Paradigmenwechsel: Vom Untertan zum Staatsbürger" benennt eingangs die historischen Defizite des deutschsprachigen Protestantismus insgesamt, um sodann auf die besondere Entwicklung in Österreich im späten 19. und 20. Jahrhundert einzugehen, die Los-von-Rom-Bewegung, die deutschnationalen Bestrebungen in der Evangelischen Kirche, ihre Stellung im Ständestaat und die fragwürdige Haltung zum Nationalsozialismus. Vor diesem Hintergrund erfährt nun die politische Zurückhaltung der evangelischen Kirchen in Österreich nach dem Ende des Zweiten Weltkriegs eine durchaus verständnisvolle Betrachtung: „Nach den schmerzlichen Erfahrungen von Schuld und Scheitern in der Zeit des Nationalsozialismus, insbesondere in Bezug auf die jüdischen Mitbürgerinnnen und Mitbürger, kann man die politische Askese der Kirchen nach 1945 als eine Form der Umkehr und der beginnenden pastoralen Neubesinnung verstehen."[43] Die damit verbundene Tendenz zum Rückzug „in ein Ghetto selbstverordneter Abstinenz"[44] wird gleichwohl kritisch gesehen. Demgegenüber wird an das Vorbild Wilhelm Dantines erinnert, der vom protestantischen Abenteuer in einer nichtprotestantischen Welt gesprochen und die Kirche in der Diaspora zur Übernahme ihrer Verantwortung für die Welt aufgerufen hat. Zuletzt verweist die Denkschrift noch auf die Demokratiedenkschrift der EKD von 1985.

V. Funktion und Ambivalenz geschichtlicher Erinnerung

Die Erinnerung von Geschichte vollzieht sich auf unterschiedliche Weise und in unterschiedlicher Absicht, wie sich auch am Beispiel der Evangelischen Kirchen in Österreich studieren lässt. Erinnerung von Geschichte findet, grob gesagt, auf zweifache Weise statt. Zum einen gibt es die historische Forschung und ihre Geschichtsschreibung, zum anderen unterschiedliche Erinnerungskulturen. „Arbeitet die Geschichtsschreibung kritisch auswählend nach dem Methodenkanon der historisch-kritischen Textauslegung, der unter anderem auch dazu dient, Mythen zu zerstören, so ist der Gedächtniskultur zumindest tendenzi-

---

[43] Evangelische Kirchen und Demokratie in Österreich, 10.
[44] Ebd.

ell daran gelegen, identitätsstiftende Mythen aufzubauen."[45] Die Erinnerung an die Reformation und Luther, aber auch die Erinnerung an die Gegenreformation haben in der jüngeren Geschichte Österreichs nicht nur die Identität der evangelischen Kirchen gestärkt, sondern auch zu problematischer Mythenbildung geführt. Dabei darf natürlich nicht außer Acht gelassen werden, dass z.B. auch der katholische Ständestaat die Epoche der Reformation bzw. der Gegenreformation für die Schaffung eines identitätsstiftenden Mythos verwendet hat, der hoch ideologisch und politisch verhängnisvoll war.

Wie ambivalent die Mythenbildung von Erinnerungskulturen ist, zeigt sich auch an der eigenen Sichtweise als Opfer von Verfolgung und Unterdrückung. Um nicht missverstanden zu werden: Es hat in der Geschichte des österreichischen Protestantismus tatsächlich Zeiten der Verfolgung und der Unterdrückung gegeben. Die „memoria passionis", von der der katholische Theologe Johann Baptist Metz spricht,[46] kann aber in einem doppelten Sinne zur „gefährlichen Erinnerung"[47] werden: Sie kann zum einen bestehende Machtverhältnisse in Frage stellen und ein Impuls zur Befreiung oder zum gesellschaftlichen Umbruch werden. Sie kann aber auch in dem Sinne gefährlich sein, dass sie ihrerseits zur Legitimation von Gewalt und Gewaltherrschaft dient. Das zeigt sich beispielhaft am Amalgam von Protestantismus und Deutschnationalismus wie auch Nationalsozialismus im österreichischen Ständestaat. Ideologisch war aber auch der Versuch prominenter Kirchenvertreter nach 1945, die evangelische Kirche als Opfer des Nationalsozialismus darzustellen.

Auch Kirchen brauchen Erinnerungskulturen. Der Gefahr ideologischer Mythenbildung entgegenzuwirken ist aber eine dezidiert theologische Aufgabe, die nicht allein von einer kritischen Kirchengeschichtsforschung zu leisten ist, sondern es handelt sich um eine gemeinsame Aufgabe aller theologischen Disziplinen. Die identitätsstiftenden Mythen sind also nicht nur aus politischen, sondern auch aus theologi-

---

[45] J. HUND, Erinnern und feiern. Das Calvin-Jubiläum im Kontext moderner Erinnerungskultur, in: Kirchengeschichte. Calvin-Jubiläum 2009, hg. von H. ASSEL, VuF 57 (2012), (4–17) 4f.

[46] Vgl. J.B. METZ, Memoria passionis. Ein provozierendes Gedächtnis in pluralistischer Gesellschaft, Freiburg / Basel / Wien ^{4}2011.

[47] Metz bezeichnet die „memoria passionis" sowohl als befreiende wie als gefährliche Erinnerung, wobei letzterer Begriff auf Herbert Marcuse zurückgeht. Vgl. J.B. METZ, Erinnerung des Leidens als Kritik eines teleologisch-technologischen Zukunftsbegriffs, EvTh 32 (1972), 338–352; H. MARCUSE, Der eindimensionale Mensch. Studien zur Ideologie der fortgeschrittenen Industriegesellschaft, Neuwied / Berlin 1978, 117.

schen Gründen der beständigen Kritik zu unterziehen. Die Konfrontation mit dem Wort des lebendigen Gottes bedeutet die beständige Kritik der Kirche und ihrer Mythenbildung. Die Infragestellung, bisweilen auch Zerstörung menschlicher Mythen durch das Wort Gottes führt zur Befreiung von falschen Bindungen und ermöglicht neue Zukunft, welche durch den heilsamen Einbruch Gottes in die Geschichte geschaffen wird.

László Levente Balogh

Das Opfer als Deutungs- und Erinnerungsmuster in der ungarischen Erinnerungskultur von dem 19. Jahrhundert bis zur Gegenwart

Es wäre wahrscheinlich unmöglich, alle Ursachen zu erschließen und Bedingungen zu beschreiben, warum der Begriff des Opfers in den letzten Jahren in den Mittelpunkt des Interesses der Geistes- und Sozialwissenschaften geraten ist. Besonders schwer zu erklären ist dies, weil es sich hier um einen Begriff handelt, für den verschiedene Disziplinen abgesehen von den letzten Jahrzehnten kaum Interesse zeigten. Dank der kulturwissenschaftlichen Wende wurde der Begriff trotz all seiner Widersprüchlichkeit und Vielfältigkeit zum Grundbegriff der Analyse verschiedener gesellschaftlicher Phänomene. Seine weite Verbreitung und seine semantische Erweiterung wurden nicht einmal dadurch gemindert, dass der Begriff des Opfers unterschiedliche Deutungen miteinander verknüpft und begrifflich vereinigt, die mitunter inhaltlich differieren oder sogar auf ausdrücklich gegensätzliche Prozesse hinweisen. Zurückzuführen ist dies vielleicht darauf, dass dabei das Opfer verschiedene Positionen ermöglicht, ob man sich selbst als Opfer sieht oder von anderen als Opfer wahrgenommen wird. Daher ist der Status des Opfers immer prekär und umstritten. Aus diesem Grund enthält dieser Begriff ein offenbar hohes Konfliktpotenzial.
Infolge des mannigfaltigen Verständnisses und des konfliktgeladenen Charakters des Begriffs wurde er immer unschärfer und schwieriger zu fassen. Dieser Prozess hat sich allerdings nicht zufällig vollzogen, sondern ist einer – zumindest im Rückblick – gut wahrnehmbaren Bedeutungsverschiebung vorausgegangen, die sich einerseits innerhalb des Begriffs, andererseits in seinem moralischen Umfeld abgespielt hat. Dies machte die ursprünglich vorhandene Zweischichtigkeit und innere Spaltung des Begriffs noch anschaulicher. Mit dieser Bedeutungsverschiebung ging auch die Wiederauslegung des Opfers einher. Der ursprünglich aktive Charakter des Begriffs verblasste und passive Merkmale traten in den Vordergrund. Diese Perspektive hat damit eine neue Identifizierungsmöglichkeit eröffnet, bei der die differenten Deutungsmöglichkeiten des Opferbegriffs im Hintergrund stehen. Der Status des

Opfers ist in der Öffentlichkeit – besonders durch die Verbreitung der Erinnerungskultur – in politischer und moralischer Hinsicht zu einem absoluten Maßstab geworden, wenngleich sich dahinter oft nur ein Anspruch auf Aufmerksamkeit und eine Sehnsucht nach allgemeiner Anerkennung verbirgt.

Werden die Veränderungen im Begriffsverständnis des Terminus Opfer untersucht, muss man zwei grundlegende Formen des Opfers unterscheiden.[1] Die erste Form betont den aktiven Charakter des Begriffs und markiert somit ein Handeln, das wiederum – als aktives oder passives Handeln – gestaltet werden kann und auf eine direkte oder eine indirekte Wirkung hofft. Bezeichnet wird diese Form des Opfers mit *sacrifice*. Zweitere hingegen betont den erleidenden Charakter des Opfers und suggeriert so ein Gefühl der Hilflosigkeit und der Unschuld. Ausdruck findet dies im Begriff *victim*. Diese grundlegende, im Englischen (und im Französischen) vorfindliche begriffliche Unterscheidung ist weder im Ungarischen noch im Deutschen vorhanden. Hier enthält der Begriff also beide Bedeutungen. Infolge der fehlenden begrifflichen Differenzierungsmöglichkeit werden zwei verschiedene Phänomene vereinigt. Dabei ist zunehmend eine Bedeutungsverschiebung vom Verständnis des Opfers als Objekt zu ihm als Subjekt wahrnehmbar.

Die Rekonstruktion jener Bedeutungsverschiebung in allen Einzelheiten würde hier wohl den Rahmen sprengen. In aller Kürze ist dennoch herauszustellen, dass das aktive Opfer auf einen realen oder mutmaßlichen Sinn des Handelns angewiesen ist. Die Opferhandlung muss dabei in einen höheren Zusammenhang eingefügt werden, unabhängig davon, ob man rationale oder magische Grundlagen für sie sucht. Das Opfer soll die Ordnung der Welt und des Menschen wiederherstellen. Nachdem die Vorstellung einer feststehenden Ordnung immer mehr in Frage gestellt und der im Vorhinein gegebene Sinn in Zweifel gezogen wurde, wurde es immer schwieriger, Opfer zu verlangen oder Opfer zu bringen. Heute reicht kein Opfer mehr hin, um die Ordnung der Welt und des Menschen wiederherzustellen. Aus diesem Grund hat das Opfer seine sinngebende und sinnstiftende Beschaffenheit verloren. Infolgedessen wird der Bedeutungsaspekt, den Status des Opfers mit einem Ausgeliefertsein zu identifizieren, weiter in den Vordergrund gestellt. In diesem Zusammenhang hat das Opfer keinen höheren Sinn mehr, weil die unpersönlichen Kräfte der „Geschichte" und der „Natur" ein personales Opfer ausschließen.

---

[1] Vgl. H. MÜNKLER/K. FISCHER, „Nothing to kill or die for...". Überlegungen zu einer politischen Theorie des Opfers, Leviathan 28 (2000/1), 343–362.

László Levente Balogh 53

Meine Frage ist daher, ob die Bedeutungsverschiebung der Opfernarrative innerhalb von Erinnerungsmustern aufzuspüren ist? Welche Rolle spielt das Opfer als Deutungs- und Erinnerungsmuster in der ungarischen Geschichtsauslegung des 19. und des 20. Jahrhunderts sowie der Gegenwart? Wie kann dies visualisiert werden? Im vorliegenden Essay versuche ich zu präsentieren, wie die oben bereits kurz erwähnte Bedeutungsverschiebung in Bildern und Denkmälern der ungarischen Geschichte verarbeitet wird.

I. Nationalbewusstsein und Opfer

Die Opfernarrative beginnen Mitte des 19. Jahrhunderts und stehen in engem Zusammenhang mit der Niederschlagung der Revolution und des Freiheitskampfes 1848/49. Zur Illustration der Revolution und des Freiheitskampfes möchte ich zwei Beispiele schildern, die thematisch eng miteinander verbunden sind. Das erste Gemälde zeigt *Die Auffindung des Leichnams König Ludwigs II* (1851) von Soma Petrich Orlay, welches sich im Debrecener Reformierten Kollegium befindet.

Das zweite zeigt *Die Auffindung des Leichnams von Ludwig II.* (1860) von Bertalan Székely und ist in der Ungarischen Nationalgalerie ausgestellt.

54 Das Opfer als Deutungs- und Erinnerungsmuster

Auf beiden Gemälden werden Revolution und Freiheitskampf von 1848/49 mit der Schlacht gegen die Osmanen von Mohács aus dem Jahre 1526 verknüpft. Die verlorene Schlacht von Mohács und der niedergeschlagene Freiheitskampf von 1848/49 symbolisieren dasselbe. Die Bedeutung des sonst eher unbedeutenden Königs Ludwig II wird offenbar als Symbol verwendet, welches mehrschichtig und daher genauer zu untersuchen ist. Auf dem ersten Bild erinnert das Auffinden der Leiche des Königs an die Abnahme des Leichnams Jesu Christi vom Kreuz. Bei dem zweiten erinnern die Gesichtszüge des Königs unbestreitbar an bildliche Darstellungen des Bildnisses Jesu. So identifizieren beide Gemälde den gefallenen König mit Jesus. „Religiöse Sprachen sind konstitutiv auf das Absolute, Unbedingte, Göttliche bezogen und stellen deshalb einzigartige Potentiale [sic!] zur Deutung außeralltäglicher Erfahrungen bereit. Kriege, politische Krisen und revolutionäre Zerstörung bzw. Umformung der alten politischen Institutionenordnung sind Zeiten, in denen religiöse Sprachen und Symbole für viele Menschen besondere Relevanz gewinnen."[2] Wofür sprechen aber diese offensichtlichen christlichen Anspielungen?

Körper, Gesichtszüge und Pose des Königs in analoger Abbildung zu Jesus weisen in diesem historischen und politischen Kontext eindeutig auf die Nation hin. Die Nation nimmt somit die Stelle der Kirche ein und sie erscheint in der entsakralisierten Gestalt des mystischen Körpers Jesu Christi. Präziser wäre es, würde man über die Sakralisierung der Nation sprechen, weil sich hier die *ecclesia* in die Gemeinschaft der Nation wandelt.

„Die spezifische Unbestimmtheit und Mehrdeutigkeit religiöser Symbole erlaubt es, ganz unterschiedliche geschichtliche Erfahrungszusammenhänge religiös sinnhaft zu strukturieren. Immer geht es in diesen Nationstheologien darum, die Nation im Sinne einer innerlichen Gemeinschaft zu deuten, die die Bürger über bloß äußerliche, politisch-rechtliche Vergesellschaftung hinaus auch im Innersten ihrer Seele miteinander verbindet."[3]

Die Darstellung von politischen Gemeinschaften als menschlicher Körper besitzt eine lange Tradition, deren Darstellung vom Märchen Menenius Agrippas über John of Salisburys Policraticus bis hin zum Titelblatt des Leviatan von Thomas Hobbes reicht. In diesen Auffassungen jedoch ist der Körper noch als funktionell aufgefasstes Ganzes dargestellt, unter dessen Körperteilen Wechselwirkung und hierarchische Abhängigkeit bestehen. Oben erwähnte Bilder zeigen diesen Aspekt hingegen nicht. Hier drückt der Körper des Königs in Analogie zu dem Jesu Christi eine bedingungslose Einheit aus, in der sich nicht

---

[2] F.W. GRAF, Die Nation – von Gott „erfunden"?, in: G. KRUMEICH/H. LEHMANN (Hg.) „Gott mit uns". Nation, Religion und Gewalt im 19. und 20. Jahrhundert, Göttingen 2000, (285–317) 309.
[3] A.a.O. 308.

nur gesellschaftliche Unterschiede, sondern auch Barrieren der realen Geschichte auflösen. Dieses Christus-König-Nation-Kontinuum symbolisiert einen tiefen Sinnzusammenhang. Die Lehre der zwei Körper des Königs im Sinne von Ernst Kantorowicz geht davon aus, dass der König einen natürlichen, sterblichen und gleichzeitig einen politischen, unsterblichen Körper hat.[4] Dieser unsterbliche Körper lebt in der Vorstellung der Ewigkeit der Nationen weiter, die bis in die Urzeiten zurückreicht. Ziel ist die Schaffung eines Bildes der im 19. Jahrhundert neu entstandenen Nationen, als wären sie als Geschöpfe Gottes schon immer existent und durch eine Zeitlosigkeit charakterisiert. Die Symbolisierung der Nation als Körper Jesu Christi bestärkt dies zudem, da so die Niederlage in der Geschichte der Nation einen neuen Sinngehalt erhält: Ungarn als Christus der Völker – ähnlich wie im polnischen Topos – entspricht einem Sendungsbewusstsein bzw. einer messianistischen Rolle, die durch sein Opfer vollzogen wird. So wird der Einzelne mit einem imaginierten Ganzen in Verbindung gebracht; jenes wiederum ist dabei mehr als die Summe seiner Glieder. Durch das Opfer, verstanden als aktive Handlung, wird die Beziehung zwischen Individuum und dem politischen Gemeinwesen hergestellt.

Das Opfer gibt damit der Geschichte der Nation einen Sinn, sodass es aus einer Geschichte der Besiegten eine Geschichte der Sieger macht. Jenes Vorgehen ist in zweifacher Hinsicht zu konkretisieren. Einerseits vulgarisiert es die Leidensgeschichte Jesu Christi, andererseits schreibt sie der nationalen Geschichte sakrale Bezüge zu. Dieser Prozess zeigt Wechselwirkung, indem sowohl eine Säkularisierung bzw. Entsakralisierung als auch eine Resakralisierung erfolgt. „Der Säkularisierungsprozess" besteht „in erster Linie aus einem Dechristianisierungsprozess [...], der von gegenläufigen Resakralisierungstendenzen konterkariert wird, die die unterschiedlichsten politischen Symbole, wie Staat, Nation, Rasse, Klasse oder auch die demokratische Verfassung und die Menschenrechte zu politischen Leitbegriffen und -prinzipien divinisieren."[5] Man kann natürlich nie mit Sicherheit feststellen, ob es sich hier um eine wirkliche Sinntransformation und Sinnübertragung handelt oder bloß um eine Verwendung sakraler Symbole, die Unbekanntes auf Bekanntes zurückführen. Für die Perspektive der Untersuchung ist aber wichtig, dass sich die nationale Leidensgeschichte in eine nationale Heilsgeschichte wandelte. Im 19. Jahrhundert waren Visionen

---

[4] Vgl. E.H. KANTOROWICZ, Die zwei Körper des Königs. Eine Studie zur politischen Theologie des Mittelalters, München 1990, 29–32.

[5] M. HILDEBRANDT/M. BROCKER/H. BEHR, Säkularisierung und Resakralisierung in westlichen Gesellschaften, Wiesbaden 2001, 10.

des kollektiven Todes beliebte Darstellungsweisen der Besiegten. Während der Krieg sich eben in dieser Epoche auf die Schlachtfelder zu beschränken begann, hat man die militärischen Niederlagen immer mehr mit der Vision des Todes der Nation verknüpft. So bezog sich die Niederlage nicht ausschließlich auf die Gefallenen oder auf die unmittelbar Betroffenen, sondern vielmehr auf die ganze Nation. Zudem wird auf den dargestellten Bildern durch Christus nicht nur das Leiden symbolisiert, sondern auch die Auferstehung und das ewige Leben werden auf das Opfer der ganzen Nation projiziert. In Interpretation dessen werden die Niederlage und der Tod positiviert, weil sie die jeweilige Wiedergeburt der Nation ausdrücken. Der Tod des Einzelnen verweist „nicht auf eine Erfüllung im christlichen Jenseits, sondern findet seinen ‚Sinn' im Erhalt und in der Rettung des politischen Kollektivs, als Bedingung für das Weiterleben der andern Mitglieder dieses Gemeinwesens".[6] Die Bedeutung dieser Erinnerungen besteht darin, dass sie lange historische Erfahrungen umfassen und dabei die Grunderfahrung in sich tragen, dass alles anders geschah als erdacht, aber so ist mithilfe des Opfers einmalig und unwiderruflich Versöhnung möglich.

Zugleich tragen diese Erinnerungen große Herausforderungen für diejenigen mit sich, die sie analysieren, etwa bezüglich einer als notwendig erscheinenden Interpretation eines Sinns des Opfers. Das infolge einer Niederlage verlangte Opfer muss durch seine Deutung in einen höheren Sinnzusammenhang eingefügt werden, um die Vergangenheit und die Gegenwart zusammenführen und Aussichten für die Zukunft zu formulieren. Ausleger der Geschichte propagieren je die Erneuerung und die Wiedergeburt, für deren Gültigkeit natürlich nur sie selbst einstehen können. Die Auferstehung der Nation in Christus betont den Doppelcharakter des Opfers. In der Schicksalsgemeinschaft vereinen sich Heldentum und Leiden miteinander. Sie verdeutlichen und verdichten die doppelte Bedeutung des Opfers, aber sie betonen auch den individuellen und kollektiven Verzicht und die Selbstaufopferung. Diese Grundlage der Nacherzählung der nationalen Geschichte ermöglicht es, die Einmaligkeit und das Auserwähltsein der Nation zum Ausdruck zu bringen. Dieses Auserwähltsein kann wiederum nicht nur die Grundlage einer positiv verstandenen Zusammengehörigkeit sein, sondern droht bei der Vermischung mit rassistischen Tendenzen in Ausschließung überzugehen. Die Leidensgeschichte des auserwählten Volkes passt in einen religiösen Interpretationsrahmen, indem die durch die Niederla-

---

[6] M. HETTLING, Das Opfer – Eine Würdigung, Magazin 21. Kulturstiftung des Bundes, http://www.kulturstiftung-des-bundes.de/cms/de/mediathek/magazin/magazin 21/hettling/index.html (zuletzt abgerufen am 06.01.2014).

ge geäußerte göttliche Strafe als unbestreitbares Zeichen des Auserwähltseins gedeutet wird. Dieses Auserwähltsein ist, egal ob zum Unheil oder zum Heil, durch derartige Deutungen legitimiert. Aus diesem Grund ist es kein Zufall, dass bis zum 19. Jahrhundert zwischen den nationalen Geschichten und der Geschichte der Juden mit Vorliebe Parallelen gezogen wurden, obwohl diese Art der Geschichtsauffassung schon am Anfang des 20. Jahrhunderts kaum haltbar war.

II. Trianon als nationales Trauma und Wendepunkt der Opfernarrative

Die oben skizzierte Anschauung hat sich in Ungarn nach dem Ersten Weltkrieg und dem Trianon-Friedensvertrag durch einen parallelen Prozess aufgelöst. Nach den Erfahrungen des Ersten Weltkriegs, den 11 Millionen Gefallenen, den vielen Verletzten und Verschwundenen war eine Sinngebung des Opfers als *sacrifice* kaum mehr möglich. Mit Kriegsende und besonders infolge des Friedensvertrags von Trianon tritt eine andere Deutung des Opfers auf. Der Aspekt des sacrifice tritt gänzlich in den Hintergrund, währenddessen der des victims hervor tritt. In diesem Kontext ist die Umdeutung des Opfers für das ungarische Selbstverständnis von großer Bedeutung. Der Friedensvertrag von Trianon wurde als größeres Trauma angesehen als der gesamte Verlust im Ersten Weltkrieg. Insofern sollen hier die weitreichenden und lange wirkenden Folgen des Ersten Weltkrieges sowie besonders des Friedensvertrages in der gegenwärtigen ungarischen politischen Kultur und in seiner Erinnerungskultur noch kurz analysiert werden. Kriegsdenkmäler des Ersten Weltkrieges enthalten noch die Identifizierung von Heldentum und Selbstaufopferung, schließen sich so also der Tradition der Verknüpfung dieser Aspekte an. Gleichwohl macht das früher nie erfahrene materielle und menschliche Opfer die notwendige Sinngebung schwieriger – oder gar unmöglich. Die Opfernarrative nach dem Trianon-Friedensvertrag zeigen daher eine deutliche semantische und visuelle Verschiebung auf. Die sakralen Symbole kommen weiterhin vor und werden mit diversen nationalen Symbolen verknüpft. Jedoch steht die religiöse Anschauung nicht mehr im Vordergrund; vielmehr ist eine bloße Inanspruchnahme religiöser Symbole aufzufinden. Folglich strebt die Deutung des Opfers nicht mehr nach einem höheren Sinn. Das Opfer ist somit nicht mehr aktiv, sondern passiv: Es ist nicht das Ergebnis der Selbstaufopferung und des Verzichts, sondern kennzeichnet sich durch das Erleiden. Es kann auch weiterhin sakrale Anspielungen enthalten, aber es fügt sich nicht mehr an einen höheren Sinnzusammenhang und dient nicht mehr als Trost oder Erklärung. Aus der Niederlage werden keine weitgehenden, in die Zukunft weisenden Folgerungen gezogen. Dem Leiden wird folglich keine metaphysische Bedeutung zugeschrieben: Man sucht nicht nach einem Sinn des Opfers, sondern nach einer Möglichkeit zu seiner politischen Verwendung und Instrumentalisierung. Hier dient das Opfer als erlittene Ungerechtigkeit vor allem dazu, die verlorene Größe und Ruhm mit moralischem Pathos und Überlegenheit zu ersetzen bzw. zu kompensieren. Jene Aspekte können in den ungarischen Opfernarrativen nach dem Ersten Weltkrieg und im Zusammenhang mit Trianon aufgefunden werden. Zur Visualisierung dieser Opfernarrative möchte ich zwei Beispiele präsentieren und analysieren. Sie stammen zwar aus verschiedenen Zeiten, verweisen aber auf eine beachtenswerte Kontinuität.

Die Praxis der heutigen Denkmalerrichtung bestätigt die Dominanz sowohl nationaler als auch internationaler Opfernarrative. Immerhin reichen diese Narrative in Ungarn zeitlich weiter zurück als in Westeuropa, wo der Brennpunkt des nationalen und gemeinsamen europäischen Opfergedächtnisses vor allem der Zweite Weltkrieg und der Holocaust ist. Der Opferdiskurs in Ungarn verdichtet sich im Symbol von Trianon. Mein erstes Beispiel zeigt die Statue des ungarischen Schmerzes von Debrecen aus dem Jahre 1933[7]. Sie setzt in gewissem Maß die im 19. Jahrhundert traditionelle allegorische Darstellung der Nation durch Frauengestalten fort, bricht aber zugleich auch mit dieser Tradition.

---

[7] Zur Geschichte des Denkmals siehe ausführlich L.L. BALOGH, Trianon – Stationen und Statuen des Schmerzes, in: H.D. GRÖLLER/H. HEPPNER (Hg.), Die Pariser Vororte-Verträge im Spiegel der Öffentlichkeit. Transkulturelle Forschungen an den Österreich-Bibliotheken im Ausland, Bd. 7., Wien 2013, 53–70.

60 *Das Opfer als Deutungs- und Erinnerungsmuster*

Die deutsche Germania, die französische Marianne und die ungarische Hungaria sind nicht durch ihre allegorischen Botschaften, sondern ausschließlich durch ihre sekundären Merkmale zu unterscheiden. Die Statue des ungarischen Schmerzes als Hungaria weicht in mehrerer Hinsicht von der Tradition ab. Die Nacktheit der Figur drückt Erniedrigung und Ausgeliefertsein aus, was das Fehlen der Gliedmaßen weiter betont. All dies steht in großem Maße in Zusammenhang mit einer langen Tradition. Zugleich aber treten neben der Unmodernität paradoxerweise auch Merkmale auf, die in der Nähe zu moderner Erinnerungskultur zu sehen sind. Die Frage stellt sich, was dieses Motiv für die politische Kultur so attraktiv – aber auch so fatal – macht? Die Debrecener Statue des ungarischen Schmerzes ist ein Zeichen eines wiedererwachten Opferdiskurses, dessen Motive sehr mannigfaltig sind. Die Motive ändern sich bei jedem Denkmal, wenngleich sie an einem gemeinsamen gedanklichen oder eher affektiven Erinnerungsmuster hängen. Die Tatsache, dass das Motiv trotz seiner Vertrautheit und seiner Belastung so reizvoll ist, ist damit zu erklären, dass gegenwärtig nicht mehr der Held, sondern vielmehr das Opfer im Zentrum der Erinnerungskultur steht.[8] Dieser Paradigmenwechsel von der Heroisierung zur Viktimisierung der Geschichte ist ein allgemein vorhandener Trend – besonders in Westeuropa, das seinen Gegenstand oft willkürlich auswählt. Die semantische und kulturelle Erweiterung des Leidens und der Gewalt und die immer stärkere Säkularisierung des Opferbegriffs führten dazu, dass das Opfer eine für alle erreichbare Identifizierungsmöglichkeit darstellt. Die Erinnerungskultur und besonders die Denkmallandschaft folgen diesem Paradigmenwechsel. In den heutigen postheroischen Gesellschaften werden keine Denkmäler für Helden errichtet und Erzählungen über große Persönlichkeiten und große Taten verschwinden. Mein zweites Beispiel ist das Trianon-Denkmal in Békéscsaba, das erst 2008 errichtet wurde.

---

[8] Vgl. M. SABROW, Heroismus und Viktimismus. Überlegungen zum deutschen Opferdiskurs in historischer Perspektive, Bulletin 43/44 (2008), 7–20.

62   *Das Opfer als Deutungs- und Erinnerungsmuster*

Bei diesem Denkmal ist die Bedeutungsverschiebung, die sich im Begriff des Opfers vollgezogen hat, ebenfalls gut nachvollziehbar. Obwohl das Denkmal in politischer Hinsicht zwar aussagekräftig ist, wirkt es in Bezug auf die historischen Tatsachen sehr vereinfachend und künstlerisch. Es drückt die Geschehnisse und deren komplexe Zusammenhänge in einer Opferperspektive aus, in der die Rollen von Täter und Opfer klar verteilt dargestellt werden. Eine kritische Reflexion oder Relativierungen sind so kaum möglich. In diesem Fall kann man den Begriff des Opfers ohne Weiteres auf Konstellationen übertragen, in denen man mit Wirkungen konfrontiert wird, die für das Individuum oder für die Gemeinschaft negativ sind oder zumindest als negativ empfunden werden. Diese, mit Emotionen aufgeladenen Empfindungen werden fast grenzenlos auf Institutionen und Strukturen ausgeweitet. Eine Gefahr für politische Instrumentalisierung oder Missbrauch besteht, wenn das Opfer radikalisiert wird. Eine derartige Prägung der politischen Kultur ist nicht selten vorzufinden. Die Rolle des Opfers bietet zweifellos eine einfache und widerspruchslose kollektive Identifizierungsmöglichkeit, wodurch sich die Klage in eine Anklage verwandeln lässt und eigene Unschuld suggeriert werden kann.[9] Dies zeigt Vorteile in politischen Diskussionen: Moralische und vor allem moralisierende Positionen können so eingenommen werden, die als Ausgangspunkt historisch-politischer Debatten fungieren. Wer als vermeintliches Opfer auftritt, scheint ein Recht auf Forderungen einzuräumen. Aus diesem Grund ist es vorteilhaft, die Rolle des Opfers einzunehmen anstatt etwaige Reparationen zu akzeptieren. So bleibt ein permanentes Privileg bestehen, das die Aufmerksamkeit und das Mitgefühl der Mehrheit zusichert. Da die Gesellschaft anerkennt, dass nicht nur das Individuum sondern auch Gruppen Rechte haben, kann diese Situation leicht ausgenutzt werden. Je stärker die Schädigungen in der Vergangenheit waren, desto größer werden die Privilegien in der Gegenwart. Für jene Privilegien muss zudem nicht gekämpft werden, sondern sie kommen automatisch infolge der Berufung auf die einst benachteiligte oder verfolgte Gruppe zu.[10] Dieser Situation entstammt der Kampf um den Rang der Hierarchie der Opfer.

III. Das Denkmal der deutschen Besatzung in Budapest

Der neueste monumentale Ausdruck dieser nationalen Opfernarrative ist das im Sommer 2014 in Budapest errichtete Denkmal der deutschen Besatzung.[11] Das Denkmal zeigt den Erzengel Gabriel[12] mit dem Symbol der ungarischen Staatlichkeit, dem Reichsapfel, in der Hand, wobei

---

[9] Vgl. R. PARIS, Ohnmacht als Pression. Über Opferrhetorik, Merkur 665/666 (2004), 912–923.

[10] Vgl. T. TODOROV, Wider Banalisierung und Sakralisierung. Vom guten und schlechten Gebrauch der Geschichte, Le Monde diplomatique (April 2001), 14–15.

[11] Zu dem Denkmal siehe A. ASSMANN, Zwei lehre Stühle, die sich gegenüberstehen, Neue Zürcher Zeitung 18.12.2014,http://www.nzz.ch/feuilleton/zwei-leere-stuehle-die-sich-gegenueberstehen-1.18446566 (30.03.2015).

[12] Erzengel Gabriel ist in Ungarn traditionell mit der Stephanskrone verbunden. Nach der Legende habe er als Gottes Bote Papst Silvester II. (um 1000) in einem Traum

er vom Symbol Deutschlands, dem Adler, angegriffen wird. Am Fuß ist ein Ring sichtbar, der auf das Jahr 1944 verweist. Die Inschrift des Denkmals lautet: *Den Opfern der deutschen Besatzung.*

Auf eine detaillierte ästhetische Analyse des Denkmals muss verzichtet werden, wenngleich zu bemerken ist, dass die figurenhafte Darstellung der massenhaften Opfer sehr problematisch und unzeitgemäß ist. Zudem scheinen der Erzengel und der Adler stilistisch nicht zusammen zu passen. Es ist jedoch offensichtlich, dass das Hauptproblem in der

geraten, die Heilige Krone an die Ungarn zu geben. Dieser sakrale Bezug ist den Ungarn heute wohl kaum bewusst.

geschichtlichen und politischen Botschaft des Denkmals besteht. Dabei steht nun genauer der Kontext der Denkmalerrichtung sowie die Opfersymbolik im Blick.
Die Umstände der Errichtung des Denkmals stoßen auf Verwunderung: Am 31. Dezember 2013 entschied ein Regierungsdekret über die Errichtung, einige Tage später, am 19. Januar 2014, wurden die ersten Pläne veröffentlicht. Nach den ursprünglichen Vorstellungen wäre das Denkmal am 70. Jahrestag der deutschen Besatzung eingeweiht worden. Bald formierten sich Proteste von jüdischen Organisationen sowie Kritik von (Kunst-)Historikern. Ihre Einwände wurden jedoch nicht berücksichtigt. Aufgrund anhaltender Proteste wollte die Regierung Zeit gewinnen und schlug vor, die Debatte über das Denkmal auf die Zeit nach den Wahlen zu verschieben. Suggeriert werden sollte, dass die Proteste ausschließlich auf die anstehenden Wahlkämpfe zurückzuführen sind. Zwei Tage nach dem Wahlsieg begann die Regierung mit den Errichtungsarbeiten, ohne zuvor die kritischen Akteure zu konsultieren und ohne das frühere Konzept zu überarbeiten. Trotz regelmäßiger Proteste gegen die Denkmalerrichtung gingen die Arbeiten voran. Am 20. Juli räumte die Polizei den Platz. Die Arbeiten wurden nachts fortgeführt. Seitdem wurde das Denkmal weder eingeweiht noch wurden vor Ort Gedenkfeiern abgehalten.
Wird das Konzept in einen breiteren Kontext gestellt, wird klar, dass das Denkmal einen eindeutigen monumentalen Ausdruck der im Grundgesetz verankerten historischen „Kluft" zwischen 1944 und 1990 darstellt, die mit dem Verlust der staatlichen Souveränität Ungarns zusammenfiel. Die Präambel des von der Orban-Regierung neu gestalteten Grundgesetzes des Jahres 2011 zeigt ein Bild, das in die ungarische Geschichte nicht integriert werden kann und darf: *„Für uns gilt die Wiederherstellung der am neunzehnten März 1944 verloren gegangenen staatlichen Selbstbestimmung unserer Heimat ab dem zweiten Mai 1990, von der Bildung der ersten frei gewählten Volksvertretung an. Diesen Tag betrachten wir als Beginn der neuen Demokratie und verfassungsmäßigen Ordnung unserer Heimat."* Der Holocaust in Ungarn fällt gerade in diese Periode; er gehört daher nicht einer Zeitperiode an, für die die ungarische Nation Verantwortung übernehmen sollte. Die Verantwortung für diese Zeit trägt folglich die NS-Besatzung, die auch intensiv mit der ungarischen Regierung zusammenarbeitete. Widersprüchlich ist jedoch, dass einerseits die Verantwortung der Ungarn für die Taten an ihren jüdischen Mitbürgern verfassungsmäßig abgewiesen, andererseits aber die Mitschuld von Parteipolitikern öffentlich und wiederholt bekannt wurde. Der Widerspruch verstärkt sich, indem ein

Denkmal errichtet wurde, das die oben zitierte Verfassungs-Präambel verewigt.

Das Konzept des Denkmals war von Anfang an sehr widersprüchlich. Nicht zuletzt widersprachen sich hier Deutungen von Bildhauern und Ministerpräsidenten grundsätzlich. Einig waren sie sich darin, dass sie die naheliegendsten Fragen nicht beantworten konnten: Wem ist das Denkmal überhaupt gewidmet? Sind die Opfer-Täter Verhältnisse wirklich so eindeutig, wie sie am Denkmal versinnbildlicht werden? Ist Nazi-Deutschland der Täter und Ungarn das Opfer? Hier geht es offensichtlich nicht darum, eine Opferhierarchie oder -konkurrenz zu vermeiden, sondern um eine Gleichschaltung der Opfer. Der Holocaust in Ungarn forderte etwa 565.000 Menschenleben. Zwar hat die christlich-nationale Politik der Zwischenkriegszeit die Juden bis zum deutschen Einmarsch nicht massiv verfolgt, bereitete aber dennoch sechs Jahre lang systematisch ihre materielle Beraubung, ihre Ghettoisierung und ihre Deportation vor. Die ungarischen Behörden hatten beispielsweise in akribischer Kleinarbeit alle Juden registriert und ihr jeweiliges Vemögen katalogisiert. Ohne die deutsche Besatzung, bemerkte Ministerpräsident Orbán, wären die Deportationen und Massenvernichtungen nicht durchgeführt worden. Das ist eine Tatsache, wenngleich ohne die tatkräftige Mithilfe und die passive Duldung der ungarischen Behörden sowie der Bevölkerung die deutschen Truppen jene Verbrechen innerhalb von drei Monaten nicht hätten durchführen können. Der Ministerpräsident hat die Schuld und Verantwortung der Ungarn zwar anerkannt, aber davon ist nichts auf dem Denkmal zu sehen. Diese Verantwortung wird gar externalisiert und nur auf einer Seite gesehen. Die Konfusität der Botschaft des Denkmals wächst zudem dadurch, dass gemäß der Erklärung des Bildhauers das Denkmal nicht explizit als Holocaust-Denkmal konzipiert ist und so das Opfer mit dem Verlust der nationalen Souveränität identifiziert wird.

Der Opfernarrativ dieses Denkmals bezieht sich in erster Linie auf den Verlust der ruhmreichen Vergangenheit und der nationalen Größe, woraus sich ein Opferpathos ergibt. Das deutsche Besatzungsdenkmal täuscht nämlich Schuldlosigkeit vor und die Geschichte der Nation begegnet als Martyrium. Dies hängt mit dem Empfinden einer moralischen Hoheit der eigenen Nation eng zusammen. Zudem kommen hier auch nicht die tatsächlichen Opfer zur Geltung, sondern diejenigen, die in ihrem Namen sprechen und dadurch moralisch tadellose und unbestreitbare Positionen des würdigen Opfers vertreten. Wenn politische Gemeinschaften in Opfer und Täter kategorisiert werden, dann gibt es ausschließlich Schuldige oder Unschuldige. Derartige Unterscheidungen sind jedoch – Extremsituationen ausgenommen – nirgendwo charakteristisch. Wenngleich Machtverhältnisse zumeist unausgewogen erscheinen, so kann dennoch von keinem rigorosen Täter-Opfer-Verhältnis ausgegangen werden.[13] Eine negative Folge dieser Ansicht ist, dass sie die kritische Auseinandersetzung und damit die Versöhnung mit der eigenen Vergangenheit erschwert oder gar verhindert. Diese Einstellungen charakterisieren oft die politischen Mentalitäten eines postdiktatorischen Zeitalters. Die Abweisung von historischer Verantwortung ist zugleich ein Hindernis für generelle politischer Verantwortung, da Verantwortung immer eine Grundlage unseres demokratischen Selbstverständnisses ist.

Der Einzug der Opfernarrative in die Erinnerungskultur hat ohne Zweifel dazu beigetragen, dass die Erinnerung pluralisiert und der demokratische Aspekt sowie die Menschenrechte für sie prägend wurden.[14] Nachdem aber in der Vergangenheit die absolute Dichotomie des Opfer-Täter-Phänomens vorherrschend war, wird gegenwärtig das Opfer zunehmend zum positiven Pol des Gedächtnisses, dessen Fokussierung die Schaffung einer selbstreflexiven, selbstkritischen politischen Kultur verhindert. Es ist sehr wichtig festzustellen, dass die Opfernarrative Demokratie und Menschenrechte bewusst machen. Darüber hinaus muss aber vor einem Missbrauch der Viktimisierung gewarnt werden, weil dies letztlich einen unschätzbaren politischen und gesellschaftlichen Preis fordern würde. Vertreter einer zivilen Organisation haben gegenüber dem Denkmal der deutschen Besatzung nicht zu Unrecht einen Spiegel aufgestellt. Dieser Spiegel wurde zwar zerrissen, aber seine selbstreflektierende Botschaft bleibt dennoch erhalten, wodurch vielleicht auch die Versöhnung mit der eigenen Verantwortung erreichbar wird.

---

[13] Vgl. PARIS, Ohnmacht als Pression.
[14] Vgl. G. SCHWAN, Demokratische Identität. Die Konstitution demokratischer politischer Identität in nachdiktatorischen Gesellschaften, ZPol 18 (2007/1), (5–20) 16–18.

István Karasszon

Leidensgeschichten erinnern: Israel im Exil

Kurz nach dem II. Weltkrieg predigte H.W. Wolff über Gen 19; er aktualisierte die schauderhafte Erzählung von Lots Frau mit der Bemerkung: Wir alle kennen die Situation, wo man sein Gepäck von 5 kg nehmen, sein Haus verlassen und in das Unbekannte ziehen musste. Wer ist unter uns, der die Frau, die hinter sich sah, nicht verstünde? Und dennoch müssen wir immer vorwärts! Dasselbe können wir, deutsche und ungarische Reformierte sagen, wenn es um Exil und Leiden geht: Wir kennen wohl das Leiden, das eine fremde Herrschaft im Lande verursacht; wir wissen zur Genüge, was es heißt, ins Exil gehen zu müssen, oder auch: Im Exil im eigenen Hause zu leben! Ich glaube, darauf wird im Verlaufe unserer Tagung öfter Bezug genommen; deshalb beschränke ich mich darauf, dass es zwischen den Leiden unserer Völker auch Unterschiede gab. Soweit ich sehen kann, hatten die Ungarn schon eine lange Geschichte, wie man unter Fremdherrschaft leben kann; wohl auch deshalb haben sie den Weg zum sogenannten „Gulasch-Kommunismus" leichter gefunden. Die Deutschen hatten weniger derartige Erfahrungen, so haben sie vielleicht mehr gelitten; der Schein kann aber trügen! Nach einem Vierteljahrhundert sieht es so aus, dass die Deutschen – wohl nach der Wiedervereinigung der Nation – den Kommunismus leichter hinter sich gelassen haben als die Ungarn. All das ist nicht mein Thema, darüber sollten Historiker und Soziologen sprechen, wobei die kirchengeschichtliche Relevanz der jeweiligen Rollen der Kirchen im Sozialismus nicht zu leugnen ist. Ich möchte nur auf die Erfahrung der Anwesenden bauen: Zwar ist Leiden ein Begriff, den man auch handfest greifen, d.h. mit soziologischen Methoden messen kann, aber selbst Leiden zu ertragen ist allein schon ein subjektiver Begriff; wie Leid erfahren und verarbeitet wird, ist eine andere Frage und wie Leid als Herausforderung aufgefasst wird und zum Guten nützlich ist, ist wiederum eine subjektive Angelegenheit, es sei denn, dass wir von einer Person oder von einer Gemeinschaft reden.

All das ist natürlich keine ausführliche Darstellung der Leidensgeschichte der Menschen, die eine Katastrophe erlitten haben, sondern dies soll nur eine Einführung zum Verständnis der biblischen Erzählungen vom babylonischen Exil sein. Was letztlich geschehen ist, wissen wir nicht genau, denn die Erzählungen sind Produkte subjektiver Erfahrungen (wohl mehr kollektiv als persönlich). Wenn man etwa 2Kön 24–25 und Jer 39–43 miteinander vergleicht, sieht man die Unsicherheiten. Die Königsbücher betonen stark, dass das Exil eigentlich im Jahre 598 v.Chr. begann, in dem Jojachin vom babylonischen Herrscher Nebukadnezar nach Babel verschleppt wurde. Warum all dies geschah, wissen wir nicht; gewiss hatte Nebukadnezar einen Grund für das massive Eingreifen in das Leben des Vasallenstaates, aber der Verfasser dieser Erzählung ist überzeugt, dass dies ein großes Unrecht war. Auf alle Fälle wurde auch die obere Schicht der Gesellschaft deportiert sowie namhafte Schätze von Jerusalem nach Babel gebracht. Ganz anders verhält sich die Erzählung von Zedekia: Von ihm wird ausdrücklich gesagt, dass er vom König Babels abtrünnig wurde, folglich war die Strafe nicht unberechtigt. Jerusalem wurde 587 v.Chr. belagert, der fliehende König erwischt und nach Ribla gebracht. Merkwürdigerweise wurden Palast, Tempel und die Häuser Jerusalems erst nach einem Monat in Brand gesteckt – also scheint es, dass sich der König vor dem Fall der Hauptstadt auf die Flucht begab. Nach der Schilderung wurde diesmal nahezu das ganze Land deportiert: Nur die Geringen blieben im Lande. Die darauf folgende kurze Erzählung von der Ermordung des Gedalja durch Ismael scheint ein bisschen unmotiviert: Man weiß nicht recht, was für eine Aufgabe Gedalja hatte, wenn das ganze Land deportiert war; noch weniger weiß man den Grund, warum er sterben musste. – Das Bild im Jeremiabuch ist nicht eindeutig. Jeremia wusste gewiss um die sg. erste Deportation im Jahre 598 v.Chr.; dennoch ist die direkte Ursache für den Fall, dass Zedekia – geschildert im Jeremiabuch als ein unentschlossener Mensch, eine Marionettenfigur in der Hand der Ägypten-Partei Jerusalems – der Anweisung des Propheten nicht folgte und sich den Babyloniern nicht ergab. Laut Jer 39 gelang es den Babyloniern, die Mauern der Hauptstadt zu durchbrechen – deshalb floh Zedekia aus der Stadt. Sein Schicksal ist wie in 2Kön 25, aber die Chaldäer zerstören nur die Mauern, die Häuser und den Palast – nicht aber den Tempel! Jer 40 macht den Anschein, dass nach der Katastrophe durch den von den Babyloniern eingesetzten Gedalja eine gewisse Ordnung wieder hergestellt wurde. Der Mord an Gedalja ist hier auch erklärt: Da die Konsolidation der Judäer gelungen war und die geflohenen Juden wieder ins Land zurückkehrten, flammte die Eifersucht der Nachbarvölker auf. Diejenigen, die dieses Attentat verübt hatten, mussten auch selber fliehen (darunter waren auch Juden, nicht nur Ammoniter). Jer 52 spricht wiederum vom Fall Jerusalems, diesmal auch von der Zerstörung des Tempels; manche Forscher verstehen dies dahingehend, dass das Kapitel einen erneuten Feldzug der Babylonier erzählt, der aber diesmal die Ammoniter am Schwersten traf. Auch der Tempel wurde also erst im Jahre 582 v.Chr. zerstört; auch der erste Priester Seraja musste diesmal in die Verbannung gehen. Wenn man also eine genaue Geschichte des Falles schreiben möchte, so wäre man in Verlegenheit; doch die Lage ist viel schwieriger, wenn man die darauf folgende Zeit unter die Lupe nehmen will. Von Palästina wissen wir so viel wie gar nichts; die Leute ließen ihre Stimmen nicht hören, nur von den Klageliedern können wir voraussetzen, dass sie (zumindest teilweise) von den Heimgebliebenen verfasst worden sind. Die Exulanten sind diesbezüglich besser vertreten, denn das Buch Hesekiel sowie das Buch des Deuterojesaja sind im Exil entstanden und auch die Geschichtsschreibung, die in der Wissenschaft unter dem Namen Deuteronomistisches Geschichtswerk einging, ist in dieser Zeit entstanden (wohl sind spätere Zusätze nicht zu leugnen). Diese Schriften sind jedoch recht verschieden – man denke nur an den Unterschied, den man im Hinblick auf das Verständnis von Sünde und Sühne im Buche Deuterojesajas und im DtG findet – und sie geben uns kaum Einsicht in das Leben der Golah in Babylon. Man kann nur indirekte Schlüsse auf die Lage der Juden im Exil ziehen. Die theologischen Aussagen in diesen Schriften jedoch waren wichtig, ja sie bestimmten auch die späteren Jahrhunderte und trugen dazu bei, dass das Judentum entstehen konnte. Ist es also verwunderlich, dass die alttestamentliche Wissenschaft das Exil in ihrer Geschichte recht unterschiedlich interpretierte? Ein grober Überblick der Grundzüge ist vermutlich hilfreich. Im 19. Jahrhundert war es zeitgemäß, dass das babylonische Exil als nationale Tragödie aufgefasst wurde. Die Ansicht eines J. Wellhausen kann als Beispiel zitiert werden, das im Exil das Abbrechen der großen israelitischen Traditionen sah, welche vom Genie der Propheten ernährt worden waren.[1] Der Einfluss Wellhausens auf das 20. Jahrhundert war enorm, aber auch hier ist Vorsicht geboten: Diese Ansicht ist schon bei Wellhausens Lehrer, H. Ewald, zu finden – auf alle Fälle war eine ähnliche Auffassung des Exils für die erste Hälfte des vorigen Jahrhunderts kennzeichnend. Im Jahre 1969 sprach noch ein G. Fohrer von den nachexilischen Pro-

---

[1] Vgl. J. WELLHAUSEN, Israelitische und jüdische Geschichte, Berlin ⁵1904; M. NOTH, Die Katastrophe von Jerusalem im Jahre 587 v. Chr. und ihre Bedeutung für Israel, in: ders., Gesammelte Studien zum Alten Testament, München 1960, 347–371.

pheten als Epigonen des vorexilischen Geistes.² Doch das Bild änderte sich in der Mitte des Jahrhunderts langsam! Ich erwähne nur einige Beispiele: Schon im Jahre 1956 bemerkte E. Janssen in seiner Monographie,³ dass die Rekonstruktion der Verbannung sehr problematisch ist, denn die Texte, die davon handeln, scheinen ideologisch gefärbte Begriffe zu haben – Konsequenzen daraus für die Beurteilung des Exils hat er aber wohl noch nicht gezogen. Durch die berühmte Studie des P.R. Ackroyd vom Jahre 1968 wurden die Weichen aber grundsätzlich anders gestellt;⁴ für ihn war das Exil nicht nur Gottes Gericht über Israel, sondern auch ein Beispiel für die Güte Gottes und für die göttliche Vorsehung, denn aus dieser bitteren Erfahrung wurde eine neue Zukunft geboren, welche auch von den neu gewonnenen theologischen Einsichten ernährt wurde.

Auf meinem Regal steht ein Buch, das in Europa vielleicht wenig beachtet wurde: T. Raitt spricht schon 1977 von einer Theologie des Exils, in dem er die großen Propheten Jeremia und Ezechiel untersucht.⁵ Er meint, die bedingungslose Heilsverkündigung sei erst in dieser Zeit entstanden und das Vakuum der Verbannung sei nur der Auftakt zu einer neuen Ära der Schöpfung, der Offenbarung Gottes. Es könnte sein, dass Raitt in Deutschland weniger Nachhall hatte, dennoch ist die Wiederentdeckung der exilischen Epoche auch im deutschen Raum wichtig geworden. Insbesondere das Buch von R. Albertz ist hier zu erwähnen, das in der Reihe „Biblische Enzyklopädie" 2001 erschien und kraft seiner englischen Übersetzung weltweit bekannt wurde.⁶ Albertz gelang es, die theologische Kreativität der exilischen Epoche vor Augen zu führen; besonders wertvoll ist in seiner Präsentation die theologische Erklärung der Kompositionen des Ezechiel-, Jeremia- und Deuterojesaja-buches – die ihrerseits auch erhebliche Probleme darstellen. Auch wenn sein Buch nicht das aktuellste ist, kann man es als Lehrbuch gut empfehlen, wenn man einen Einblick in die Forschung haben möchte –

---

² Vgl. G. FOHRER, Geschichte der israelitischen Religion, Berlin/New York 1969. Eine ähnliche Auffassung vertritt seine Darstellung der prophetischen Literatur: DERS., Die Propheten des Alten Testaments, Bde 1–6, Gütersloh 1974–1976.
³ Vgl. E. JANSSEN, Juda in der Exilszeit. Ein Beitrag zur Frage nach der Entstehung des Judentums, FRLANT 69, Göttingen 1956.
⁴ Vgl. P.R. ACKROYD, Exile and Restoration. A Study of Hebrew Thought of the Sixth Century B.C., London/Philadelphia 1968.
⁵ Vgl. T.M. RAITT, A Theology of Exile. Judgment/Deliverance in Jeremiah and Ezekiel, Philadelphia 1977.
⁶ Vgl. R. ALBERTZ, Die Exilszeit. 6. Jahrhundert v. Chr., Band 7, Stuttgart/Berlin/Köln 2001. Engl. Übersetzung: Israel in Exile. The History and Literature of the Sixth Century B.C.E., Atlanta 2003.

und dennoch muss ich sagen, dass gerade die Errungenschaften dieser Linie die Kritik ermöglicht, ja sogar nötig gemacht hat. Denn gerade die Betonung der theologischen Kreativität hat Einige dazu veranlasst, unser mangelndes Wissen über die geschichtlichen Daten hervorzuheben. Es hat den Beigeschmack der sg. Minimalisten, wenn sogar die Existenz des Exils in Zweifel gezogen wird. Auf den ersten Blick wundert man sich, wie dies überhaupt möglich war; der Vormarsch der Babylonier in der Levante am Anfang des 6. Jh. v.Chr. ist auch in außerbiblischen Quellen gut belegt und nicht nur Israel wurde von der aggressiven Außenpolitik Babylons tragisch getroffen, sondern das ganze westliche Gebiet des sogenannten fruchtbaren Halbmondes. All das wird nicht geleugnet, aber es wird immer wieder betont, dass die Interpretation des Exils „ideologisch" gefärbt sei und dies erlaube nicht, die Existenz derselben namhaft zu machen. Den Auftakt hat H. Barstad mit seiner Theorie vom Mythus des leeren Landes gegeben:[7] Er behauptete, dass die sogenannten Exulanten nach der Rückkehr einen Mythos fabriziert und verbreitet hätten, welcher seinerseits Eingang in die biblischen Bücher gefunden habe. Dieser Mythos besagt, nach der Deportation sei das Land leer geblieben und ganz Israel sei ins Exil gebracht worden – eine Sicht, welche gewiss so nicht stimmt: Viele mögen deportiert worden sein und es ist nicht zu leugnen, dass die Exulanten die höhere Schicht der Bevölkerung repräsentierten. Aber das Leben im Lande ging definitiv weiter, es sei denn, dass die führende Schicht der Israeliten in die Verbannung musste. Im Gefolge von Barstad leugnet L.L. Grabbe, dass das Wort Exil überhaupt richtig sei;[8] wahrscheinlich steht den historischen Fakten das Wort „Deportation" näher: Einige Leute, bestimmt diejenigen, die gegen Babel revoltierten, wurden vom Lande weggeführt. Jedoch vom Exil eines ganzen Volkes zu sprechen ist histo-

---

[7] Vgl. H. BARSTAD, The Myth of the Empty Land. A Study in the History and Archaeology of Judah during the ‚Exilic' Period, Oslo 1996. Siehe ferner seine Studie: DERS., The Myth of the Empty Land Revisited, in: O. LIPSCHITS/J. BLENKINSOPP (Hg.), Judah and the Judeans in the Neo-Babylonian Period, Winona Lake 2003, 3–20.

[8] Man lese nur den inhaltsreichen Band, der von L.L. GRABBE herausgegeben wurde: Leading Captivity Captive. ‚The Exile' as History and Ideology, JSOTS 278, Sheffield 1998. Er führt seine Gedanken unter dem Titel aus: ‚The Exile' under the Theodolite: Historiography as Triangulation, 80–100.H. BARSTAD kommt in diesem Band auch zu Worte: The Stange Fear of the Bible: Some Reflections on the ‚Bibliophobia' in Recent Ancient Israelite Historiography, 120–127. Siehe auch den in Deutschland herausgegebenen Band: History and the Hebrew Bible, FAT 61, Tübingen 2008, insbesondere das 6. Kapitel: The Myth of the Empty Land, 90f.

risch nicht richtig. Ganz ähnlich das Votum eines P.R. Davies: Er fragt: Exil – aber was für ein Exil und wessen Exil?[9] Er glaubt, die Theorie des Exils sei erst die theologische Interpretation späterer Zeiten und die Geschichtsschreiber wollten eher ihre eigene Existenz verorten und nicht eine Geschichte in unserer europäischen Auffassung schreiben. – Ich weiß, in Deutschland sind „Minimalisten" nicht immer willkommen; und es ist auch nicht so, dass keine entgegengesetzten Argumente gegen Grabbes und Barstads aufgeführt worden wären! Heute wird besonders beteuert, dass die Kontinuität der Siedlungen Palästinas vor dem Exil und nach der Heimkehr spärlich sei – also sei der Mythus vom leeren Land doch nicht nur eine Ideologie und nicht aus dem kleinen Finger gesogen worden.[10] Ich persönlich würde gerne sagen, dass es für die Erklärung der spezifischen Bibelstellen relevant ist, wenn ich genau sagen kann, dass die Schilderung der Geschichte in der heutigen historischen Erforschung Anhalt hat oder nicht; dieses Werturteiles würde ich mich in der Erklärung aber enthalten ... Auf alle Fälle verhält es sich so, dass die Beiträge dieser sogenannten Minimalisten den Weg zu einer richtigen soziologischen Untersuchung des babylonischen Exils geebnet haben – und dies ist in den letzten Jahren geschehen! Ein Vorteil dieser Methode ist (aber das macht die Lektüre dieser Werke noch komplizierter), dass ein Vergleich mit anderen vor allem heutigen Beispielen des Exils und Exilierens auf der Tagesordnung steht und eine Begrifflichkeit der soziologischen Forschung gebraucht wird.

Was die babylonische Gefangenschaft Israels anbetrifft, da wird das Wort Exil weiter präzisiert: Man spricht von verschiedenen Typen von „forced migrations", bzw. „displacement". Moderne Soziologie untersucht die verschiedenen Formen und Ursachen des Exils – und manche dieser Formen können mit gewissen biblischen Erzählungen iden-

---

[9] Vgl. P.R. DAVIES, Exile? What Exile? Whose Exile?, in: GRABBE, Leading Captivity Captive, 128–138. Man kann sich vieles in diesem Beitrag zu Herzen nehmen: das Wort Exil sei ein schillernder Begriff (slippery term), der unter der Maske (disguised) von historischen Daten eine weitere Funktion hat, nämlich die Klärung der Beziehung zwischen den Exulanten und den Daheimgebliebenen. Auch mag richtig sein, dass das Ineinanderfließen von ‚Exil' und ‚Diaspora' kein Zufall, sondern gerade von den Exulanten beabsichtigt war.

[10] So z.B. J. KESSLER, Images of Exile: Representations of the ‚Exile' and ‚Empty Land' in Sixth to Fourth Century BCE Yehudite Literature, in: E. BEN ZVI/C. LEVIN (Hg.), The Concept of Exile in Ancient Israel and its Historical Contexts, BZAW 404, Berlin/New York 2010, 309–351, insbesondere S. 313. Siehe auch C.E. CARTER, Ideology and Archaeology in the Neo-Babylonian Period: Excavating Text and Tell, in: LIPSCHITS/BLENKINSOPP, Judah and the Judeans, 301–322.

tifiziert werden.[11] Unter „derivative forced migrations" versteht man das Exil vieler Menschen infolge eines Krieges, wodurch die politische Landkarte neu verzeichnet wird. Das kennen wir wohl, denn so etwas geschah z.B. nach dem ersten Weltkrieg! Aber ganz klar können wir eine ähnliche Situation nach dem Fall Jerusalems voraussetzen – ungeachtet der Unsicherheiten, die wir vorhin erwähnt haben. Wir wissen nicht, wann, und auch nicht, wie viele Leute unter welchen Umständen nach Babylonien verschleppt worden sind; aber infolge eines Krieges außer Landes gehen zu müssen, ist zweifelsohne eine bestimmte Art Leiden. Ganz deutlich ist eine andere Situation, die etwa in Jer 41ff erzählt wird: Diejenigen, die das Attentat auf Gedalja verübt hatten, mussten nach Ägypten fliehen, denn sie hatten mit Repressalien von Seiten der Babylonier zu rechnen. Wiederum sind die Umstände nicht ganz genau, aber der Unterschied sticht ins Auge: Man spricht von „responsive forced migrations". Dieser Typ ist auch recht bekannt in unseren Ländern, denn viele Menschen wurden aus Ungarn oder aus der DDR (bzw. aus der Tschechoslowakei) vertrieben, allein aus politischen Gründen! Es gibt auch eine dritte Klasse der „forced migrations", die wiederum bekannt ist. Es handelt sich nicht um direkte Unterdrückung, sondern darum, dass manche Menschen durch gewisse Umstände in die Fremde getrieben wurden. Diese Umstände können religiöser, rassistischer oder ideologischer Natur sein – dies letztere war in unseren Ländern auch auf der Tagesordnung. Diese „purposive forced migrations" sind in Israel wahrscheinlich eher nach dem Exil zu suchen. – Zu diesen Typen muss man hinzufügen: In Anbetracht der langen Dauer des Exils muss man damit rechnen, dass jemand, der vorerst dem Typ der forcierten Migration zuzuschreiben ist, im Laufe der Zeit einem anderen soziologischen Typ anheimfiel. So haben wir guten Grund, vorauszusetzen, dass die Juden, die etwa im Muraschu-Haus in Babylonien eine gute Arbeit hatten und einen verhältnismäßig günstigen Wohlstand genossen, zuerst als verschleppte Israeliten unter die Rubrik „derivative forced migrations" fielen, später aber einen Status als „Development-Induced Deplacement" hatten – insbesondere nach der Ermöglichung der Rückkehr müssen wir damit rechnen, dass viele ihren Wohlstand nicht mehr aufgeben wollten, jedoch ihre nationale und religiöse Identität als „babylonische Golah" beibehalten haben. Und noch eine Kleinigkeit: Es ist auch nicht zu vernachlässigen, wie die Leute im neuen

---

[11] Den folgenden Gedanken liegt eine Yale-Dissertation zugrunde: J.J. AHN, Exile as Forced Migrations. A Sociological, Literary, and Theological Approach on the Displacement and Resettlement of the Southern Kingdom of Judah, BZAW 417, Berlin/New York 2011.

Land auf die Exulanten schauen. Diesbezüglich gibt es gute Arbeiten, die überzeugend darstellen, dass die Babylonier die Deportation nicht nur als Mittel des Krieges verstanden haben: Sie haben den Kriegsgefangenen jeweils ein Landstück zugewiesen, das im Reich weniger bebaut war, doch aus ökonomischer Sicht wichtig gewesen wäre.[12] Die babylonische Politik hat also nicht nur Menschen aus ihrem Land verschleppt, sondern auch eine bewusste Siedlungspolitik betrieben. Auf diese Weise wurden die Menschen der „derivative forced migrations" zu „internally displaced persons", zumindest in den Augen der Einheimischen. Diese Art Leiden ist auch in unseren Ländern bekannt! Die aus der Soziologie entnommenen Begriffe mögen nur kurz darauf hinweisen, wie viele Gesichter das Leiden im babylonischen Exil hatte. Ich möchte nun noch einen Aspekt hinzufügen: Im Falle der israelitischen Gefangenschaft haben wir eine spezifische Art „displacement", die ich Tragödie nach dem Fall nennen würde. Es liegt auf der Hand, dass in dieser Art Exil die Zeit eine wichtige Rolle spielt: Es ist nicht leicht zu verstehen, wie weit der Leidende vor dem Fall stand und sich dementsprechend das Leiden veränderte. Kann es uns gelingen, auch diesen Weg mit den Exilierten zu gehen? Hie und da sehen wir Versuche, dies nachzuzeichnen. Man behauptet, die erste Reaktion auf das Exil sei am besten in Ps 137 zu finden, wo geradezu eine Verwünschung der Zerstörer Jerusalems vorkommt – J.J. Ahn sagt, dieser Psalm vertrete die „erste Generation" des Exils. Es liegt auf der Hand, dass die zweite Generation der Exulanten bereits anders als diejenigen denkt und handelt, die die Deportation miterlebten. Dennoch wird im Zusammenhange des babylonischen Exils von einem Zwischenstadium gesprochen; traditionell setzte man voraus, dass es um Menschen der sg. ersten Deportation, also 598 v.Chr., geht, die zuerst auf eine baldige Rückkehr aus dem Exil hofften. Sowohl im Ezechielbuch als auch im Jeremiabuch gibt es eine literarische Schicht, die die Exulanten auffordert, ihr neues Heim in Babylonien aufzubauen. Das 29. Kapitel des Jeremiabuches beweint nicht mehr den Verlust, sondern schaut in die Zukunft – Exil[13] bleibt Exil, aber es gilt, das Leben weiter zu führen

---

[12] Wenn es um leidende Menschen geht, so muss man zuerst den Betroffenen befragen. Dennoch lohnt es sich, einen Blick auf Babylon zu werfen – das wird ermöglicht durch die Studie von R. ZADOK, The Representation of Foreigners in Neo- and Late-Babylonian Legal Documents (Eighth through Second Centuries B.C.E.), in: LIPSCHITS/BLENKINSOPP, Judah and the Judeans, 471–589.

[13] Diese Redaktionsarbeit sehen wir in K.-F. POHLMANNs Monographie bzw. Kommentar: Ezechielstudien. Zur Redaktionsgeschichte des Buches und zur Frage nach den ältesten Texten, BZAW 202, Berlin/New York 1992, sowie Der Prophet Hesekiel, ATD 22, 1–2, Göttingen 1996/2001.

und die Reproduktion zu sichern, denn (so sagt der V. 11.) „ich weiß wohl, was ich für Gedanken über euch habe, spricht der Herr: Gedanken des Friedens und nicht des Leides". Nicht das Leiden wird relativiert, sondern eine neue Perspektive wird aufgezeigt.

Ez 18 ist ein höchst interessantes Kapitel, das das Thema Schuld und Verbannung zum Thema hat und schon von der Ansicht der zweiten Generation des Exils ausgeht: „Die Väter haben saure Trauben gegessen, aber den Kindern sind die Zähne davon stumpf geworden." (2.V.) Das ähnliche Problem findet sich auch im Jeremiabuch, aber in sublimer Form sehen wir in Klg 5,7: „Unsere Väter haben gesündigt und leben nicht mehr, wir aber müssen ihre Schuld tragen." Ez 18 vertritt gegenüber dieser anscheinend verbreiteten Ansicht radikal die persönliche Haftung: Nein, auch die zweite Generation kann die Schuld nicht von sich weisen, Gott bestraft nur den Sünder. V.4. formuliert drastisch: „Jeder, der sündigt, soll sterben" – natürlich ist da auch eine immanente Ermunterung: Ihr lebt noch! V. 10. setzt aber einen anderen Fall voraus: Wenn der Sohn gewalttätig ist, Blut vergießt (auch weitere Sünden werden erwähnt), dann kann er die Tatsache des Exils auf keinen Fall historisch erklären: Er muss die Strafe Gottes tragen. V. 14. spricht von einem umgekehrten Fall: Da ist der Sohn schuldlos und der Vater hat die Sünden begangen – wiederum ist das Verdikt, dass der Sünder für seine Sünden gerade stehen muss. Und zum Schluss wird auch die Möglichkeit der Umkehr in V. 21ff erwähnt: Da die Sünde automatisch die Strafe Gottes nach sich zieht, werden doch die Exulanten zur Umkehr aufgerufen. V. 25. weist zurück, all das sei ein ungerechtes Handeln Gottes (vielleicht ist die ungarische Übersetzung hier besser: „konsequent", „folgerichtig" wird hier gesagt): Nein, das sei das einzig konsequente Handeln eines gerechten Gottes! – Es wird vorgeschlagen, das ganze Kapitel als ein monumentales Gespräch unter den Exulanten zu lesen, wo vielleicht auch die Auseinandersetzung mehrerer Generationen dokumentiert ist – und dieses Dokument übermittelt uns, wie Israel mit dem Gedanken des Exils und des Leidens im Exil rang.

Zum Schluss sei mir erlaubt, eine eigene Deutung von Ps 137 zu geben. Bekanntlich entzieht sich der Psalm der Erklärung der Gattungsforschung, denn er lässt sich nicht klassifizieren.[14] Eine religionsge-

---

[14] Die Verlegenheit der Gattungsforschung sieht man genau in der Erklärung H. Gunkels: „Der mit Recht berühmte Psalm gehört seinem Hauptinhalt nach der Gattung der ‚Flüche' an vgl. Einleitung § 8. Einem solchen Flucht ist hier eine poetische Geschichtserzählung vorausgestellt Diese Einleitung beginnt, wie wenn ein ‚Volksklagelied' (vgl. Einleitung § 4) folgen sollte, erwägt dann, ob nicht ein ‚Hymnus' (Einleitung § 2) angestimmt werden solle, und wendet sich schließlich zum Fluch...

schichtliche Erklärung gibt auch keine erläuternde Auskunft, denn das Thema ist dermaßen spezifisch israelitisch, dass dies nicht zu erhoffen ist. Die historische Erklärung des Psalmes ist wiederum nicht relevant, denn die geschichtlichen Angaben des Psalmes sind sehr dürftig. Die Debatte um die Zeit der Entstehung des Psalmes soll weitergehen; es dürfte auf der Hand liegen, dass der Psalm im Exil entstanden ist (oder kurz nach dem Exil), aber manche Forscher argumentieren mit dem Wort „*scham*" = dort (nicht übersetzt im 1. Vers der Lutherbibel) – also gerade nicht in Babylon, sondern schon in Palästina ist der Psalm entstanden. Man kann natürlich erwägen, ob dieses Argument hinreichend ist (oder nicht), ich aber würde einen anderen Weg vorschlagen. Man muss den Bullen bei den Hörnern packen und die Deutung des Psalmes am Ende anfangen,[15] wo sich der theologisch schwer zu verortende Fluch steht: „Wohl dem, der deine jungen Kinder nimmt und sie am Felsen zerschmettert" (V. 9.). Theologisch schwer nachzuvollziehen, aber als natürliches Gefühl der Menschen, die sich nach der Niederlage der Stadt nach Rache sehnten, ist dieser Vers durchaus zu verstehen.[16] Rache an wem? – selbstverständlich am Täter, der als „Tochter Babel, Verwüsterin" genannt wird im 8. V. Damit verglichen ist die Erwähnung der Söhne Edoms, die an der Verwüstung nicht direkt teilnahmen, sondern sich nur daran erfreuten, bestimmt sekundär, aber sie werden auch in den Fluch mit einbezogen.[17] Nur dass diesmal das Subjekt, das die Rache vollziehen sollte, anders ist: Der Herr sollte nicht vergessen – das ist also keine irreflektierte Verwünschung mehr, wohl aber die Weiterführung des Fluches, in der die Ansicht vertreten wird, dass die Rache dem Herrn gehört! Der Wunsch an sich aber ist nicht schön –

Das Lied ist also, auch literaturgeschichtlich betrachtet, eine Dichtung ganz besonderer Art." H. GUNKEL, Die Psalmen, Göttingen 1926, 580.

[15] M. DAHOOD, Psalms III, Garden City 1970, 269, möchte einer absichtlichen poetischen Intention den Unterschied zwischen dem Anfang und Ende des Psalmes zuschreiben: „The poem is remarkable for the contrast between the tender poignancy of the first six verses and the bitter imprecations of the last three." Das mag richtig sein; dennoch ist noch bei weitem nicht sicher, dass diese Verse in gleicher Zeit und von gleichem Autor verfasst worden sind.

[16] So kann ich die Erklärung im Psalmenkommentar von H.-J. KRAUS, Psalmen II, Neukirchen-Vluyn [5]1978, 1085, verstehen: „Offenbar war die Rache an dem hinterhältigen Edom ein besonderes Thema der Klagelieder über Jerusalems Untergang."

[17] K. SEYBOLD, Die Psalmen, Tübingen 1996, 510, deutet an, dass der Text des Psalmes uneinheitlich ist. „7.8.9: Wünsche… Ob sie und wie sie zu dem Psalm-Fragment 1–6 gehört haben, ist fraglich. Zwar passen sie in die Zeit des ersten Schmerzes wie die Dicta 4–6, doch ist die gedankliche Anbindung uneinheitlich und mehr assoziativ, so daß mit einer Auffüllung zu rechnen ist, welche den erwarteten Zion- bzw. JHWH-Hymnus ersetzen soll."

und da wird wiederum etwas geändert. Der Fluch wird in V. 5. in eine Selbstverwünschung verwandelt, dh. der Psalmist verflucht sich selbst, falls er Jerusalem vergessen würde – seine Rechte soll verdorren, seine Zunge an seinem Gaumen kleben. Die Formulierung aber ist schön und poetisch: Man vergisst den Fluch (es sei denn, dass man sich selbst oder den Feind verflucht) und das allgemeine Bild ist eher das eines Gelübdes: Der Exulant sagt damit, dass er seine heilige Stadt nie vergessen werde, sondern seine Treue zur Stadt, zum Land und zum Gott seiner Heimat für immer bestehe. Damit ist es nicht mehr die Rache, sondern die Beständigkeit des Betenden, die den Grundton des Psalmes bestimmt! Und zum Schluss wird all dies durch ein nostalgisches Bild erweitert: An den Wasserflüssen Babylons konnte nicht gesungen, nur geweint und getrauert werden. Der grobe Fluch, die erste Reaktion auf den Fall Jerusalems wird auf diese Weise sozusagen salonfähig und konnte kanonisiert werden.

Was kann man aus Schluss des oben Gesagten ziehen? Ohne große Worte kann man gewiss sagen, dass Leiden und Exil viele Gesichter haben. Mit Pauschalurteilen kann man nichts anfangen und nur ein hinhörendes Herz kann das Problem der Betroffenen verstehen. Außerdem muss man auch beachten, dass sich mit der Zeit die Art und Weise des Leidens auch ändern kann. Die Betroffenen selbst aber müssen dies auch zu eigen machen: Es besteht die Gefahr, dass man auf sich selbst fixiert bleibt und dann weder seine eigene Lage, noch das Leiden anderer Menschen, noch die Veränderung der Zeiten recht einschätzen kann. Die Verarbeitung des Leidens verliert dann als Verheißung ihren Charakter, denn die Herausforderung kann auch zu wertvollen theologischen Einsichten führen, wie dies gerade im babylonischen Exil gewesen ist! Nach wie vor müssen wir die Weisheit eines Elihu in Erinnerung behalten, damit wir uns selbst die Zukunft offen halten: „Wo ist ein Lehrer, wie er ist?" (Hiob 36,22)

Thomas Naumann

Der leidende Gottesknecht als Erinnerungsfigur zur Bearbeitung katastrophaler Erfahrungen – eine Betrachtung zu Jes 52,13–52,12.

Was geschieht eigentlich in Erinnerungsprozessen, die uns auf dieser Tagung vielfach beschäftigen? Wie entsteht ein Vergangenheitsbild, das für Klein- oder auch Großgruppen bedeutsam wird? Zum einen treten Gruppen auf, die einen Erinnerungsprozess anstoßen und betreiben. Zum anderen geht es um Sachverhalte der Vergangenheit, die erinnert werden. Dabei konstituiert und konstruiert die sich erinnernde Gruppe einen Narrativ, mit dem sie die erinnerte Geschichte nicht nur nacherzählt und dem Vergessen entzieht, sondern deutet und damit das vergangene Geschehen ordnet. Dabei spielt das, was einst tatsächlich geschah, oft gar nicht die entscheidende Rolle. Vergangenes wird durch die Narration einer sich erinnernden Gruppe geradezu re-figuriert und im Rahmen eines bestimmten Plots, eines Ordnungsschemas so zur Anschauung gebracht, dass es dieser Gruppe ermöglicht, sich angesichts der Vergangenheit selbst und womöglich neu zu verstehen und Zukunftsperspektiven zu entwickeln. Wie alle drei Zeitebenen im Erinnerungsprozess zusammen kommen, hat der Historiker Reinhard Kosellek[1] vielfach gezeigt. Erinnern ist zudem in einem eminenten Sinn Beziehungsarbeit innerhalb der Gruppe, die den Erinnerungsprozess betreibt. Es geht ihr darum, ihr Verhältnis zur erinnerten Vergangenheit und zu sich selbst und zueinander zu klären, zu ordnen und im Blick auf Gegenwart und Zukunft neu zu justieren.[2]

Das sogenannte vierte Gottesknechtslied (Jes 52,13–53,12) ist einer der rätselhaftesten Texte der hebräischen Bibel und bekanntermaßen einer

---

[1] R. KOSSELEK, Vergangene Zukunft. Zur Semantik geschichtlicher Zeiten, Frankfurt a.M. ³1995.
[2] Zu neueren Ansätzen der Erforschungen von Erinnerungsprozessen im Hinblick auf alttestamentliche Texte verdanke ich viel den Arbeiten von A. GRUND, „Des Gerechten gedenkt man zum Segen" (Prov 10,7). Motive der Erinnerungsarbeit in Israel vom sozialen zum kulturellen Gedächtnis, in: Die Macht der Erinnerung. Jahrbuch für Biblische Theologie, Bd. 22 (2007), 41–62, sowie J. GÄRTNER, Die Geschichtspsalmen, FAT 82, Tübingen 2012 (jeweils mit umfangreichen Literaturhinweisen).

der wichtigsten zur Deutung der Passion und Auferstehung Jesu in neutestamentlichen Texten.[3] Sein zentrales Thema ist die Ausdeutung des unschuldigen Leidens und Sterbens der Gestalt des Gottesknechts als Folge stellvertretender Schuldübernahme, welche Heilung und Heil für Viele bedeutet und so Teil des göttlichen Heilsplans wird.[4] Damit ist eine Erinnerungsfigur geschaffen, die es ermöglicht, das Antlitz Gottes noch in einer menschlichen Elendsgestalt zu entdecken, und Leiden als Gottes Weg in der Welt und als Vorstufe späterer Erhöhung und Heil zu sehen. Wer dieser Knecht von Jes 53 war, bleibt unbekannt. Individuelle Deutungen denken an einen oder mehrere prophetische Märtyrer, evtl. an Deuterojesaja selbst (Apg 8,34). An diese Linie knüpft auch die messianische Deutung an, die im Christentum dominiert, sich aber auch im Judentum findet. Danach muss der Messias leiden, damit die ganze Welt gerettet werden kann. Kollektive Deutungen hingegen sehen im Knecht vor allem ein Sinnbild für Israels leidgeprüfte Existenz in der Welt.

Wir betrachten zunächst zwei konkrete Erinnerungsszenarien aus späterer Zeit, bevor wir uns dem im Text von Jes 53 selbst dargestellten Erinnerungsprozess zuwenden. In der heutigen jüdischen Tradition finden sich ausschließlich kollektive Interpretationen. Dies war nicht immer so, denn in frühjüdischer und rabbinischer Literatur sind auch individuelle Deutungen ausdrücklich bezeugt. Der Gottesknecht wird jüdischerseits als prophetischer Märtyrer oder auch – wie schon C.R. North gezeigt hat – als leidender Messias gedeutet. Die messianische Deu-

---

[3] J. WOYKE, Der leidende Gottesknecht, in: B. KOLLMANN (Hg.), Die Verheißung des Neuen Bundes. Wie alttestamentliche Texte im Neuen Testament fortwirken, Göttingen 2010, 200–225. Woyke zeigt allerdings, dass die direkten Zitate und sprachlichen Entlehnungen aus Jes 53 doch seltener sind als oft angenommen wurde. Auch in der lukanischen Episode vom äthiopischen Kämmerer (Apg 8), wird Christus keineswegs mit dem Gottesknecht in Jes 53 identifiziert, sondern Philippus verkündet ausgehend von Jes 53 das Evangelium von Jesus Christus.

[4] Zu Jes 53 vgl. aus neuerer Zeit B. JANOWSKI/P. STUHLMACHER (Hg.), Der leidende Gottesknecht. Jes 53 und seine Wirkungsgeschichte, FAT 14, Tübingen 1996; B. JANOWSKI, Stellvertretung. Alttestamentliche Studien zu einem theologischen Grundbegriff, SBS 165, Stuttgart 1997; A. SCHENKER, Knecht und Lamm Gottes (Jesaja 53). Übernahme von Schuld im Horizont der Gottesknechtslieder, SBS 190, Stuttgart 2001; R. ALBERTZ, Loskauf umsonst? Die Befreiungsvorstellungen bei Deuterojesaja, in: C. HARDMEIER u.a. (Hg.), Freiheit und Recht. FS F. Crüsemann, Gütersloh 2003, 360–379; U. BERGES, Das vierte Lied vom Gottesknecht. Überlegungen zur aktuellen Debatte um die Symbolik des Kreuzes aus alttestamentlicher Perspektive, ZKTh 133 (2011), 163–166; J. TASCHNER, „Du Opfer!" Das sogenannte „Gottesknechtslied" Jes 52,13–53,12 im Spiegel der neueren „Mobbing"-Diskussion, EvTh 72 (2012), 5–21.

tung (z.B. im Targum) ist ziemlich sicher christlich beeinflusst.⁵ Erst im Mittelalter wurde die messianische Deutung im Judentum aus Gründen der Abgrenzung gegenüber dem Christentum ausgeschlossen. Für den großen frühmittelalterlichen Gelehrten Raschi (11. Jh.) etwa bildet die Figur des Gottesknechts eine Legitimationsfigur, um Israels Rolle als „Licht für die Völker" trotz Verfolgung und Erniedrigung, wie er sie in den Massakern im Umkreis des ersten Kreuzzuges 1096 selbst erlebt hatte, zu denken. Raschi entwickelt an Jes 53 sogar den Gedanken, wonach Israel stellvertretend für die Sünden der ganzen Welt, auch die Sünden der Kirche, leidet, damit die ganze Welt Frieden habe. Sein Deutenarrativ ist bemerkenswert:

> „Er (der Gottesknecht) litt, damit jede Nation in den Leiden Israels Sühne finden kann: die Krankheit, die uns treffen sollte, hat er getragen. Wir dachten, er sei von Gott gehasst, doch dem war nicht so. Er wurde wegen unserer Übertretungen verwundet, er wurde wegen unserer Missetaten geschlagen ... er wurde gezüchtigt, damit die ganze Welt Frieden hat."⁶

Sehr wahrscheinlich hat Raschi mit dieser Deutung christliche Gedanken aufgenommen und umgekehrt: Die jüdische Leidensgeschichte ist ihm nicht Ausdruck dafür, dass Gott sein Volk verworfen hat, so wie es das zeitgenössische Christentum meinte. Und nicht das Leiden und der Tod Christi, wie in der christlich-messianischen Deutung von Jes 53, „sondern die Leiden Israels werden die Welt retten, indem Israel für die Sünden der Kirche sühnt."⁷ Das Judentum entwickelt mit Raschi einen neuen Narrativ, indem die Figur des leidenden Knechtes mit der eigenen jüdischen Leidensgeschichte verschmilzt. Diese wird aber nicht nur als Opfernarrativ erinnert (Die Leiden des Knechtes sind unsere Leiden), sondern als eigene Verschuldungsgeschichte wahrgenommen: Er wurde wegen unserer Missetaten geschlagen! Wir dachten, er sei von Gott gehasst! Wir haben uns geirrt! Damit sind zwei Linien eines gedächtnisgeschichtlichen Diskurses angeklungen, die sich in Jes 53 verschlingen, eine Orientierung am Leiden des Knechts und seinem gewaltsamen Ende und zugleich eine Identifikation mit denen, die sich

---

⁵ Vgl. C.R. NORTH, The Suffering Servant in Deutero-Isaiah. A Historical and Critical Study, London 1948; M. HILTON, "Wie es sich christelt so jüdelt es sich". 2000 Jahre christlicher Einfluss auf das jüdische Leben, Berlin 2000, 121–127. Vgl. ferner das zweibändige Standardwerk von A. NEUBAUER/S.R. DRIVER (Hg.), The Fifty-Third Chapter of Isaiah according to the Jewish Interpreters, 2 Bände, New York 1969.
⁶ Übersetzung: M. HILTON, a.a.O., 124.
⁷ A.a.O., 125.

die Verantwortung für sein Leiden nachträglich zuschreiben. Man kann von einem opferorientierten und täteridentifikatorischen Erinnerungsprozess sprechen. Beide Haltungen sind im Text angelegt. Indem Raschi in dieser Weise an den Gottesknecht erinnert, stiftet er eine kollektive Identität, in der das eigene Leid seines Volkes nicht als Abbruch der Gottesbeziehung verstanden werden muss, sondern als ein Weg zur Erlösung – nicht nur des eigenen Volkes, sondern der ganzen Welt.
Ein zweites Beispiel: Im Jahr der 100-jährigen Wiederkehr des Beginns des 1. Weltkrieges möchte ich zumindest darauf verweisen, dass Jes 53 in den deutschen (und vermutlich auch in französischen und englischen) christlichen Kriegspredigten eine durchaus prominente Rolle spielte. Zwar war der häufigste Bezugstext wohl Joh 15,13: „Niemand hat größere Liebe als der sein Leben lässt für seine Freunde." Aber im nationalen Taumel interessierte an Christus im Krieg vor allem sein stellvertretendes Leiden und Sterben zur Rettung der Vielen, wie es in Jes 53 vorabgebildet schien, so dass man daraus den „Impuls zu vaterländischer Hingabe und Opferbereitschaft"[8] gewann. Dies ist eine Refigurierung des Gottesknechts in der deutschen Kriegstheologie, ihr ordnender und deutender Narrativ lautet nun: Der furchtbar zerschlagene und entstellte Gottesknecht, das sind wir. Das ist jetzt Deutschland inmitten seiner Feinde. Kein Wort mehr von der für Jes 53 zentralen Erkenntnis, dass dieser Gottesknecht „durch unsere Schuld" in seine Lage gekommen ist, dass er sein Leiden trägt, bis zum Tod oder zur Erlösung der Vielen. Hier dient die Leidmetapher ausschließlich dazu, einen schlichten Opfermythos zu etablieren, um Rache- und Vergeltungswünsche kollektiv zu aktivieren. Und auch diese Erinnerungsfigur will durch Erinnerung Identität in der Gegenwart stiften, legitimieren und Zukunft eröffnen.
Was leistet Jes 53 als Erinnerungsfigur für die Bearbeitung katastrophaler Erfahrungen? Mein Nachdenken über Jes 53 wird sich ganz auf den Erinnerungsprozess konzentrieren, soweit er in Jes 53 sichtbar wird, und muss viele andere interessante Aspekte von Jes 53 beiseitelassen. Das soziale Setting des Gedenkens, dem sich ein Text wie Jes 53 verdankt, bleibt uns (sehr) weitgehend verborgen. Dennoch kann man begründet vermuten, dass wir es in den Gottesknechtsliedern mit Erfahrungen zu tun haben, die jüdische Exulanten und prophetisch inspirierte Juden während ihres Aufenthalts in Babylon zwischen 550 und 530 v.Chr. gemacht und formuliert haben.
Gleichwohl sollen zunächst ein paar Bemerkungen zur Problematik der Rede vom Gottesknecht im Deuterojesajabuch gemacht werden. Da-

---

[8] K. HAMMER (Hg.), Die deutsche Kriegstheologie 1879–1918, München 1971, 130.

nach soll der Erinnerungsprozess innerhalb von Jes 53 rekonstruiert und daraufhin geprüft werden, was eine solche Erinnerungsfigur für die Bearbeitung katastrophaler Erfahrungen leistet. Und endlich versuche ich eine Einordnung im Rahmen anderer Modelle geschichtlicher Theodizeen im Alten Testament.

I. Jes 53 im Rahmen der sog. Gottesknechtslieder und der Verkündigung Deuterojesajas

Die Verwendung des Titels „Knecht Gottes" bei Deuterojesaja (DtJes) ist bekanntlich kompliziert, weil sich sowohl im Textkorpus von Jes 40–55 als auch in den vier sog. Gottesknechtsliedern Belege finden, die zum einen ein individuelles Verständnis dieser Gestalt und zum anderen ein kollektives Verständnis begründen können. So wird in Jes 41,8f u.ö. das Volk Israel als „Eved Jhwh" gesehen: Dieser Gottesknecht ist verzagt und mutlos. Er ist schuldig geworden und bedarf der Vergebung (Jes 44,21f). Gott redet durch seinen Propheten diesem Gottesknecht (Israel/Jakob) die Furcht aus, hilft ihm, vergibt ihm die Sünden und erlöst ihn in der jetzt anbrechenden Heilszeit. Israel als Gottesknecht ist Zielpunkt von Gottes Gnadenhandeln. Das ist die jetzt übergreifende Perspektive der Deuterojesajaschrift und daher forciert der kanonische Zusammenhang auch für Jes 53 zumindest die Möglichkeit einer kollektiven Deutung des Gottesknechts.
Von dieser klar als Israel identifizierbaren Gestalt des Knechtes hebt sich ein weiterer „Knecht Gottes" ab (Jes 42,1–4; 49,1–6; 50,4–9; 52,13–53,12). Dieser Knecht wird in einer anderen Funktion beschrieben. Er ist in anderer Weise als Israel Gott nahe und nimmt aktiv an Gottes Handeln in der Geschichte teil. Und von ihm ist wie von einer Einzelperson die Rede, die anonym bleibt. Bei den Funktionen dieses Gottesknechts spielt sein Leiden eine besondere, zunehmend deutlicher werdende Rolle (Jes 42,4; 49,4a; 50,5; 52,13ff), die in dem letzten Text die Dimensionen des „stellvertretenden Leidens" annimmt. Dieser Gottesknecht hat (durch sein Leiden) eine Art Mittlerfunktion von Gottes Gnadenhandeln. Diese Mittlerfunktion ist nicht nur auf Israel begrenzt, sondern zielt darauf: Gottes Licht zu den Völkern zu bringen.
Allerdings trägt dieser Knecht im zweiten Lied in 49,3 den Namen „Israel". Er repräsentiert hier als einzelner das wahre Israel, so dass auch innerhalb der Gruppe der Gottesknechtslieder eine rein individuelle Deutung zu kurz greift.
In jüngster Zeit hat man daher versucht, zwei verschiedene Rollen des Gottesknechts zu differenzieren, aber auch miteinander in Beziehung

zu setzen – eine kollektive und eine individuell-prophetische. Denn auch außerhalb der Gottesknechtslieder wird der Prophet selbst zweimal Gottesknecht genannt (43,10; 44,26). Und auch H.-J. Hermisson beobachtet die Interaktion von prophetischem und kollektivem Gottesknecht in den Liedern. Beide Knechte sind nicht einfach identisch, stehen aber in Beziehung zueinander, weil Jhwh gerade durch das Zusammenspiel der beiden Knechte seinen Plan mit der Welt zum Ziel führt. Er braucht seine Propheten, die sein Wort vernehmlich im Voraus zur Welt bringen und er braucht sein Volk, an dem sich dieses Wort realisiert, indem es sich retten lässt und das Wunder dieser Rettung vor der Welt bekennt. Deshalb greift die traditionelle Alternative kollektiv oder individuell zu kurz. Und es sind wohl stets beide Perspektiven im Blick zu behalten.

Die ersten drei Gottesknechtslieder sind Vergewisserungstexte, in denen der prophetische Sprecher die Tiefendimension seines eigenen prophetischen Auftrags zur Sprache bringt. Er sieht sein Wirken direkt auf das Heil der Völkerwelt zielen, macht aber auch die Erfahrung der Ablehnung durch das eigene Volk, die in Jes 50,4–9 ein gewaltsames Ausmaß erreicht. Es liegt daher nahe, darin einen autobiographischen Reflex Deuterojesajas zu sehen, der sich literarisch und formal in bekannten prophetischen Gattungen bewegt.[9] Der Verfasser der ersten drei Lieder scheint m.E. Deuterojesaja selbst zu sein. Das 4. Lied reflektiert dann sein Geschick im Munde seiner Schüler. Dennoch sind selbst diese Texte im Hinblick auf eine kollektive Deutung offen.

II. Das vierte Gottesknechtslied

Das 4. Gottesknechtslied (Jes 52,13–53,12) kann als die viergliedrige Liturgie einer Gedächtnisfeier vorgestellt werden, in der sich die Hinterbliebenen als Wir-Gruppe über die Bedeutung des Leidens und des unehrenhaften Todes dieser (prophetischen) Gestalt des Gottesknechts vergewissern. Diese Wir-Gruppe organisiert den Erinnerungsprozess, indem sie sich beschämt von einem falschen Verständnis löst, das Vergangene mit einem neuen Narrativ refiguriert und deutet. Dieser neue Narrativ verheißt der Wir-Gruppe Heilung. Die Reden dieser Wir-Gruppe (Jes 53,1–6.7–10) werden von zwei Gottesworten (Jes 52,13–15; 53,11–12) gerahmt, in denen von der dramatischen Erhöhung des Gottesknechts die Rede ist, so dass die göttliche Ankündigung der Erhöhung des Getöteten das erste und das letzte Wort dieser Liturgie ist.

[9] Vgl. die Konfessionen Jeremias.

Damit ist die anfangs erwähnte eigentümliche Verschränkung der Zeiten verbunden. Die rahmenden Gottesreden blicken in die Zukunft, die durch die Gewissheit göttlicher Ankündigung schon begonnen hat, während die Texte der Wir-Gruppe eine Rückschau bieten, die eine katastrophale Vergangenheit bedenkt und deutet. Der Gesamttext bietet also sowohl Rückschau auf einen Toten als auch Ankündigung seiner künftigen Erhöhung. Man versteht, wie reizvoll es für das frühe Christentum war, den gekreuzigten und erhöhten Christus in diese Gedächtnisfigur einzuzeichnen, denn die nachösterliche Situation erlaubt es, mit Jes 53 auf den leidenden und gekreuzigten Christus zurück- und auf den künftig Erhöhten vorauszublicken. In der Verschränkung der Zeiten zeigt sich überdies eine Konstante im geschichtlichen Bewusstsein, das von der Grundpolarität zwischen Erfahrungsraum und Erwartungshorizont ausgeht. „Gibt es keinen Erwartungshorizont, dann gibt es auch nicht die Möglichkeit, dass die Vergangenheit zum Erfahrungsraum des Gegenwärtigen wird."[10] Der Erwartungshorizont dieser Rückschau ist von der gewissen Hoffnung eigenen Heilseins oder Heilwerdens und der (postmortalen) Erhöhung des Gottesknechts geprägt. Der Erinnerungsprozess soll nicht nur Gegenwärtiges verstehbar machen, sondern vielmehr Zukunft ermöglichen.

Diese Liturgie und die Deutung des Leidens des Knechtes bieten im Nachhinein gefundene Deutungen eines konkreten Geschehens aus dem sozialen Nahbereich der Sprechergruppe. Diese Gruppe ist eng mit dem Geschehen verknüpft, und die Art ihrer Erinnerung verändert die sozialen Beziehungen in dieser Gruppe entscheidend.

---

[10] Zit. O. FUCHS/B. JANOWSKI / (Hg.), Die Macht der Erinnerung, Jahrbuch für Biblische Theologie, Bd. 22, Neukirchen-Vluyn 2008, VII, mit Hinweis auf R. KOSSELEK, Vergangene Zukunft. Zur Semantik geschichtlicher Zeiten, Frankfurt a.M. ³1995.

Die Einleitende Gottesrede[11]

¹³Sieh, mein Knecht wird Erfolg haben,
er wird hoch und erhoben und sehr groß sein.
¹⁴Gleichwie viele sich über ihn (MT „dich") entsetzten –
so unmenschlich entstellt war sein Aussehen,
und seine Gestalt von Menschenart fern –,
¹⁵so werden viele Völker ‚sich erregen' (MT „besprengen"),
und Könige seinetwegen ihren Mund verschließen.
Denn was ihnen nie erzählt wurde, haben sie gesehen,
und was sie nicht gehört haben, haben sie wahrgenommen.

Die Gottesrede proklamiert etwas, was man die Umwertung aller Werte nennen kann. Etwas, das in der Welt bisher nie erzählt, gesehen oder gehört wurde, ist eingetreten. Gott wird die Elendsgestalt des Knechtes erhöhen und sehr groß machen. Die Proklamation nimmt die Sprachbilder der Jerusalemer Königstradition auf, die den König als Sohn Gottes erhaben und bestaunt von allen Völkern der Welt feiert, und überträgt diese Szene auf die Elendsgestalt des Gottesknechts. Dessen äußere Erscheinung wird als horrende Elendsgestalt, als entstellt und als so grauenerregend beschrieben, dass Könige seinetwegen ihren Mund verschließen. Man muss das Königsdogma von der Schönheit des Herrschers hier vor Augen führen, um diesen paradoxen Gegensatz zu sehen. Dieser „Kreatur" werden mit Hoheit, Erhabenheit und Größe (V. 13b) von Gott genau jene Attribute zugeschrieben, die einem König gebühren und die er als Gaben der Gottheit erhält. Und die Völkerwelt sieht, hört, erregt sich, schweigt und staunt.

Die Einleitung spricht vom „Erfolg" des Knechts und nimmt damit ein Motiv auf, das in allen Gottesknechtsliedern begegnet und variiert wird. Was wurde aus dem Lohn des Knechtes, der ihm im ersten Lied verheißen wurde, während das zweite Lied seinen Misserfolg konstatiert und das dritte Lied von offener Feindschaft und Verfolgung spricht? Was wird mit dem Lohn, den er zu Lebzeiten nicht bekommen hat? Darauf antwortet unser Lied mit der Proklamation seiner posthumen Erhöhung. Wann das sein wird, ist nicht gesagt. Die Reaktionen von

---

[11] Die Textüberlieferung von Jes 53 ist schwierig. Es gibt zahlreiche unklare Stellen, was jede Übersetzung zu einem Wagnis macht. Überdies sorgt die poetische und metaphernreiche Sprache dafür, dass kaum Klarheit und Eindeutigkeit in einzelnen Sachfragen zu gewinnen ist, was zu einer Vielzahl unterschiedlicher Auslegungen und Meinungen führt. Ich lege meiner Betrachtung die neueste wissenschaftliche Übersetzung von H.-J. HERMISSON aus dem jüngst erschienen Biblischen Kommentar zum Alten Testament zugrunde, die dort ausführlich begründet wird. Vgl. H.-J. HERMISSON, Deuterojesaja, BK.AT, Bd. VI, Lfg. 15 u. 16, Neukirchen-Vluyn 2011 u. 2012, 314–333.

Völkern und Königen lassen erwarten, dass diese Erhöhung irdisch gedacht ist. In kollektiver Deutung könnte man an die nationale Restitution Israels denken, aber DtJes vermeidet es auch sonst Heil in den Bildern nationalstaatlicher Restitution zu beschreiben. Vielmehr überträgt er königstheologische Traditionen, indem er den Messias-Begriff mit dem Perserkönig Kyros verbindet, Gottes Beistandszusage an David und sein Königtum (Davidbund in 2 Sam 7 u.ö.) als einen neuen ewigen Bund auf das Volk Israel überträgt und aus den königlichen Weltherrschaftsansprüchen den Gedanken von Israels universaler Zeugenschaft, als Licht und Zeuge Gottes in der Völkerwelt formt (Jes 55,4f).

In jedem Fall herrscht hier die Rhetorik des unfassbar Neuen und der harten Gegensätze und Übertreibungen. Denkbar tiefste Niedrigkeit kontrastiert mit erregender Hoheit und Größe. Was hier verkündigt wird, stellt einerseits gängige Wahrnehmungsmuster auf den Kopf. Gott verbindet sich mit einer Elendsgestalt und erhöht sie, die gar nicht mehr aussieht oder aussah wie ein Mensch noch Menschenähnliches an sich hat. Auf der anderen Seite werden die traditionellen königlichen Attribute zur Beschreibung des Erfolgs (Hoheit, Erhabenheit, Größe) übernommen, auch wenn sie – ziemlich paradox – mit einer Leidensgestalt verbunden werden. So versucht man mit den Mitteln überkommener Sprache etwas Neues auszudrücken, für das es womöglich noch keine Sprache gibt.[12]

Dass das, was folgt, nicht ohne Weiteres verstanden werden kann, ist rhetorisch bereits eingeplant und vorweggenommen (Jes 52,15; 53,1): Denn es ist *unfassbar* neu und anders als alles bisher Dagewesene. Diese Rhetorik des unfassbar Neuen findet sich auch sonst in der Verkündigung Deuterojesajas. Auf dieses Gotteswort reagiert die Wir-Gruppe entsprechend mit einer völligen Kehrtwende ihrer Einschätzung der vergangenen Ereignisse um den Gottesknecht. Das Gotteswort bringt sie dazu, ihre eigene nahe Vergangenheit unter einer gänzlich neuen Perspektive zu sehen. Der Perspektivenwechsel wird durch ein prophetisch vermitteltes Gotteswort, gewissermaßen von außen angestoßen.

Das Schuldbekenntnis der Wir-Gruppe

[1] Wer hätte geglaubt, was uns kund geworden ist ist,
    und Jhwhs Arm – über welch einem hat er sich enthüllt?
[2] Er wuchs ja auf wie ein Spross vor uns
    und wie eine Wurzel aus dürrem Land.
Nicht Wohlgestalt hatte er und nicht Glanz/Hoheit, dass wir ihn angeschaut,

---

[12] Das gleiche Phänomen findet sich auch in der zweiten Gottesrede, wenn von den „Beuteanteilen" des erhöhten Gottesknechts die Rede ist (53,12).

> und keine Ansehnlichkeit, dass wir Gefallen an ihm gefunden hätten.
> ³Verachtet und verlassen von allen,
> ein Schmerzensmann und mit Krankheit vertraut
> und wie einer, vor dem man das Gesicht verbirgt,
> (war er) verachtet, und wir hielten nichts von ihm.
> ⁴Wahrlich, unsere Krankheiten – er trug sie,
> und unsere Schmerzen – er schleppte sie.
> Wir aber hielten ihn für einen Getroffenen,
> für einen von Gott Geschlagenen und Gebeugten.
> ⁵Er aber war durchbohrt von unseren Freveln,
> zerschlagen von unseren Sünden
> Züchtigung zu unserem Heil lag auf ihm,
> und durch seine Strieme ward uns Heilung.
> ⁶Wir alle irrten umher wie Schafe,
> ein jeder kümmerte sich um seinen Weg.
> Aber Jhwh ließ ihn treffen
> unser aller Sünde.

Die Rede reagiert auf das Gotteswort, übernimmt die Rhetorik des Unfassbaren und trennt scharf zwischen früher und jetzt. Es ist die Situation einer Bekehrung oder besser Erleuchtung, die alles Vorherige entwertet und die Welt in anderem Licht zeigt und in einen Diskurs des Bedauerns, des Schuldbekenntnisses, der Umkehr und Reue führt. Wer hätte geglaubt, dass der Arm, d.h. die Kraft unseres Gottes sich über einer solchen Elendsgestalt enthüllt? Das sprengt das bisherige Gottesbild, in dem Gott mit den Gesunden, Starken und Erfolgreichen verbunden wird. Den Anlass zu dieser Neudeutung bietet das (wohl prophetisch vermittelte) Gotteswort. Die Gruppe räumt ein, dass sie im Rahmen ihres eigenen Nachdenkens nicht fähig war, aus den Bahnen etablierter Geschehensdeutung auszubrechen („Wir hielten ihn für einen von Gott Geschlagenen" V. 4). Erst der göttliche Anstoß eröffnet eine neue Perspektive und führt dazu, das Undenkbare zu denken, nämlich im Leiden des Knechts ein Zeichen von Gottes heilvoller Gegenwart und Zukunft zu sehen.

Durch diese Umkehr verändern sich auch die den Gedächtnisprozess leitenden Ordnungsschemata grundlegend. Die Situation vorher beschreibt die soziale Ausgrenzung einer offenbar nahestehenden Person in starken Bildern: Er wuchs inmitten unserer Gemeinschaft als dürrer Spross am Rande auf, hatte keine Erscheinung, keine Ausstrahlung, dass wir ihn beachtet hätten. Das äußere Erscheinungsbild und seine Konsequenzen für die Gruppenzugehörigkeit spielt in diesem Text eine hervorgehobene Rolle. Der äußeren Elendsgestalt, vor der man das Gesicht verbirgt (V. 3b), korrespondieren Krankheit und Schmerzen. Die

Wir-Gruppe reagiert darauf nicht mit Solidarität, Empathie oder Barmherzigkeit, auch nicht mit Gleichgültigkeit, sondern mit Verachtung, Ekelgefühlen, Beschämung und gezielter Ausgrenzung dieser Elendsgestalt: „Wir hielten gar nichts von ihm" (V. 3); „abgeschnitten vom Land der Lebenden" (V. 8). Hinter der Formulierung von V. 3a „verachtet und verlassen von allen" steht das Bekenntnis: „Wir haben ihn verachtet und verlassen." Diese Aufkündigung elementarer Solidarität wird überdies theologisch begründet: Wir hielten ihn für bestraft, für einen von Gott Geschlagenen und Gebeugten. Der deutende Narrativ des sozialen Gedächtnisses lautet hier: Er war zwar einer von uns. Aber da sein Elendsgeschick sichtbarer Ausdruck dafür ist, dass Gott ihn geringschätzt, können wir ihn verachten und verlassen. Im Hintergrund dieses Urteils steht der Tun-Ergehen-Zusammenhang als Leiddeutungskonzept. Aus dem katastrophalen Ergehen wird auf Sünde, Schuld und Gottverlassenheit geschlussfolgert. Der Blick auf diese Elendsgestalt ist der Blick von Beobachtern und Beurteilern. Obwohl sie nahe beteiligt sind, beurteilen sie sein Geschick wie aus der Ferne (innere Distanzierung). Es ist ein „Schiffbruch mit Zuschauern" (Hans Blumenberg), und die Zuschauer urteilen: Es geschieht ihm Recht, dass er leidet, Außenseiter ist und stirbt. Er hat es nicht besser verdient. Das Leid des anderen betrifft uns nicht, sondern gehört in den Zusammenhang vom Tun-Ergehen des Anderen. Denn nach dem überlieferten Konzept ist jeder für sein eigenes Ergehen verantwortlich. *Sein* Ergehen – Folge *seiner* Tat. Der Zusammenhang von Tun-Ergehen und seine theologische Verstärkung verhindert Empathie mit den Schwachen und „Erbärmlichen". Auch eine Wahrnehmung seines Leidens als Gewaltopfer (victim) anderer Mächte wird ihm verweigert. Diese Ausgrenzung stärkt andererseits die Identität der betrachtenden Gruppe. Das Leid des einen bestätigt ihr, dass es genau richtig ist, dass wir nicht leiden.[13] Nun aber kommt schockartig eine neue Erkenntnis und die Wir-Gruppe verlässt den Narrativ ihrer bisherigen Geschehensdeutung und etabliert einen neuen: Wir haben sein Leiden durch Verachtung und Ausgrenzung noch verstärkt. Diese frühere Haltung wird jetzt als grundlegender Irrtum eingestanden und beschämt als asozialer Egoismus und Uneinsichtigkeit beschrieben: Wie Schafe irrten wir umher (führerlos). Jeder wandte sich nur seinem eigenen Weg zu (V. 6). Stattdessen ist der Blick auf das gleiche Ereignis, die gleiche Gruppenkonstellation jetzt anders,

---

[13] Während der Gottesknecht stumm bleibt, bezeugt Psalm 69,27 das zusätzliche soziale Leid, das Menschen im Leid erfahren konnten. Hier heißt es in der Feindklage: „Denn sie haben verfolgt, den du selbst geschlagen hast, und vom Schmerz derer, die du trafst, erzählen sie mit Lust."

empathisch mit dem verächtlichen Opfer, selbstkritisch gegenüber dem eigenen Schuldigwerden und solidarisch im Hinblick auf die in der Erinnerung an den Knecht neu gewonnenen Einheit der Gruppe. Der aus der Gruppe verächtlich Ausgegrenzte, wird nun nicht nur in die Gruppe zurückgeholt, sondern in deren Mittelpunkt gerückt.[14] Alle Augen schauen auf ihn. Die negative Stigmatisierung (Ausgrenzung des Einen durch die Vielen) wird zur positiven Stigmatisierung (die Vielen rücken den Einen in den Mittelpunkt ihrer Gruppenidentität).

Der neue Narrativ zur Deutung der geschundenen Gestalt lautet nun: Es waren unsere Krankheiten, die er trug. Es waren unsere Verfehlungen, die Gott ihn treffen ließ. *Sein* Leid ist die Folge *unserer* Tat. Aber auch: Durch s*ein* Leid sind *wir* geheilt (V. 5b). Wir können noch V. 10 mit hinzunehmen, wo das Leben des Gottesknechts als Schuldausgleich (hebr. *ascham*) gesehen wird. Die entscheidende Perspektivenänderung liegt darin, dass sich die Wir-Gruppe nun dezidiert als Täter verstehen lernt und in der Knechtsgestalt das Gewaltopfer (victim) eigener Vergehen erkennt. Und zwar in einer doppelten Weise: Sie hat dem Gottesknecht in direkter Weise Gewalt zugefügt und bedauert dies jetzt. Zum anderen sieht sie im Geschick des Knechtes in einem übertragenen Sinn eine Folge ihrer eigenen Vergehen und Sünden. Zwar ist auch weiterhin davon die Rede, dass Gottes Schläge hinter seinem Leiden stehen (V. 6.12), gleichwohl sieht sich die Wir-Gruppe nun ursächlich selbst verantwortlich für sein Leiden. Dies ist aber nicht so zu verstehen, dass die Wir-Gruppe alles Leid, das den Gottesknecht gequält hat, unmittelbar selbst verursacht hat. Wir hören auch von Krankheit, Haft, Gericht, Züchtigung und schändlichem Begräbnis des Knechts, für das die Wir-Gruppe kaum unmittelbar verantwortlich sein kann.[15] Und V. 6 und V. 10 sprechen weiterhin ausdrücklich davon, dass es Gott war, der ihn schlug. Doch dies gibt nun keineswegs mehr die Legitimation, ihn zu verachten und mit Füßen zu treten. Daher impliziert das Schuldbekenntnis zum einen die Erkenntnis, tatsächlich im Hinblick auf den sozialen Umgang mit dem Gottesknecht schuldig geworden zu sein: „Wir haben ihn krank gemacht!" (V. 4a) Zum anderen wird diese Mitschuld

---

[14] J. TASCHNER, „Du Opfer!", verbindet diese Situation mit „Mobbingerfahrungen" in einer Schulklasse, die er erlebt hat, und wie sich mit einem Mal der Gruppendynamik völlig verändert, als das „Mobben" eines ungeliebten Schülers erkannt und eingestanden werden konnte.

[15] „Durchbohrt von unseren Freveln" (V. 5) heißt nicht: Wir haben ihn durchbohrt. Der Text spricht nicht davon, dass der Knecht von uns oder von den Vielen misshandelt wurde. H.-J. HERMISSON, Deuterojesaja, 369.

aber auch generalisiert: Wir allein sind die Ursache seines Elends.[16] Alle unsere Vergehen lud Gott diesem Knecht auf. Der neue Narrativ zeigt einen Erinnerungsprozess, bei dem sich die erinnernde Gruppe opferorientiert erinnert, aber nicht selbst mit dem Gewaltopfer identifiziert.[17] Die Wir-Gruppe sieht sich nicht als Gewaltopfer, sondern als Täter, dessen Schuld das Leid des Gottesknechts verursacht hat. Daher wird die Beziehung der Wir-Gruppe zum Gottesknecht als Täterbeziehung konstituiert. Hier liegt die Schwierigkeit jeder kollektiven Deutung, weil in Jes 53 ein erinnerndes Wir aus dem Volk Israel und die Größe „Gottesknecht" unterschieden und durch eine Täterbeziehung verbunden werden. Diese Täterbeziehung wird aber nicht nur bedauernd eingestanden, sondern ihr wird eine für die Wir-Gruppe enorm konstruktive Bedeutung beigemessen: „Durch seine Leiden sind wir geheilt."

Der Tun-Ergehen-Zusammenhang bleibt einerseits in Kraft, insofern er eine Tat und ihre Folgen zusammenbindet, er wird aber aufgebrochen, weil die Folgen der bösen Tat nicht ihren Verursacher, sondern einen unschuldigen Anderen treffen. Mit dieser Deutung ist zugleich bestritten, dass es ein Tun-Ergehen-Automatismus ist, sondern es belegt, dass diese Übertragung von Gott gewährleistet und gesteuert wird und so im Prinzip auch aufgehoben werden kann. Hier ist aber nicht von Aufhebung die Rede, sondern von Übertragung der Tatfolge auf einen Unschuldigen. Gott lässt also „einen fremden Tun-Ergehen-Zusammenhang am Gottesknecht so zur Auswirkung kommen, daß der eigentlich Schuldige, nämlich Israel, in die Position des Erretteten gelangt – während der Unschuldige daran zerbricht".[18] Auch diese Übertragungsthese denkt fest im Tun-Ergehen-Zusammenhang, bei dem begangene Schuld eine Folgewirkung hat, die nicht einfach aus der Welt geschaffen werden kann. Der Vorgang ist keine stellvertretende Strafe.[19]

In Jes 53 ist weder von Schuldtilgung noch von Sühne die Rede. Die Schuldenlast wird nicht getilgt, sie wird einem anderen aufgebürdet und darin wird ein Vorgang der Heilung für diejenigen gesehen, die sie eigentlich hätten tragen müssen. So wird „seine Strieme uns zur Hei-

---

[16] Wobei die Unterscheidung von menschlicher und göttlicher Verursachung m.E. in alttestamentlichen Texten kaum möglich ist, weil eben auch hinter menschlichen Akteuren der Wille der Gottheit gesehen wird.

[17] Zur Unterscheidung opferorientierter und opferidentifizierender Erinnerung vgl. W. KONITZER/A. ASSMANN, Das neue Unbehagen an der Erinnerungskultur. Eine Intervention, München 2013, 149ff.

[18] B. JANOWSKI, Er trug unsere Sünden. Jes 53 und die Dramatik der Stellvertretung, in: DERS./P. STUHLMACHER (Hg.), Der leidende Gottesknecht. Jes 53 und seine Wirkungsgeschichte, FAT 14, Tübingen 1996, 44.

[19] Vgl. etwa die Lutherübersetzung zu V. 6: „Die Strafe liegt auf ihm ..."

lung" (V. 5b). Die Folge dieser Schuldübernahme ist nach V. 5 „Heilung" und „Schalom". Dies meint am ehesten körperliche Gesundheit und in gruppendynamischer Hinsicht die Wiederherstellung der gefährdeten Gottesgemeinschaft für die Wir-Gruppe oder diejenigen, die sie vertritt. Durch welchen „Mechanismus" dies über das stellvertretende Tragen der Schuld bewirkt wird, ist aber nicht gesagt. Wenn wir hier also Schuldvergebung oder Sühne am Werk sehen, tragen wir Konzepte ein, die vielleicht nicht falsch sind, die aber im Text offen gelassen werden.

In V. 10 wird mit hebr. *ascham* ein Terminus gebraucht, der in priesterlichen Texten das Schuldopfer bezeichnet. Ein solches Sühnopfer wurde notwendig und am Tempel dargebracht, wenn eine gestörte Lebenssituation wieder hergestellt werden musste. Es ist eine kultisch erbrachte Wiedergutmachungsleistung. Doch ist sich die Forschung weitgehend darüber einig, dass in Jes 53 keine Anspielungen auf kultische Kontexte vorliegen. Der Gottesknecht ist kein Opfer im kultischen Sinn, weder Sühnopfer nach Lev 5 noch Sündenbock nach Lev 16. Er ist zwar Gewaltopfer (victim), nach dem Zeugnis der Gruppe ein Opfer eigener Verbrechen, aber er ist auch kein Märtyrer, der sein Leben als heldenhaftes Leidensopfer (sacrifice) darbringt.[20]

Der Ausdruck hebr. *ascham* kann auch eine Wiedergutmachungsleistung im profanen und rechtlichen Bereich bezeichnen. Dann würde V. 10 die These vertreten, dass Leiden und Tod des Knechtes als Wiedergutmachungsleistung für die Schuld der „Wir"-Gruppe bzw. des Volkes Israel, gesehen wird, das die Wir-Gruppe vertritt. Allerdings wird man zugestehen müssen, dass ein kultisch besetzter Begriff hier für den Vorgang der Wiedergutmachung Verwendung findet, so dass A. Schenker an eine Art Votivgabe als Sühnezeichen denkt.

Indem der Ausgestoßene und Verachtete ins Zentrum der Betrachtung der Wir-Gruppe gestellt wird, wird er zum Denkzeichen einer veränderten Sichtweise, der eigenen Tätergeschichte, der Schulderkenntnis, der Reue und der Umkehr. „Wir" hielten uns für Zuschauer beim Schiffbruch eines Leidenden. Wir beurteilten ihn als Unbeteiligte. Dabei waren wir involviert und Täter. Diesen Mut zur eigenen Tätergeschichte, möchte ich einmal deutlich hervorheben, gerade weil wir in den ge-

---

[20] Das deutsche Wort Opfer verbindet bekanntlich diese beiden Aspekte. Für eine noch weitergehende Differenzierung der Kategorie des Opfers in Erinnerungsprozessen plädiert A. ASSMANN, Das neue Unbehagen an der Erinnerungskultur. Eine Intervention, München 2013, 146f mit einer Unterscheidung von a) Helden- und Leidensopfer; b) Opfer eigener Verbrechen; c) in einer Gemeinschaft empathisch anerkannte Opfer der Verbrechen anderer.

dächtnispolitischen Diskursen der Gegenwart vor allem das Bedürfnis sehen, als Opfer erkannt und anerkannt zu werden.[21] Angesichts der Opferfixierung in vielen gegenwärtigen Gedächtniskontexten ist es bemerkenswert, dass die Wir-Gruppe, die den Gedächtnisprozess in Jes 53 trägt, sich zu einer eigenen Tätergeschichte bekennt, obwohl diese doch sehr leicht abweisbar wäre, zumal ein nicht geringer Teil des Leidens des Gottesknechts dieser Gruppe vermutlich gar nicht angelastet werden könnte. Diese Gruppe tritt bereitwillig – und vielleicht sogar überdimensioniert – in die Täterrolle ein.

Mit der Übertragung der Schuld auf den Gottesknecht bleibt der Tun-Ergehen-Zusammenhang in Kraft. Aber er kommt damit auch zu seinem Ende. D.h. er belastet die Wir-Gruppe nicht mehr. Dadurch ist ein Neuanfang der Gottesbeziehung (Heilung und Schalom) ermöglicht. V. 10 spricht von Nachkommen, die der Gottesknecht sehen wird. Das können bei kollektiver Deutung nur künftige Israeliten sein, bei individueller Deutung Nachkommen aus der Familie bzw. dem Umfeld des Getöteten. Dieser Erinnerungsprozess schafft eine neue Identität und heilt Gruppenbeziehungen: Einst waren wir entsolidarisiert, „jeder kümmerte sich um seinen Weg" (V. 6). Nun aber, da wir die Bedeutung des Leidens des Gottesknechts verstanden haben, sind wir geheilt.

Genauere Deutung seines Leidens durch die Wir-Gruppe

[7]Bedrängt war er, aber er beugte sich
    und tat seinen Mund nicht auf,
Wie ein Schaf, das zur Schlachtung gebracht wird,
    und wie ein Mutterschaf vor seinen Scherern
        stumm ist, so tat er seinen Mund nicht auf.
[8]aus Haft und Gericht wurde er abgeführt,
    und sein Geschick – wer befasst sich damit?
Denn er wurde abgeschnitten vom Land der Lebenden,
    wegen des Frevels ‚seines' Volks ‚getroffen zum Tode'.
[9]Und man gab (ihm) bei Verbrechern sein Grab
    und bei Übeltätern seine Grabstätte,
Obwohl er kein Unrecht getan
    und in seinem Mund kein Trug war.
[10]Aber Jhwh, dessen Plan es war, ihn zu schlagen,
    heilte den, der als Schuldausgleich (hebr. *ascham*) sein Leben einsetzte
oder:
Aber Jhwhs Plan war es, ihn zu schlagen,
    er setzte sein Leben als Schuldausgleich (hebr. *ascham*) ein.

---

[21] S. u. S. 97.

> Er wird Nachkommenschaft sehen, lange leben,
> und Jhwhs Plan wird durch ihn gelingen.

Der zweite Teil der Rede der Wir-Gruppe in V. 7–10 bietet eine genauere Beschreibung und Deutung des Leidens des Gottesknechts. Darin werden Elemente eines Prozesses, evtl. auch einer Hinrichtung und einer unehrenhaften Bestattung sichtbar. Es wird zudem die Deutung wiederholt, dass er wegen der Frevel seines Volkes getötet wurde (V. 8). Neben der völligen Passivität fällt vor allem sein zweimal erwähntes Verstummen auf. Der Knecht leidet, aber er klagt nicht. Er wird gepeinigt, aber öffnet seinen Mund nicht. Das steht in deutlichem Gegensatz zu vielen Leidtexten des ATs, in denen die Menschen Gott oder einander beredt ihr Leid klagen, damit Hilfe kommen kann. Auch Hiob, der als leidender Gerechter in seinem Lebenswandel untadelig ist, wie unser Gottesknecht in Jes 53, findet viele Worte für seinen Schmerz. Und noch der Gottesknecht des 3. Liedes bleibt in seinem Leiden ungebrochen, selbstbewusst und stolz (Jes 50,6–7). Auch spätere Märtyrer gehen selbstbewusst, mit Stolz und Zuversicht in den Tod. Ganz anders der Gottesknecht in Jes 53, der sich stumm und wie ein Schaf zur Schlachtbank führen lässt. Ihm fehlt der Antrieb, Gott sein Leid zu klagen, um Rettung zu bitten, sich aufzubäumen oder seinen Widersachern irgendwie die Stirn zu bieten? Es ist ein apathisches Schweigen, denn er war nicht immer stumm (V. 9).

Die abschließende Gottesrede

> [11] Wegen der Mühsal seines Lebens
> wird er Licht sehen, sich sättigen.
> Durch seine Erkenntnis macht gerecht mein Knecht die Vielen,
> und ihre Sünden – *er* schleppt sie.
> [12] Darum geb' ich ihm Anteil unter den Vielen,
> und mit Zahlreichen wird er Beute teilen,
> Dafür, dass er sein Leben dem Tod preisgegeben hat
> und zu den Frevlern gerechnet wurde.
> Er aber trug die Schuld der Vielen,
> und für die Frevler trat er ein.

Nach dem Tod des Knechts kommt es doch noch durch Gott zu einem Eingreifen zu seinen Gunsten. Die Erhöhung des Knechts wird oft im Sinne einer Auferstehung gedeutet. Aber das alles ist eben nicht deutlich ausgesprochen. Sicher scheint, dass Gottes Erhöhung des Knechtes ein Handeln jenseits von dessen Tod ist. Es wird aber kein Versuch gemacht, dies genauer zu erklären. Die Begriffe, die gebraucht werden, verrätseln diese Erhöhung eher, als dass sie sie erklären. Mit welchen

Zahlreichen wird er Beute teilen? Was hat es mit dem „Anteil unter den Vielen" (V. 12) auf sich? Was ist die Erkenntnis, durch die der Knecht die Vielen gerecht macht? Hier rückt nicht nur die Hoffnung für den Gottesknecht, sondern die Hoffnung der Wir-Gruppe selbst, die diesen Gedächtnisprozess trägt, ins Zentrum der Aufmerksamkeit. Gemeint ist die Erkenntnis, die der Gottesknecht ermöglicht, die Gewissheit, dass ein anderer die Sündenlast trägt, und diese nun nicht mehr schmerzhaft zwischen Gott und seinem Volk oder zumindest der Wir-Gruppe steht. Es ist die Hoffnung, dass die im schmerzhaften Prozess der Neuorientierung jäh erkannte alte Schuld nicht mehr lastet und das Gottesverhältnis geheilt wird, weil er „für die Frevler eintrat" (V. 12.). Unklar bleibt, in welchem Verhältnis die Wir-Gruppe zu den in V. 12 angesprochenen Frevlern steht. Sollten beide Gruppen nicht deckungsgleich sein, was ich vermute, dann eröffnet sich hier der Horizont universaler Schuldübernahme, die etwa Raschi zu der Annahme brachte, dass der Gottesknecht hier auch die antijüdischen Sünden der Kirche trägt.

III. Was leistet eine solche Erinnerungsfigur für die Bearbeitung katastrophaler Erfahrungen?

Die entscheidenden Merkmale des Erinnerungsprozesses, die wir am Anfang herausgestellt hatten, haben wir in Jes 53 wiedergefunden. Eine prophetische Gruppe im babylonischen Exil nimmt Abschied von einem etablierten Deutungsnarrativ über ein katastrophales Geschehen in ihrem Nahbereich. Sie konstruiert einen neuen Narrativ, der die Gruppenbeziehungen verändert, ein neues Selbstverständnis und zwar nicht als Opfer-, sondern als Tätergemeinschaft etabliert, auf diese Weise die Gruppenbeziehungen heilt und so Zukunft ermöglicht. Dabei wird die neue Deutung nicht als eigene Deutungsleistung, sondern als Gottesgabe verstanden.
Das erlittene Leid des Einen macht die Anderen, die Hinterbliebenen, die Nachgeborenen frei. Was für ein seltsamer Sieg? Ein Unschuldiger erträgt die Schuld der anderen und geht daran zugrunde. Und dieses Zugrundegehen wird zum Heil für die Vielen erklärt, und nicht nur für sie, sondern auch als persönlicher Erfolg des Gottesknechts. Das ist eine unglaubliche Volte, eine Art Salto mortale der Leiddeutung. Denn nach dem traditionellen Denken im Tun-Ergehen-Zusammenhang wäre nur ein einziger Scherbenhaufen zu konstatieren. Der Gottesknecht ist trotz aller theologischen Programmatik gestorben, er wurde verfolgt, angeklagt, vielleicht hingerichtet und als Frevler bestattet; gescheitert auf der ganzen Linie. Durch ihren rasanten Perspektivwechsel treten die

Wir-Gruppe und ihr Gott nun die Flucht nach vorne an. Die Rhetorik des noch nie da Gewesenen sichert bzw. immunisiert gegen berechtigte Anfragen. Denn was noch nie ein Mensch gehört hat, muss im Forum der Völker und Nationen auch nicht verstanden werden. Es reicht, wenn die Wir-Gruppe erkennt: Unsere Niederlage ist eigentlich ein Sieg. Und als solche entlastet sie uns und versöhnt uns mit Gott.

Wir fragen: Was leistet eine solche Erinnerungsfigur? Und natürlich muss man hier an die Geschichte von Emmaus denken, wo ein ähnlicher Perspektivwechsel erzählt wird: „Er wurde gekreuzigt, und wir dachten, dass er Israel erlösen würde." (Luk 24,20f) Und in der Begegnung mit dem Auferstandenen lernen sie: „Er musste solches leiden" (V. 26).

Mit dieser Art, das erlittene Leid eines Menschen als stellvertretend ertragene Schuld zu deuten, steht Jes 53 im Alten Testament bekanntlich ziemlich einzigartig da. Nicht ganz isoliert, denn wir kennen prophetische Gestalten, die als Folge ihres Wirkens mit Leid und sogar Tod konfrontiert sind, wie Urija (Jer 26) oder Jeremia. Doch wird deren Leid nie als stellvertretendes Leid gedeutet.

Auch das Thema Stellvertretung kann im Alten Testament nicht auf Jes 53 begrenzt werden. Es ist eine weit verzweigte Thematik. Dass Mitmenschen durch die Verfehlung anderer in Mitleidenschaft geraten ist menschlich genauso nachvollziehbar wie der umgekehrte Fall, dass Menschen am Wohlergehen anderer teilhaben. Auch dass sich der Tun-Ergehen-Zusammenhang auf unschuldig-Unbeteiligte im Nahumfeld des Täters auswirkt, findet sich anderswo. Zu denken wäre etwa an die Verurteilung König Davids durch den Propheten Natan. Auf Davids Schuldeingeständnis wird der Tat-Folge-Zusammenhang von Ehebruch und Mord am Täter vorbei auf das unschuldige Kind des Ehebruchs gelenkt. David darf leben, das Kind muss sterben (2 Sam 12).

Insgesamt halten die alttestamentlichen Texte aber daran fest, dass jeder für seine eigene Schuld haften muss. Dass betont Ez 18,18 im Exil angesichts der Frage, ob auch die Nachgeborenen die Schuld der Väter und Mütter ausbaden müssen. Auch der Zusammenhang, dass Schuld in ihren Folgewirkungen durch die Generationen hindurch fortwirkt, ist den Israeliten gut bekannt. Zudem gibt es auch den Versuch der freiwilligen stellvertretenden Schuldübernahme: So bietet Mose angesichts des Frevels der Verehrung des Goldenen Kalbs Gott an, sein Leben stellvertretend für die Tatfolgen der Verschuldungen des Volkes Israel hinzugeben, sogar mit der Aussicht, dass sein Leben insgesamt aus Gottes Buch gestrichen wird. Dies lehnt Gott entschieden mit dem Hinweis ab, dass jeder für seine eigene Schuld einstehen muss (Ex 32,32f). In Jes 53 gibt der Gottesknecht sein Leben stellvertretend hin. Aber dieses Leben wird nicht aus Gottes Buch getilgt, sondern in der Erniedrigung sogar geadelt, posthum erhöht und groß gemacht. Wir haben gesehen, dass Jes 53 auch in einer veränderten Konstellation am Zusammenhang von Tun und Ergehen zur Deutung individuellen und kollektiven Leids festhält, insofern die Schuld der Wir-Gruppe im Leid des Gottesknechtes zur Auswirkung kommt. Besonders auffällig ist die Bereitschaft der Wir-Gruppe, das Leid eines anderen als eigene Tätergeschichte zu erinnern. Geschichtliche Katastrophen als Folge eigener Verschuldung zurückzuführen ist als Erinnerungsfigur eine wesentliche Form historischer Theodizee, die sich im Alten Testament besonders der unheilsprophetischen Geschichtsdeutung und ihrer Systematisierung durch die deuteronomistische Theologie verdankt. Im Zentrum steht der Rückblick auf die Zerstörung Jerusalems und des Tempels durch Nebukadnezar 587 v. Chr., eine Katastrophe, mit der sich eine Vielzahl von Texten beschäftigt. Interessanterweise treten Stimmen, die dieses katastrophale Schicksal als Opfergeschichte erinnern, zurück. Dabei wäre ein solcher Erinnerungsdiskurs, der Israels Katastrophe als Gewaltverbrechen frevlerischer Weltmächte deuten würde, plausibel und den historischen Fakten ungleich angemessener, denn gegen die Eroberungsmaschinerie der Neubabylonier hatte das kleine Juda nie eine Chance. Man findet eine solche Opfererinnerung etwa in den Klageliedern, die möglicherweise auf frühexilische Klageliturgien zurückgehen. Stattdessen wird die prophetisch-deuteronomistische Erinnerungsfigur über alle Maßen prominent: „Die Katastrophe ist Folge unserer eigenen Schuld, unserer mangelnden Gottestreue." In diesem Deutenarrativ lehnt Israel die Opferrolle ab und nimmt eine Täterrolle ein, die zwar historisch und politisch kaum zu rechtfertigen ist, aber offenbar für die Kreise, die diesen Erinnerungsprozess tragen, Identität und neue Hoffnung stiften kann. Worin liegt der konstruktive Sinn dieser Geschichtsdeutung, da sie sich kaum selbstquälerischer Neigung verdankt? Zum einen bot sie die Chance, auch in der politischen Niederlage weiter mit einem potenten und um sein Volk bemühten Gott zu rechnen. Nicht Gott hat uns verlassen, sondern wir haben Gott verlassen. Der Täternarrativ bot die Chance, aus der Haltung, ausschließlich das wehrlose Opfer böser Absichten anderer zu sein, herauszukommen, überdies die aktive Chance, durch Umkehr, Neuorientierung und Hoffnung auf ein erneuertes Gottesverhältnis wieder zum Gestalter des eigenen Lebens zu werden.

Dieser Täterdiskurs, der sich auch in Jes 53 findet, steht in auffälligem Kontrast zu unseren gegenwärtigen Erinnerungsdiskursen, da hier die Frage der Opfer eine große Rolle spielt. Niemand will Täter sein und für sein Handeln Verantwortung übernehmen, lieber sieht man sich als Opfer (victim). Denn nur die Opfer haben Anrecht auf Empathie. Auch in der Theologie werden die Stimmen laut, von der Täterorientierung wegzukommen und den Opfern der Geschichte Andenken und Respekt zu schenken. Und wer wollte dagegen sein? Keine geschichtliche Erinnerung ohne Klärung und Respekt vor den Opfern, damit die Täter nicht posthum triumphieren. In den opferzentrierten Erinnerungskulturen der Gegenwart ist die Opferrolle und ihre Privilegierung die wichtigste Ressource im Kampf um Anerkennung und auch um wirtschaftliche Ressourcen (z.B. für Entschädigungen). So gerät Gedächtnispolitik leicht zu Opferkonkurrenzen und wird als z.t. erbitterter Kampf um den Opferstatus zelebriert. Tzevan Todorov bringt dies auf die Formel: „Obwohl niemand gern ein Opfer in der Gegenwart ist, wären viele gerne ein Opfer in der Vergangenheit gewesen."[22] Dieser Sachverhalt schafft auch für die nationalen Selbstbilder von Staaten neue Probleme. Denn wer sich ausschließlich als kollektives Leidensopfer sieht und sich in einem häufig bereits vererbten Opfernarrativ bewegt, schafft sich zwar eine komfortable moralische Position, bleibt aber passiv und erwartet die Lösung anstehender Fragen vor allem von anderen. Überdies lässt sich der Opfernarrativ sehr gut als Abwehrschirm gegen jegliche Mitverantwortung an historischen oder neuen Verbrechen einsetzen. Wer allein den Opfernarrativ kultiviert, ist etwa kaum bereit, auch eine eigene Tätergeschichte zuzulassen („selektive Amnesie") oder der Opfer der eigenen Politik zu gedenken usw. „Diese Verfestigungen der nationalen Opferidentität erschwert Möglichkeiten der Annäherung, kommunikativen Austausch und Aussöhnung mit den jeweiligen Tätern und verhindert die Anerkennung wechselseitiger Opfer- und Täterkonstellationen."[23]

In der jüdischen Tradition spielt diese täterorientierte Erinnerungsfigur, Leid als Ursache eigener Verfehlungen zu sehen, durch zwei Jahrtausende hin eine dominante Rolle im kollektiven Theodizeediskurs, auch wenn sie angesichts der Massenverfolgungen des jüdischen Volkes und nicht zuletzt angesichts der Schoa immer wieder auch scheitert.[24] Daneben tritt auch die Leiddeutung, die wir bei Raschi gesehen haben und die sich mit Jes 53 von diesem Modell abhebt. Indem der Gottesknecht die Schuld anderer auf sich nimmt und trägt, kann er zum Sinnbild der

---

[22] T. TODOROV, Hope and Memory. Lessons from The Twentieth Century, Princeton 2003, 142f; zit. nach A. ASSMANN, Das neue Unbehagen, 142.
[23] A. ASSMANN, a.a.O. 148.
[24] Vgl. hierzu A. FUNKENSTEIN, Jüdische Geschichte und ihre Deutungen, Frankfurt a. M. 1995.

eigenen Leiderfahrungen werden, die durch andere verursacht wurden. Diese opferidentifizierende Erinnerung, die sich mit der Elendsgestalt des Knechtes identifiziert, steht dann allerdings stets in der Gefahr, die Identifikation mit der Täterorientierung der Wir-Gruppe zu marginalisieren. Beides lässt sich nur schwer integrieren und trotzdem besteht eine der großen Leistungen von Jes 53 darin, Täter und Opferperspektiven zwar zu unterscheiden, aber zusammen zu halten, wie das etwa auch in Raschis Erinnerungsdiskurs (s.o.) noch gelingt. In der Weltkriegspropaganda wird ein reines Opfergedächtnis zur Aktivierung nationalistischer Vergeltungsphantasien genutzt.

IV. Weitere Erinnerungsfiguren zur Katastrophendeutung in der hebräischen Bibel

In der Bibel gibt es auch andere Erinnerungsfiguren der Leiddeutungen, die den Zusammenhang von Tun und Ergehen unkenntlich machen oder sprengen. Leid kann verstanden werden als Mittel göttlicher Erziehung (Läuterungsleid) oder als Mittel der göttlichen Prüfung des besonders Gerechten wie etwa in der Rahmenerzählung des Hiobbuchs. Dann wäre erlittenes Leid als Tat-Folge nicht Hinweis auf eine besondere Schuld, sondern Zeichen einer besonderen Gottesnähe. Die Hiobdichtung freilich weist in ihren umfangreichen Dialogteilen diese Deutung ab zugunsten der These: Jede positive Antwort auf die Frage nach dem Sinn unschuldigen Leidens ist eine falsche Antwort. Es gibt keinen Sinn, der Menschen einsichtig wäre.[25]
Eine letzte Erinnerungsfigur ist die des Märtyrerleidens.[26] Sie führt uns wieder etwas näher an Jes 53 heran. Aber anders als der stumme und passiv leidende Gottesknecht, kämpft der Märtyrer für seinen Gott und gibt in diesem Kampf sein Leben hin. Sein Leid und Tod sind Zeichen seiner Gottestreue. Und weil ihm das irdische Lebensglück des Gerechten im Tun-Ergehen-Zusammenhang vorenthalten bleibt, darf er auf Gottes Treue und auf seine postmortale Erhebung zu Gott hoffen, während den siegreichen Gegnern das göttliche Gericht oder die Unterwelt angedroht wird. Die Lebenshingabe der Märtyrer kann aber auch in gewisser Weise als stellvertretende Schuldübernahme gedeutet wer-

---

[25] Vgl. T. NAUMANN, Wenn guten Menschen Böses widerfährt. Was sagt das Hiobbuch den Leidenden? in: DERS./A. KURSCHUS (Hg.), Wo ist denn nun euer Gott? Von Gottes Anwesenheit in einer unordentlichen Welt, Neukirchen-Vluyn 2010, 23–45.
[26] Vgl. bes. J.W. VAN HENTEN, The Maccabean Martyrs as Saviours of the Jewish People, Supplements to the Journal for the Study of Judaism, 57, Leiden u.a. 1997.

den. Im berühmten Märtyrerkapitel von 2 Makk 7f wird erzählt, wie sieben Brüder unter der Folter sterben. Sie sterben in dem Bewusstsein, dass Gottes Zorn sich „zu Recht über unser ganzes Volk ergossen" hat, dass aber ihr Lebenseinsatz dazu führt, dass „Gottes Zorn aufhört". Der sterbende Märtyrer bittet für sein Volk und für sich individuell: „Gott möge seinem Volk bald wieder gnädig sein" und „bei mir und meinen Brüdern möge der Zorn des Allherrschers aufhören, der sich zu Recht über unser ganzes Volk ergossen hat." (2 Makk 7,37f.) Das Leid ist Folge von Gottes Zorn, der Tod des Märtyrers verleiht seiner Fürbitte Gewicht. Es ist aber nicht sein Leiden, das die Kette der Tatfolgen beendet, sondern erst Gottes Mitleid mit seinem Volk, an das er mit seinem Leid appelliert. Deshalb wird man hier nicht an stellvertretende Schuldübernahme denken dürfen, schon gar nicht an ein Sühnopfer. Es ist auch nicht von heldenhafter Selbsthingabe die Rede. Insofern sind die Märtyrer von 2 Makk 7 deutlich von den heldischen Selbstopfern abzugrenzen, wie wir sie in der Weltkriegsrhetorik ebenso finden wie in der Ideologie islamistischer Selbstmordattentäter. In Treue zur Tora geraten die Märtyrer in die Gewalt des Todes. Sie haben sie nicht gesucht. Dafür ausschlaggebend, dass Gott seinen Sinn ändert, ist nicht das Leid und der Tod des Märtyrers, sondern die Fürbitte, der Appell an Gott. Erst göttliches Mitleid aufgrund der Fürbitte nimmt die Folgen der Verschuldung von Israel und nicht bereits der Märtyrertod. Vielleicht verleiht der Tod dieser Fürbitte Gewicht und Glaubwürdigkeit. Jedenfalls ändert sich ab jetzt Israels Geschick. Fürbitte ist freilich auch eine Form des stellvertretenden Einstehens. Der Märtyrer von 2 Makk 7 folgt der Tradition der fürbittenden Propheten, besonders der Mosegestalt, die vor Gott stellvertretend für ein in seiner Schuld gefangenes Volk Israel eintraten.

Wenn wir dieses Erinnerungsmodell mit Jes 53 vergleichen, fallen einige Gemeinsamkeiten, aber auch deutliche Unterschiede auf: Gemeinsam ist die Deutung von Leid als Folge der Verschuldung Israels und die Geltung des Tun-Ergehen-Zusammenhangs; gemeinsam ist, dass der Tod nicht als Selbsthingabe oder als kultisches Sühneopfer gedeutet wird. Aber er geschieht ungewollt und ohne Intention, nicht als willentlicher Akt der Selbsthingabe. Seine Bedeutung erweist sich erst im Nachhinein. Weitere Unterschiede liegen im Stellvertretungsgedanken eines Unschuldigen, wobei ein toratreuer Märtyrer vermutlich auch als einer gilt, der nichts zum Zorn Gottes über sein Volk beigetragen hat. Vor allem fällt die Passivität, die Duldung fremder Gewalt und das sprachlose stumme Leid des Gottesknechts auf, der sich wie ein Schaf zur Schlachtbank führen lässt. In Jes 53 bewirkt nicht die Fürbitte des

Märtyrers die Heilswende, sondern der nachträglich als stellvertretende Schuldübernahme gedeutete Tod durch die Wir-Gruppe. Und die Geschehenswende wird sogar als Heil für die Vielen und sogar als Heil für die Frevler beschrieben.

Wir finden also ein durchaus variables Denken im Hinblick auf die theologische Deutung katastrophaler Geschehnisse. Wie ordnet sich Jes 53 in diese Bemühungen ein? Jes 53 bietet eine eigene Stimme zwischen prophetischem-deuteronomistischen Täterdiskurs und einem märtyrertheologischem Leidensdiskurs.

V. Zusammenfassung

Wir waren davon ausgegangen, dass in Erinnerungsprozessen Individuen oder Gruppen in Erscheinung treten, die einen solchen Prozess anstoßen und betreiben. Dabei werden Sachverhalte aus der Vergangenheit erinnert, aber auch neu konstruiert und refiguriert. Dies geschieht mit einem Narrativ, durch den die Vergangenheit gedeutet und das Verhältnis der erinnernden Gruppe zu dieser Vergangenheit geklärt wird. Der Erinnerungsprozess bewegt sich auf drei Zeitebenen, denn er ist auf die Gegenwart und den Erwartungsraum dieser Gruppe bezogen. Zudem leistet der Erinnerungsprozess in einem eminenten Sinn soziale Beziehungsarbeit, indem er hilft, die Beziehungen zum erinnerten Ereignis, untereinander und im Hinblick eine erhoffte Zukunft zu klären. Nachdem wir zwei Beispiele aus der Rezeptionsgeschichte von Jes 53 gestreift haben, konnten diese Strukturen des Erinnerungsprozesses auch im vierten Gottesknechtslied aufgewiesen werden. Die erinnernde Wir-Gruppe ändert aufgrund eines Gotteswortes ihre Einstellung zum Leiden und Tod der prophetischen Gestalt des Gottesknechts grundlegend, nachdem sie überraschend erkannt hat, dass Gottes Mitsein selbst in der Niedrigkeit und Elend aufgefunden und dass dieser Gottesknecht erhöht werden wird. In dramatischer Kehrtwende distanziert sich die Wir-Gruppe von ihrem etablierten bisherigen Erinnerungsnarrativ, der auf der Beziehungsebene die Verachtung und Desolidarisierung mit dieser Elendsgestalt begründete und diesen theologisch mit Hilfe des Tun-Ergehen-Zusammenhangs legitimierte (Sein Ergehen – Folge seiner Tat, von Gott geschlagen). In einem neuen Deutungsnarrativ refiguriert die erinnernde Gruppe das Leid des Gottesknechts als Folge ihrer eigenen Schuld, indem sie eine Täterbeziehung zu diesem Gewaltopfer etabliert. Dadurch verändern sich die Beziehungen innerhalb der Gruppe und im Hinblick auf das erinnerte Ereignis deutlich. Indem sie dem Leid des Gottesknechts eine für sie (und für andere Frevler)

Heil bewirkende Bedeutung zuweist, erneuert sie ihr Gottesverhältnis und etabliert einen hoffnungsvollen Erwartungsraum, indem von nun an Niedrigkeit und Leid als Wege Gottes mit seinen Propheten, mit seinem Volk, als zum Heil führende Wege gesehen werden können. Dieser neue Deutenarrativ ist so konträr zu bisherigen Sichtweisen, dass er mit der Rhetorik des unfassbar Neuen eingeführt und abgesichert werden muss. Interessant ist, dass in Jes 53 Opfer- und Täterperspektiven mit unterschiedlichen Akteuren verbunden werden, die erinnernde Gruppe aber bewusst eine Täterperspektive einnimmt. Diese Täterdimension eröffnet überhaupt erst einen Weg der Selbstbesinnung, der Kritik festgefahrener Einstellungen, der Neuordnung von Gruppenbeziehungen, der Empathie mit dem unschuldigen Opfer, der Reue und Umkehr, überhaupt neue Lebensmöglichkeiten.

Andreas Lindemann

Die Passion Jesu als erinnerte Leidensgeschichte

„Geschichte erinnern als Aufgabe der Versöhnung." Der auf das Neue Testament bezogene Beitrag zu diesem Rahmenthema befasst sich im *ersten* Teil mit der Passion Jesu, wie sie in den synoptischen Evangelien „erinnert" wird.[1] Im *zweiten* Teil folgt eine Auslegung von 2 Kor 5,14-21 unter der Frage, in welcher Weise bei Paulus der Tod Jesu „erinnert" wird. Im *dritten* Teil werden beide theologischen Perspektiven miteinander verglichen.

I. Die Passionsgeschichte in den synoptischen Evangelien

I.1. Zur Methodik

Es ist zu unterscheiden zwischen der Frage nach dem historisch vergangenen Passionsgeschehen und der Frage nach der Darstellung dieses Geschehens in den Evangelien. Unter historischer Perspektive wäre danach zu fragen, was im Zusammenhang des Kreuzestodes Jesu in Jerusalem geschehen ist: Aus welchen Gründen sahen sich die religiösen jüdischen und die römischen politischen Autoritäten veranlasst, Jesus anzuklagen und zu verurteilen? Welche Rechtsnormen standen in Geltung? Wurden sie eingehalten oder verletzt? Aber im Blick ist jetzt nicht der mit den Mitteln der historischen Analyse möglicherweise zu rekonstruierende Verlauf des Verfahrens gegen Jesus von Nazareth, das mit dessen Verurteilung und Hinrichtung endete; „erinnerte" Leidensgeschichte meint nicht die Erinnerung von Menschen, die das Geschehen womöglich miterlebt hatten und sich später mehr oder weniger genau daran erinnerten. Es geht vielmehr um die Perspektive, unter der die Evangelisten ihre Leser an das Geschehen „erinnern" und dessen Bedeutsamkeit vermitteln wollen. Die Verfasser der Evangelien, insbesondere auch schon Markus, haben nicht versucht, ihre Leser „neutral" oder „korrekt" zu informieren, sondern sie stellen das Geschehen von vornherein mit einer bestimmten Absicht dar und deuten es. Dabei set-

---

[1] Es würde sich lohnen, auch auf die in weiten Teilen von den synoptischen Evangelien stark abweichende Darstellung des Passionsgeschehens im JohEv einzugehen, aber das würde den Rahmen dieses Beitrags sprengen.

zen sie voraus, dass die Adressaten ihrer Texte an Jesus glauben, also „Christen"[2] sind. Auf der Grundlage der Hypothese der Markus-Priorität soll im Folgenden eine Skizze der literarischen Gestalt geboten werden, welche die Evangelisten dem Passionsgeschehen gegeben haben.[3] Die teilweise vielleicht schon schriftlich vorliegende und dann von Markus verarbeitete Passionsüberlieferung setzte vermutlich mit der Schilderung von Jesu Ankunft in Jerusalem ein (11,1-10). Auf der Ebene des Evangeliums beginnt hier das Schema der einen Woche, die vom Einzug Jesu am „Palmsonntag" über seine Verhaftung in der Nacht nach „Gründonnerstag" bis zur Hinrichtung am „Karfreitag" und zur Auffindung des leeren Grabes am „Ostersonntag" reicht. Anders als in den vorangegangenen Abschnitten des MkEv ist der erzählte Handlungsfaden jetzt im wesentlichen unumkehrbar und auch die Ortsangaben sind weitgehend „fest": Die Ankunft in der Stadt, die „Tempelreinigung" und die Reaktion darauf sowie jedenfalls alle Ereignisse, von denen nach der Notiz über den Todesbeschluss des Synedriums (14,1f.) erzählt wird, sind an Jerusalem gebunden.

I.2. Jesus in Jerusalem und in Bethanien

Die im *MkEv* gegebene Beschreibung des Einzugs Jesu in Jerusalem mit dem märchenhaften Motiv der wunderbaren Auffindung des Reittiers (Mk 11,2-7) erinnert an Sach 9,9, auch wenn erst das MtEv einen ausdrücklichen Schriftbezug im Sinne eines „Schriftbeweises" bietet (Mt 21,4f.). Jesu Einzug ist der Triumph des eschatologischen Königs, nicht etwa ein Einzug in Niedrigkeit; das zeigt der Jubelruf derer, „die vorausgingen und die hinterhergingen", mit den Worten von Ps 117,26 LXX: „Gepriesen sei, der da kommt im Namen des Herrn! Gepriesen sei das Reich unseres Vaters David, das da kommt - Hosianna in der Höhe!" Von einer Reaktion der Einwohner Jerusalems ist nicht die Rede, den oft sprichwortartig angeführten Wechsel vom „Hosianna" am Palmsonntag zum „Kreuzige!" am Karfreitag gibt es tatsächlich also

---

[2] Zu dem in den 40er Jahren in Antiochia möglicherweise durch die römischen Behörden gebildeten Begriff „Christen" (Cristianoi,) s. D.-A. KOCH, Geschichte des Urchristentums. Ein Lehrbuch, Göttingen ²2014, 200.

[3] Die schwierigen Fragen nach einer möglicherweise erkennbaren „Sonderquelle" in der Passionserzählung des Lukas und nach den Ursachen für einige Übereinstimmungen („minor agreements") zwischen Matthäus und Lukas gegen Markus sollen nicht erörtert werden. Vgl. zum Ganzen M. GIELEN, Die Passionserzählung in den vier Evangelien. Literarische Gestaltung – theologische Schwerpunkte, Stuttgart 2008.

nicht, denn es sind verschiedene Personengruppen, die jeweils zu Wort kommen. Im *LkEv* ist es „die Menge der Jünger", die Jesu Einzug feiert; einige Pharisäer fordern deshalb, Jesus solle ihnen befehlen, zu schweigen, aber er antwortet, dass dann die Steine schreien (Lk 19,39f.).[4] Dass Jesus beim Anblick Jerusalems weint (Lk 19,41-44), weist voraus auf die Zerstörung der Stadt. Auf der Ebene der erzählten Welt steht das Ereignis noch aus; für die Leser aber ist es bereits geschehen, Jesus hatte es vorhergesagt, und daran werden sie nun erinnert.[5] Im *MtEv* gibt es ebenfalls eine solche Weissagung Jesu (Mt 23,37-39).

Während Jesus im MkEv vor Beginn seiner apokalyptischen Rede von der Zerstörung des Tempels spricht (13,2), ohne einen direkten Zusammenhang zur bevorstehenden Passion herzustellen, verbinden Matthäus und Lukas das Schicksal Jerusalems mit dem Schicksal Jesu. Damit stellt sich das Problem der „Geschichtstheologie": Handelt Gott sichtbar in der erfahrenen Geschichte? Ist die im Jahre 70 durch römisches Militär erfolgte Zerstörung Jerusalems als die von Gott verfügte Folge der Kreuzigung Jesu zu verstehen? Die Evangelisten haben eine solche Deutung des Geschehens für möglich und für richtig gehalten, entsprechend einem auch im Alten Testament bezeugten Geschichtsverständnis[6]; wir müssen aus Gründen historischer Reflexion und auch aus theologischen Gründen diesen Gedanken aber ausschließen.

Im *MkEv* geht Jesus sogleich nach seiner Ankunft in den Tempel und „sieht sich alles an", fast wie ein interessierter Tourist (11,11). Am nächsten Tag erfolgt zuerst die offenbar symbolisch zu deutende Verfluchung des Feigenbaums[7] und dann vollzieht Jesus die „Tempelrei-

---

[4] M. WOLTER, Das Lukasevangelium, HNT 5, Tübingen 2008, 632: Lk will „ganz gezielt" erzählen, „dass die Einwohner Jerusalems den Einzug Jesu als Messiaskönig nicht zur Kenntnis nehmen".

[5] Vgl. WOLTER, Lukasevangelium, 633: Lk 19,41-44 sind „eine in Erzählung eingebettete prophetische Klage", wobei Lukas aber zugleich „die affektive Solidarisierung Jesu mit Jerusalem deutlich machen [will], denn man weint nur über das Unheilsgeschick derer, die man liebt".

[6] Vgl. M. GÖRG, Art. Geschichte/Geschichtsauffassung. II. Alter Orient und Israel, RGG⁴ 3 (2000), 778: Israels Verständnis von Geschichte lässt „die Sequenz der Zeiten vom jederzeit möglichen Eingriff des Herrn der Zeiten bestimmt sein, der auf seine Weise mit dem Fehlverhalten der Menschen umgeht und sein souveränes Richteramt ausübt".

[7] Dazu P. VON GEMÜNDEN, Die Verfluchung des Feigenbaums Mk 11,13f.20f., WuD 22 (1993), (39-50) 49: Die Perikope „symbolisiert einen eschatologischen Machtwechsel. Die alten Herrschaftskreise haben ethisch versagt: Sie bringen keine Früchte. An ihre Stelle tritt der Messias und Menschensohn, der die von Menschen (und Pflanzen) geforderte Fruchtbarkeit wiederherstellen wird."

nigung"[8]; er rechtfertigt sein Tun mit dem Zitat von Jes 56,7 („Mein Haus soll ein Bethaus heißen für alle Völker"[9]), verknüpft mit Jer 7,11 („Ihr aber habt es zur Räuberhöhle gemacht"). Erstaunlicherweise wird Jesus bei seiner Aktion nicht gestört; die religiösen Autoritäten beraten zwar, wie sie ihn vernichten können[10], aber er kann die Stadt unbehelligt verlassen (11,18f.).

Am folgenden Tag kehrt Jesus in den Tempel zurück (11,27), wo er die Frage nach seiner Vollmacht für „dieses" Handeln (11,28), also für die „Tempelreinigung", dialektisch geschickt zurückweist (11,29-33). Auch die in Mk 12 überlieferten Szenen spielen im Tempel; ein direkter Bezug zur Passion ist nicht zu erkennen, aber ein indirekter Verweis (darauf) liegt in der allegorischen Gleichniserzählung 12,1-12 vor. Erst in 13,1 verlässt Jesus wieder den Tempel, wobei er dessen Zerstörung ankündigt (13,2). Die apokalyptische Rede in 13,5-36, mit der Jesus auf die Frage nach dem „Wann?" der Zerstörung antwortet (V. 3f.), hat im Angesicht des Tempels einen guten Ort; Jesus bringt die geschilderten Endzeitereignisse nicht mit seinem eigenem Schicksal in Verbindung. In 14,1f. wird abermals vom Tötungsbeschluss der religiösen Autoritäten gesprochen, jetzt verbunden mit dem Hinweis auf das bevorstehende Passafest. Als Jesus in Bethanien durch eine namentlich nicht genannte Frau gesalbt wird (14,3-9), erheben „einige" den Vorwurf, das kostbare Salböl hätte besser zugunsten der Armen verkauft werden sollen (V. 4f.).[11] Aber Jesus sagt (V. 6), die Frau habe „eine gute Tat" ($\kappa\alpha\lambda\grave{o}\nu\ \ \ddot{\epsilon}\rho\gamma o\nu$) an ihm vollbracht, und er fügt hinzu (V. 7): „Die Armen habt ihr allezeit bei euch, und sooft ihr wollt ($\ddot{o}\tau\alpha\nu\ \theta\acute{\epsilon}\lambda\eta\tau\varepsilon$), könnt ihr ihnen Gutes tun; mich aber habt ihr nicht allezeit."[12] Dann gibt Jesus die Deutung des Tuns der Frau (V. 8): „Sie hat meinen Leib im Voraus zum Begräbnis gesalbt." Bei der weiteren Lektüre des MkEv werden sich die Leser zu Beginn der Grabeserzählung in Mk 16,1 dar-

---

[8] Dazu A. LINDEMANN, „... und trieb alle aus dem Tempel hinaus" (Joh 2,15). Gewalt und Gewaltlosigkeit im Jesusbild der Evangelien, in: ders., Glauben, Handeln, Verstehen. Studien zur Auslegung des Neuen Testaments, Band II, WUNT 282, Tübingen 2011, (194-225) 202-205.

[9] Die Wendung $\pi\tilde{\alpha}\sigma\iota\nu\ \tau o\tilde{\iota}\varsigma\ \ddot{\epsilon}\theta\nu\varepsilon\sigma\iota\nu$ bezieht sich auf alle Völker, nicht auf alle „Heidenvölker"; andernfalls wäre gesagt, dass der Tempel dem Volk Israel entrissen wird. In Mt 21,13 und Lk 19,46 fehlt die Erwähnung der $\ddot{\epsilon}\theta\nu\eta$; offenbar wollen sie eine Verbindung der „Völker" mit dem Tempel ausschließen.

[10] Die Formulierung in 11,18 ($\grave{\epsilon}\zeta\acute{\eta}\tau o\upsilon\nu\ \pi\tilde{\omega}\varsigma\ \alpha\grave{\upsilon}\tau\grave{o}\nu\ \grave{\alpha}\pi o\lambda\acute{\epsilon}\sigma\omega\sigma\iota\nu$) erinnert an 3,6 ($\sigma\upsilon\mu\beta o\acute{\upsilon}\lambda\iota o\nu\ \grave{\epsilon}\delta\acute{\iota}\delta o\upsilon\nu\ \kappa\alpha\tau$' $\alpha\grave{\upsilon}\tau o\tilde{\upsilon}\ \ddot{o}\pi\omega\varsigma\ \alpha\grave{\upsilon}\tau\grave{o}\nu\ \grave{\alpha}\pi o\lambda\acute{\epsilon}\sigma\omega\sigma\iota\nu$).

[11] Dass es Jünger Jesu sind, die hier „unwillig" werden, steht in Mt 26,8 (dort sogar οἱ $\mu\alpha\theta\eta\tau\alpha\grave{\iota}$), nicht aber bei Markus.

[12] Mt hat die Wendung $\ddot{o}\tau\alpha\nu\ \theta\acute{\epsilon}\lambda\eta\tau\varepsilon$ weggelassen.

an erinnern; sie wissen, dass die Salbungsabsicht der dort namentlich genannten Frauen vergeblich ist, während die Frauen selber das nicht wissen können. Der Bezug der Salbung auf das nahe Begräbnis Jesu dürfte vom Evangelisten hergestellt worden sein[13], wie die lukanische Fassung der Szene zeigt.[14]
Wichtig ist die feierlich eingeleitete (ἀμὴν δὲ λέγω ὑμῖν) abschließende Bemerkung Jesu in 14,9: „Wo immer das Evangelium (τὸ εὐαγγέλιον) verkündigt wird in der ganzen Welt (εἰς ὅλον τὸν κόσμον), da wird auch erzählt werden, was sie getan hat, zu ihrem Gedächtnis (εἰς μνημόσυνον αὐτῆς)." Der Evangelist denkt bei dem Wort εὐαγγέλιον nicht an eine womöglich weltweite Verbreitung seines *Buches*, das ja erst in späterer Zeit die Gattungsbezeichnung *Evangelium* erhalten wird; vielmehr lässt er Jesus von der „weltweit" ergehenden *Verkündigung der Evangeliumsbotschaft* sprechen, die schon in Jesu „Antrittspredigt" in 1,14f. zur Sprache gebracht worden war. Markus hat sein Buch verfasst, um auf diese Weise der „frohen Botschaft" (τὸ εὐαγγέλιον) einen erzählenden und erzählbaren Rahmen zu geben und sie lesbar zu machen. Jesu Aussage in 14,9 macht deutlich, dass die Botschaft und zugleich indirekt das diese Botschaft in Gestalt einer Jesus-Erzählung überliefernde Buch nun für immer mit der Erinnerung an die Tat dieser namenlosen Frau verbunden sind. Bei jeder Lektüre des MkEv bestätigt sich Jesu Prophezeiung aufs Neue und damit wird zugleich explizit gesagt, dass das Passionsgeschehen und die Erinnerung daran im strikten Sinne in eins zusammenfallen.[15]
Unmittelbar darauf folgt in 14,10f. eine knappe Notiz über die zwischen Judas und „den Hohenpriestern" getroffene Vereinbarung über das παραδιδόναι Jesu. Dieses hier zweimal verwendete Verb meint nicht „verraten", sondern eher „ausliefern"; doch im Ergebnis ist Jesu

---

[13] Nach W. ECKEY, Das Markusevangelium. Orientierung am Weg Jesu. Ein Kommentar, Neukirchen-Vluyn ²2008, 437 dürfte die Salbung „ein historisches Faktum" sein, der Bezug zur Totensalbung „wird allerdings erst durch die nachösterliche Gemeinde vorgenommen worden sein".

[14] Vgl. WOLTER, Lukasevangelium, 291: Es ist „ganz unwahrscheinlich ..., dass Lk 7,36-50 nichts anderes als eine Umgestaltung von Mk 14,3-9 ist"; Lk scheint die markinische Erzählung gekannt zu haben und sie mit einer davon unabhängigen weiteren Version verbunden zu haben.

[15] Ausführlich dazu D. DU TOIT, Der abwesende Herr. Strategien im Markusevangelium zur Bewältigung der Abwesenheit des Auferstandenen, WMANT 111, Neukirchen-Vluyn 2006, 74-87. Vgl. A. LINDEMANN, Das Evangelium bei Paulus und im Markusevangelium, in: O. WISCHMEYER/D.C. SIM/I.J. ELMER (Hg.), Paul and Mark. Comparative Essays Part I. Two Authors at the Beginnings of Christianity, BZNW 198, Berlin / Boston 2014, 313-360) 352.

„Auslieferung" durch einen seiner Jünger zugleich ein „Verrat".[16] In 14,43 „kommt" Judas zusammen mit der Schar derer, die Jesus verhaften.[17]

I.3. Das Abschiedsmahl

Im *MkEv* folgt in 14,12-31 die auf den „ersten Tag der ungesäuerten Brote" datierte vergleichsweise ausführlich erzählte Mahlszene, wobei die wunderbare Auffindung des dafür nötigen Raumes (14,13-16) an die Vorbereitungen für den Einzug in Jerusalem erinnert. In V. 18-21 kündigt Jesus an, einer der Mahlteilnehmer werde ihn „ausliefern" bzw. „verraten" ($\pi\alpha\rho\alpha\delta\omega\sigma\epsilon\iota\ \mu\epsilon$); wer das ist, wird auf der Ebene der erzählten Welt an dieser Stelle nicht gesagt[18], aber die Leser wissen es natürlich. Durch Jesu Wort in V. 21 wird er unter einen nicht mehr aufzuhebenden Fluch gestellt[19]; aber offenbar ist er bei der Mahlfeier anwesend, denn es wird nicht gesagt, dass er die Gruppe verlässt.
Das in 14,22-25 geschilderte Mahl ist, abgesehen von der Datierung, kein Passa-, sondern ein Abschiedsmahl, was aber erst in V. 25 ausdrücklich gesagt wird. Während des Essens nimmt Jesus Brot, spricht einen Lobpreis ($\epsilon\dot{\nu}\lambda o\gamma\eta\sigma\alpha\varsigma$), bricht das Brot, gibt es den Jüngern und sagt: „Nehmt, das ist mein Leib" ($\lambda\dot{\alpha}\beta\epsilon\tau\epsilon\ \tau o\hat{\nu}\tau\acute{o}\ \dot{\epsilon}\sigma\tau\iota\nu\ \tau\grave{o}\ \sigma\hat{\omega}\mu\acute{\alpha}\ \mu o\nu$). Damit ist jedenfalls nicht gemeint, das Brot und Jesu Körper seien identisch. Auch soll durch das Zerbrechen des Brotes oder durch das gebrochene Brot selber vermutlich nicht angezeigt werden, Jesu Körper werde in der Passion „zerbrochen" werden; die Wendung ἔκλασεν gehört einfach zur Verteilung des Brotes, denn die Jünger können es ja nur „nehmen", wenn es zuvor zerteilt worden war. Die Aussage „Das ist mein $\sigma\hat{\omega}\mu\acute{\alpha}$, verbunden mit der Verteilung der Brotbrocken, kann infolgedessen erst zusammen mit der Kelchhandlung interpretiert werden. Anschließend „nimmt" Jesus einen Kelch (V. 23, $\lambda\alpha\beta\grave{\omega}\nu$ wie in V. 22); er spricht dann aber ein Dankgebet ($\epsilon\dot{\nu}\chi\alpha\rho\iota\sigma\tau\acute{\eta}\sigma\alpha\varsigma$) statt wie zuvor ei-

---

[16] Das Verb $\pi\alpha\rho\alpha\delta\iota\delta\acute{o}\nu\alpha\iota$ steht auch in der Einleitung zu der von Paulus zitierten Fassung der Abendmahlsworte (1 Kor 11,23); die pass. Formulierung (...$\dot{\epsilon}\nu\ \tau\hat{\eta}$ νυκτὶ ᾗ $\pi\alpha\rho\epsilon\delta\acute{\iota}\delta\epsilon\tau o$) deutet dabei auf Gottes Handeln hin.
[17] Eine nähere Bewertung der Tat des Judas erfolgt im MkEv gar nicht, Lukas und Matthäus schildern dagegen dessen Reue bzw. dessen (Selbst-)Bestrafung.
[18] Anders in Mt 26,25; vgl. Joh 13,21-30.
[19] Vgl. D. LÜHRMANN, Das Markusevangelium, HNT 3, Tübingen 1987, 237: Die dem Weheruf (οὐαί) folgende Aussage spielt an den Segen an ($\kappa\alpha\lambda\grave{o}\nu\ \alpha\dot{\nu}\tau\hat{\omega}$), und sie bestreitet dann „im Anschluß an eine geläufige jüdische Wendung (vgl. Hi 3,3ff.; Sir 23,14) jede Segensmöglichkeit für einen solchen Menschen", insofern dieser besser nicht geboren wäre.

nen Lobpreis. Auch die folgenden Worte und Handlungen sind jetzt andere: Beim Brot hatte Jesus dazu aufgefordert, es zu nehmen (λάβετε), was natürlich das Essen einschließt, ohne dass es ausdrücklich erwähnt wird; beim Kelch sagt Jesus nicht, die Anwesenden sollten aus ihm trinken, aber der Erzähler notiert, dass „alle" es tatsächlich tun (καὶ ἔπιον ἐξ αὐτοῦ πάντες). Bei den mit der Handlung verbundenen deutenden Worten entsprechen „mein Leib" (τὸ σῶμά μου) und „mein Blut" (τὸ αἷμά μου) einander, aber die Deutung des Kelchs bzw. seines Inhalts ist ausführlicher (V. 24: „Das ist mein Blut des Bundes, ausgegossen für viele"). Die ungewöhnliche Wortverbindung τὸ αἷμά μου τῆς διαθήκης erinnert an Ex 24,8, wo Mose beim Bundesschluss am Fuße des Sinai das Volk Israel mit dem Blut von Opfertieren besprengt und dazu sagt: „Siehe, das ist das Blut des Bundes, den der HERR mit euch geschlossen hat mit all diesen Worten", nämlich den Geboten.[20] Das zusätzliche Genitivattribut in V. 24 („*mein* Blut des Bundes") zeigt, dass der Kelch bzw. dessen Inhalt das Blut Jesu symbolisiert. An die Stelle der Sinai-διαθήκη ist also die mit Jesu Blut, also mit seinem Tod verbundene διαθήκη getreten[21]; je deutlicher den Adressaten die biblische Szene am Sinai vor Augen steht, um so klarer können sie erkennen, dass jetzt ein Gegenüber dazu konstituiert wird. Das Brot und der Kelch bzw. dessen Inhalt sind nicht einzeln zu deuten, ebenso wenig wie σῶμά und αἷμά Jesu; es geht nicht um die Bestandteile des Körpers Jesu und nicht um die „Mahl-Elemente", sondern gemeint, ist das Mahl als Ganzes und also der „ganze Jesus".

Mit der Aussage, dass dieses Blut „vergossen" wird „für viele" bzw. „zugunsten vieler" (ὑπὲρ πολλῶν), gibt der markinische Jesus seinem bevorstehenden Tod eine soteriologische Deutung. Er nimmt den Tod auf sich als eine διαθήκη, die „vielen" zugute kommen soll. Ob das substantivische πολλοί (ohne Artikel) dabei buchstäblich zu verstehen ist („viele, jedoch nicht alle"), oder ob πολλοί im Sinne von οἱ πολλοί zu lesen ist, so dass „die Vielen" mithin „alle" sind, lässt sich nicht sagen.

In V. 25 erklärt Jesus schließlich feierlich (ἀμὴν λέγω ὑμῖν), es werde zu seinen Lebzeiten eine Fortsetzung der Mahlgemeinschaft nicht geben, wodurch die Mahlhandlung eindeutig als Abschiedsmahl erwiesen ist. Davon, dass Jesus hier ein besonderes Mahl „eingesetzt" oder „gestiftet" hat, das die Jünger und eine spätere Gemeinde als liturgische

---

[20] In der LXX heißt es: Ἰδοὺ τὸ αἷμα τῆς διαθήκης ἧς διέθετο κύριος πρὸς ὑμᾶς ...

[21] Ob διαθήκη dabei als „Bund" oder als „Verfügung" oder als „Testament" zu verstehen ist, kann in diesem Zusammenhang offen bleiben.

Handlung wiederholen sollen, lässt die Szene nichts erkennen. Auf der Ebene der von Markus erzählten Geschichte gibt Jesus den Jüngern eine Deutung seines nahe bevorstehenden Todes; damit erfahren zugleich auch die Leser die authentische Deutung dieses Todes aus Jesu eigenem Mund. Die Szene erzählt von einem Ereignis, das einmal in der Vergangenheit stattgefunden hat; bei der Lektüre wird für die Leser die Anwesenheit Jesu vergegenwärtigt, aber der Gedanke an eine Wiederholung jenes Ereignisses ist damit nicht verbunden.

Im *MtEv* zeigt die Darstellung der Mahlszene (26,26-29) ungeachtet großer Ähnlichkeit doch signifikante Abweichungen von der Markusvorlage. Eine liturgische Stilisierung zeigt sich darin, dass die das Brot und den Kelch begleitenden Worte Jesu jetzt ganz parallel gestaltet sind: Beim Brot sagt Jesus „Nehmt, *esst*" (λάβετε φάγετε) und beim Kelch folgt die Aufforderung „Trinkt (πίετε) alle daraus". In dem Deutewort zum Kelch sagt Jesus ausdrücklich, sein Blut werde vergossen εἰς ἄφεσιν ἁμαρτιῶν, es wird also dem Tod Jesu sündenvergebende Kraft zugesprochen - ein Aspekt, der in den anderen Darstellungen des Mahls gar nicht begegnet. Matthäus hatte in 3,1ff. in der Parallele zu Mk 1,4 die Aussage, Johannes der Täufer habe die Taufe der Buße verkündigt „zur Vergebung der Sünden", nicht übernommen; nun macht er durch die veränderte Fassung der Abendmahlsworte unmissverständlich klar, dass Sündenvergebung allein mit dem Christusgeschehen verbunden ist.[22] Der Gedanke einer „Wiederholung" des geschilderten Mahls fehlt aber auch bei Matthäus.

Demgegenüber bietet das *LkEv* ein ganz anderes Bild vom letzten Mahl Jesu. In Lk 22,14-20 wird ein (beinahe) „richtiges" Passamahl geschildert, mit einem ersten Becher, dann Brot und schließlich jedenfalls einem weiteren Becher. Jesus gibt beim Brot und beim zweiten Kelch eine soteriologische Deutung, die sich aber nicht auf „viele" bzw. „alle" (πολλοί) bezieht, sondern konkret auf die Anwesenden („euch", τὸ ὑπὲρ ὑμῶν διδόμενον). Zum Brotwort, nicht aber zum Kelch, gehört nun ein Wiederholungsbefehl: „Dies tut zu meinem Gedächtnis"; diejenigen, die an dem Mahl teilnehmen („ihr"), sollen auch künftig die mit Jesu Tod verbundene Heilsgabe erfahren. Anders als bei Markus und bei Matthäus steht bei Lukas der Kelch bzw. dessen Inhalt in unmittelbarem Zusammenhang mit dem „*neuen* Bund in meinem Blut, das für euch vergossen wird". Offenbar kennt Lukas die auch von Paulus in 1 Kor 11,23-25 überlieferte Fassung der Mahlworte und er verknüpft sie mit dem Markustext: Jesu Tod vergegenwärtigt die καινὴ διαθήκη. Der bestimmte Artikel spricht dafür, dass ein Bezug zu Jer 31,31 (38,31

---

[22] Lukas übernimmt in 3,3 die markinische Aussage zur Johannestaufe unverändert.

LXX) vorliegt, denn die Rede von einem „neuen Bund" (LXX: καινὴ διαθήκη) begegnet in der alttestamentlichen Überlieferung nur dort. Ob hier vorausgesetzt ist, dass die Hörer bzw. Leser des Lk-Textes den Zusammenhang (Jer 31,32-34) kennen und womöglich mit dem Inhalt dessen vertraut sind, was dort über den kommenden „neuen Bund" gesagt wird, muss offen bleiben.[23] Deutlich ist, dass nur die Praxis des Brotbrechens in „Erinnerung" an Jesus wiederholt werden soll[24], im Übrigen bleibt das in 22,14-20 geschilderte Mahl in dieser Form ein einmaliges Geschehen.

Nach dem Mahl erfolgen die Bezeichnung des „Verräters" (Lk 22,21-23) und die Debatte darüber, wer „der Größte" sei (22,24-27).[25] Die Mahlszene endet mit der aus der Logienquelle Q übernommenen Verheißung des eschatologischen Mahls und des endzeitlichen Gerichts, an dem die Jünger beteiligt sein werden (22,28-30)[26], sowie mit der Ansage der Verleugnung des Petrus und dem Ausblick auf die kommende Zeit, in der von den Jüngern eine andere Ausstattung als bisher verlangt sein wird (22,31-38).

I.4. Prozess und Kreuzigung

In der Darstellung des *MkEv* gehen Jesus und die Jünger unmittelbar nach dem Mahl (καὶ ὑμνήσαντες) zum Ölberg (Mk 14,26); Jesus kündigt an, dass entsprechend dem in 14,27 ausdrücklich zitierten Schriftwort aus Sach 13,7 ihn alle verlassen werden, was sich in 14,50 bestätigen wird. Jesus sagt den Jüngern aber auch, er werde ihnen nach seiner Auferweckung vorangehen nach Galiläa (14,28), doch diese Ankündigung wird in der erzählten Geschichte des MkEv nicht

---

[23] Erst in Hebr 8,8-12 wird der ganze Abschnitt Jer 38,31-34 LXX vollständig zitiert, ohne dass jedoch ein Bezug zur Mahlfeier hergestellt wird. Der *auctor ad Hebraeos* folgert übrigens aus diesem biblischen Text, dass durch Gottes Reden von der neuen διαθήκη die πρώτη διαθήκη für veraltet erklärt worden ist: „Was aber veraltet und überlebt ist, das ist dem Verschwinden nahe". Es scheint angesichts dessen wenig sinnvoll zu sein, wenn man meint, mit Blick auf das Alte Testament besser vom „Ersten Testament" sprechen zu sollen.

[24] Das entspricht dem Sprachgebrauch in der Apg, wo das gemeindliche Mahl durchweg als „Brotbrechen" bezeichnet wird.

[25] Die entsprechende Perikope ist in den anderen Evangelien sehr viel früher eingeordnet (Mk 10,42-45; Mt 20,25-28).

[26] Lk 22,30 par Mt 19,28 war vermutlich die Schlussaussage in der Logienquelle. Dazu J. VERHEYDEN, The Conclusion of Q: Eschatology in Q 22,28–30, in: A. LINDEMANN (Hg.), The Sayings Source Q and the Historical Jesus, BEThL 158, Leuven 2001, 695–718.

erfüllt werden.²⁷ Petrus verspricht, Jesus keinesfalls zu verlassen; doch Jesus antwortet, Petrus werde ihn noch in dieser Nacht dreimal verleugnen (14,29-31), was sich ungeachtet der Notiz in 14,54 dann in 14,66-72 bestätigen wird.²⁸ Die dreimalige Verleugnung Jesu durch Petrus (14,54.66-72) geschieht gleichzeitig mit dem Verhör Jesu vor dem Synedrium (14,53.55-65); aber das wissen dank der literarischen Verschachtelung nur die Leser des Textes, nicht die in der Erzählung dargestellten Personen. Vermutlich sollen die Jünger und vor allem Petrus nicht als wankelmütige Individuen hingestellt werden, sondern Markus hat eher zeigen wollen, dass Menschen in gefährlichen Situationen häufig keinen anderen Ausweg wissen als Flucht oder Verrat.

Die in Mk 14,55-65 beschriebene Verhörszene ist nicht als Bericht eines juristisch korrekten Gerichtsverfahrens angelegt. Zum einen wird von vornherein nach einem Grund für das Todesurteil gesucht (14,55); zum andern erweist sich das Fehlen glaubwürdiger Zeugen als bedeutungslos, wobei die Leser überdies wissen, dass Jesus von einer durch ihn bewirkten Zerstörung des Tempels niemals gesprochen hatte (V. 56-59).²⁹ Völlig unvermittelt wird Jesus vom Hohenpriester gefragt, ob er „der Gesalbte, der Sohn des Hochgelobten" sei, worauf er antwortet: „Ich bin es, und ihr werdet sehen den Menschensohn sitzend zur Rechten der Kraft und kommend mit den Wolken des Himmels" (14,61f.).³⁰ Der Hohepriester wertet Jesu Selbstaussage als Blasphemie und es wird das Todesurteil gefällt (14,63f.).³¹ Zur selben Zeit behauptet Petrus dreimal, bis hin zur Selbstverfluchung, er kenne Jesus nicht einmal (14,71), aber dann erinnert er sich an Jesu Worte. Mit dem Satz καὶ ἐπιβαλὼν

---

²⁷ Vgl. A. LINDEMANN, Die Osterbotschaft des Markus. Zur theologischen Interpretation von Markus 16,1-8, in: ders., Die Evangelien und die Apostelgeschichte. Studien zu ihrer Theologie und zu ihrer Geschichte, WUNT 241, Tübingen 2009, 135-155, dazu auch: a.a.O. 11-14.

²⁸ Zu der ungewöhnlichen Szene in 14,51f. vgl. A. YARBRO COLLINS, Mark. A Commentary, Hermeneia/Minneapolis 2006, 695: „The young man is best interpreted as one whose flight and abandonment of his linen cloth contrast dramatically with Jesus' obedience in submitting to being arrested, stripped and crucified."

²⁹ Vgl. dazu D. LÜHRMANN, Markus 14,55-64. Christologie und Zerstörung des Tempels im Markusevangelium, in: ders., Theologische Exegese im Horizont von Text und Geschichte. Gesammelte Aufsätze, hg. von E. SCHLARB, MThSt 120, Leipzig 2014, 45-60, vor allem 55-57.

³⁰ Hier sind in geradezu „didaktischer" Hinsicht verschiedene christologische Hoheitstitel miteinander verbunden.

³¹ Vgl. LÜHRMANN, Markus 14,55-64, 59: Mk 14,55-64 informiert „nicht primär über das, was damals in Jerusalem geschah", zumal Markus davon „nur eine recht allgemeine Kenntnis" hat, sondern es „zeigt sich, daß es für Mk und seine Leser um die Deutung ihrer Gegenwart vom Wort Jesu her geht".

ἔκλαιεν schließt die Szene in 14,72, und zugleich endet im MkEv die direkte Beziehung zwischen Jesus und seinem erstberufenen Jünger.[32] In 15,1 beschließen die religiösen Autoritäten nach einer Beratung[33], Jesus an Pilatus zu überstellen. Das Verfahren vor Pilatus wird sehr knapp dargestellt (V. 2-5); entscheidend ist, dass das Volk entsprechend dem Willen der Hohenpriester die Freilassung des Mörders Barabbas und die Kreuzigung des von Pilatus ausdrücklich als „König der Juden" bezeichneten Jesus fordert und dass Pilatus diesem Wunsch folgt (V. 6-15).[34] Jesus wird verspottet und zur Kreuzigung abgeführt, wobei er von einem Mann namens Simon Hilfe erhält (V. 16-21).[35] Dann wird Jesus neben zwei Räubern gekreuzigt (V. 22-32).

„Um die sechste Stunde", also am Mittag, kommt eine bis zur neunten Stunde dauernde Finsternis ἐφ' ὅλην τὴν γῆν (15,33). γῆ meint vermutlich „die ganze Erde" und nicht nur ein begrenztes Stück Land: „Das dunkle Ereignis ist zugleich Ausdruck des Gerichts über die Welt."[36] Um die neunte Stunde[37] ruft Jesus mit lauter Stimme das Psalmwort 22,2a: „Mein Gott, mein Gott, warum hast du mich verlassen?" (15,34).[38] Bisweilen wird erwogen, das nicht markierte Zitat

---

[32] Gleichwohl wird durch die Botschaft des νεανίσκος am leeren Grab die besondere Rolle des Petrus wieder erwähnt (16,7).

[33] Das Stichwort συμβούλιον könnte andeuten, dass erst jetzt eine förmliche Zusammenkunft erfolgt, die denn auch nicht nachts, sondern am frühen Morgen erfolgt wäre.

[34] In den drei anderen Evangelien erhält die Begegnung zwischen Pilatus und Jesus ein erheblich stärkeres Gewicht.

[35] Liegt hier eine bewusste Anspielung auf Simon Petrus vor? Dieser Simon war den ersten Tradenten der Überlieferung offenbar noch bekannt, wie die Notiz über seine Herkunft aus Kyrene und über seine Söhne Alexander und Rufus zeigt (15,21). Mt und Lk verbinden offenbar nichts mit diesen Namen und tilgen den Hinweis. Nach dem Johannesevangelium trägt Jesus dagegen sein Kreuz selber (19,17), und auch das Kreuzigungsgeschehen wird anders geschildert als in den synoptischen Evangelien – vom betont dreisprachigen *titulus* über die symbolische Szene mit Jesu Mutter und dem Lieblingsjünger bis hin zum letzten Wort Jesu: „Es ist vollbracht".

[36] P.-G. KLUMBIES, Der Mythos bei Markus, BZNW 108, Berlin/New York 2001, 268.

[37] A.a.O. 269 betont KLUMBIES, mit dieser Zeitangabe werde die „Aufhellung der verdunkelten Szenerie" ausgesagt: „Der Tod Jesu ist ein lichtes Geschehen. Im Wechsel der Lichtverhältnisse von der Dunkelheit zur Helligkeit ist die Explikation des Ereignisses als eines soteriologischen Geschehens bereits angelegt." Der Text sagt allerdings nicht ausdrücklich etwas über das Aufhören der Finsternis und über die Rückkehr des Lichts.

[38] Ps 21,2 LXX lautet ... πρόσχες μοι· ἵνα τί ἐγκατέλιπές με, während die in Mk 15,34 gebotene griech. Übersetzung lautet: εἰς τί ἐγκατέλιπές με. KLUMBIES, Mythos, 271 betont, εἰς τί habe nicht kausalen, sondern finalen Sinn – Jesus frage

solle anzeigen, dass Jesus den ganzen Psalm betet; da Ps 22 von V. 23 an ein Dank- und Lobpsalm ist, solle nicht Jesu Verzweiflung, sondern sein Vertrauen auf Gott ausgesagt werden.[39] Aber nichts spricht dafür, dass es in Mk 15,34 nicht auf die von Jesus gesprochenen Worte, sondern auf den nicht zitierten Abschnitt des Psalmtexts ankommt. Das Psalmwort ist im Munde des sterbenden Jesus ein Beleg dafür, dass er auch am Kreuz an seiner Gottesbeziehung festhält und Gott anruft; aber er tut es mit einem biblischen Wort, das gerade seine Gottverlassenheit zum Ausdruck bringt[40], und es wird in dem im MkEv gezeichneten Bild Jesu keine Veränderung dieser Gottesferne mehr geben, da Jesus in der erzählten Geschichte nicht mehr erscheint. Aber die Leser werden in 16,6 zusammen mit den Frauen die Botschaft hören, dass der Gekreuzigte von Gott auferweckt worden ist[41], und darin ist implizit gesagt, dass Gott ihn in Wahrheit nicht verlassen hat.

Die in 15,35f. erwähnten Umstehenden hören Jesu Worte. Sie kennen die Vorstellung von dem als Helfer erhofften Elia[42] und versuchen, den Tod hinauszuzögern, damit Elia kommen und Jesus helfen kann. Soll diese Fehldeutung des Gebetsrufs tatsächlich zeigen, dass das Volk in dem Ruf $\varepsilon\lambda\omega\iota\ \varepsilon\lambda\omega\iota$ nicht das Wort „Gott" und erst recht nicht den Beginn von Ps 22 erkannt hat? Soll gesagt werden, das Volk in Jerusalem habe den Inhalt der eigenen religiösen Tradition vergessen?[43] Jesus

---

nicht nach der Ursache für sein Sterben, sondern „sein Gebetsruf ist auf ein offenes Ziel gerichtet. Er formuliert die seinen Tod transzendierende Sinnfrage: Mein Gott, wozu, im Sinne von ‚woraufhin', hast du mich verlassen?"

[39] Literaturhinweise bei KLUMBIES, Mythos, 270f.

[40] Vgl. ECKEY, Markusevangelium, 505: „Ein wesentlicher Unterschied zu Ps 22 ist nicht zu übersehen. Der todgeweihte Psalmbeter erlebt überraschend die Wende seiner Not; er wird noch in seinem Erdenleben erhört. Jesu Weg ist unumkehrbar. Er muß seine Agonie zu Ende leiden. Kein Nothelfer erscheint, um ihn im letzten Moment zu retten."

[41] $\dot{\eta}\gamma\acute{\varepsilon}\rho\theta\eta$ ist in der Osterbotschaft des Jünglings als passivum divinum zu lesen, auch wenn $\dot{\eta}\gamma\acute{\varepsilon}\rho\theta\eta$ etwa in Mk 2,12 einen anderen Sinn hat.

[42] Zur Vorstellung vom helfenden Eingreifen des Elia in Notsituationen s. (H.L. STRACK) P. BILLERBECK, Kommentar zum Neuen Testament aus Talmud und Midrasch. Band IV: Exkurse zu einzelnen Stellen des Neuen Testaments, München ^{5}1969, 769-779.

[43] Dieser Vorwurf findet sich indirekt in Joh 19,15, wo Pilatus die Volksmenge fragt: „Soll ich euren König kreuzigen?", und die Hohenpriester antworten: „Wir haben keinen König ausser dem Caesar."

stirbt mit einem wortlosen Schrei (15,37), und in diesem Augenblick zerreißt der Vorhang im Tempel.[44]
Im *LkEv* werden einige besondere Akzente gesetzt. Die Verhörszene vor dem Synedrium ist gegenüber der Markusvorlage stark gekürzt (Lk 22,66-71; 23,1) und anders als in Mk 14,64 ist von einer Verurteilung Jesu wegen Blasphemie nicht die Rede.[45] Die gegenüber Pilatus erhobene Anklage Jesu ist politischer Natur (23,2). Pilatus erkennt, dass der in Jerusalem anwesende Herodes als Landesherr Jesu für diesen juristischen Fall „zuständig" ist (23,6f.); sein korrektes Vorgehen bleibt aber erfolglos, da Jesus schweigt (23,9). Auf dem Weg zur Kreuzigung wird Jesus von einer großen Volksmenge begleitet und von Frauen, die ihn beweinen (23,27); Jesus reagiert (23,28-31) mit einer abermaligen Ankündigung der Zerstörung Jerusalems (vgl. 19,41-44)[46], die für die Leser bereits Realität geworden ist, der Inhalt der Prophezeiung ist für sie bereits Gegenstand der Erinnerung. Auch hier zeigt sich der geschichtstheologische Gedanke, die Zerstörung Jerusalems sei die Folge der Kreuzigung Jesu.
Im Moment der Kreuzigung richtet Jesus die Bitte an Gott: „Vater, vergib ihnen, denn sie wissen nicht, was sie tun" (Lk 23,34a). Diese Aussage ist ohne Parallele; sie fehlt in etlichen Handschriften und bei Nestle-Aland steht sie in doppelten Klammern [[...]], gilt also als sekundär. V. 34 a ist aber sehr gut bezeugt, und Michael Wolter kommt zu dem Ergebnis, dass die Vergebungsbitte zum ursprünglichen Lukastext gehört, weil sie eher nachträglich gestrichen als nachträglich eingefügt wurde[47]; die Streichung sei damit zu erklären, dass angesichts der erfolgten Zerstörung Jerusalems der Eindruck vermieden werden sollte, Gott habe das Gebet Jesu nicht erhört.[48] Möglich ist aber auch, dass die Lesart ohne V. 34a Jesu Kreuzigung als eine Tat erweisen soll, die von Gott gar nicht vergeben werden *kann*.[49] Aber vielleicht liegt Jesu in Lk 23,34a ausgesprochene Bitte ganz jenseits der Vorstellung, in

---

[44] Vgl. dazu LÜHRMANN, Markusevangelium, 264: „Die Öffnung des Tempels [...] bedeutet seine Profanierung und weist damit voraus auf seine Zerstörung (vgl. 13,14)." V. 38 geht auf markinische Redaktion zurück.

[45] In Lk 22,65 heißt es, dass die Männer, die Jesus verspotten und schlagen, ihn auch lästern (...καὶ ἕτερα πολλὰ βλασφημοῦντες ἔλεγον εἰς αὐτόν).

[46] Vgl. WOLTER, Lukasevangelium, 756: Das kommende Unheil wird „nicht als solches beschrieben; die Katastrophe kommt vielmehr nur im Spiegel der Reaktion auf sie in den Blick".

[47] Vgl. WOLTER, Lukasevangelium, 757.

[48] Vgl. ebd.

[49] Das würde allerdings nur dann ganz deutlich, wenn man auch die längere Lesart kennt und die Streichung von V. 34a explizit als Korrektur versteht.

der Beziehung von Menschen zu Gott könnten Schuld und Vergebung bzw. Nicht-Vergebung unmittelbar an historischen Ereignissen abgelesen werden. Mit der in V. 34a ausgesprochenen Bitte des Opfers um Vergebung für die Täter wird Jesu Kreuzigung als eine „Unwissenheitssünde" charakterisiert; zwar richten sie Jesus nicht „versehentlich" hin, aber sie wissen nicht, wer er in Wahrheit ist und deshalb kann Jesus Gott darum bitten, die Kreuzigung des Gottessohnes zu vergeben.

Auch nach der Darstellung im LkEv werden neben Jesus zwei Verbrecher gekreuzigt. Einer von ihnen beteiligt sich an den Schmähungen gegen Jesus (23,39), der andere aber erklärt, die eigene Verurteilung sei gerecht, Jesus aber sei unschuldig (V. 41), und er bittet Jesus (V. 42): „Denke an mich, wenn du in dein Reich kommst".[50] Jesus antwortet: „Amen, ich sage dir, heute wirst du mit mir im Paradies sein." Der Mann wird also, wie Wolter schreibt, „unmittelbar nach seinem Tod in das im Himmel befindliche Paradies und in die Gemeinschaft mit ihm entrückt", und so wird „dem Verbrecher [...] das postmortale Geschick eines Gerechten zuteil, weil er erkannt hat, dass es Jesus ist, der über die Zuweisung von Heil und Unheil entscheidet"; Lukas mache auf diese Weise deutlich, „dass bei Gott ganz andere Vorstellungen von Gerechtigkeit in Geltung stehen als bei den Menschen".[51]

Bei Lukas zerreißt der Vorhang im Tempel noch bevor Jesus stirbt (23,45b).[52] Mit Jesu letztem Wort: „Vater, in deine Hände befehle ich meinen Geist" (23,46), wird ein ganz anderer Akzent gesetzt als im MkEv; Jesu Gebetswort entspricht Ps 30,6a LXX, hinzugefügt ist die Anrede πάτερ und anstelle des Futur steht das Präsens (παρατίθεμαι). Die Fortsetzung des Psalmworts (V. 6b: „... du hast mich erlöst, Herr,

---

[50] Die Textüberlieferung in Lk 23,42 ist gespalten: Der Papyrus 75 und die Codices B und L bezeugen die Bitte, die zum Ausdruck bringen soll, Jesus solle bei der Ankunft in seinem Reich, also bei seinem Herrschaftsantritt jenes bußfertigen Mannes gedenken (μνήσθητί μου ὅταν ἔλθῃς εἰς τὴν βασιλείαν σου), und diese Lesart wird bei Nestle-Aland im Text gedruckt; viele andere Handschriften, so u.a. die Codices a A C*[2], lesen aber μνήσθητί μου ὅταν ἔλθῃς ἐν τῇ βασιλείᾳ σου, sie lassen also den Schächer von der Parusie Jesu sprechen (so auch, in ganz anderer Formulierung, Codex D: μνήσθητί μου ἐν τῇ ἡμέρᾳ τῆς ἐλτεύσεώς σου); WOLTER, Lukasevangelium, 761 nimmt an, die von Jesu Parusie sprechende Lesart sei „wohl aus Mt 16,28 eingedrungen"; aber in Lk 9,27, der Parallele zu Mt 16,28/Mk 9,1, gibt es solchen Texteinfluss nicht.

[51] Ebd.

[52] Lukas hat dieses Geschehen vermutlich „als ein der Sonnenfinsternis vergleichbares himmlisches Zeichen angesehen", das „durchaus für eine Deutung als realsymbolischer Beginn der Zerstörung des Tempels offen war" (WOLTER, Lukasevangelium, 762). In Mk 15,38 geschieht dies unmittelbar nach oder sogar gleichzeitig mit dem Tod Jesu, ebenso in Mt 27,51a.

du Gott der Wahrheit") wird nicht zitiert, aber vielleicht kann man sagen, dass diese Aussage durch die ausführlichen Ostererzählungen in Lk 24 gleichsam „ersetzt" wird.

I.5. Reaktionen auf Jesu Tod. Das Grab. Ostern

Die unmittelbar auf Jesu Tod folgenden Ereignisse werden in den Evangelien unterschiedlich dargestellt. Nach dem MkEv zerreißt der Tempelvorhang (15,38), der κεντυρίων „sieht, dass Jesus so starb" (οὕτως ἐξέπνευσεν) und er folgert, dass dieser Mensch wahrhaftig (ἀληθῶς) „ein Gottessohn war" (15,39). Damit legt er aber nicht ein Bekenntnis ab, sondern er spricht von Jesu nunmehr offensichtlich abgeschlossener Vergangenheit.[53] Im LkEv preist der ἑκατοντάρχης Gott und sagt über Jesus, dieser sei „gerecht" gewesen (23,47: δίκαιος ἦν). Matthäus folgt in 27,51a der Markusvorlage, schildert dann aber in V. 51b-53 ein Erdbeben und die Auferstehung sowie das Erscheinen Verstorbener in Jerusalem μετὰ τὴν ἔγερσιν αὐτοῦ. Dieses Geschehen ist möglicherweise als vorweggenommener Anbruch der Endereignisse zu deuten; aber Ulrich Luz betont, dass es „nicht direkt in apokalyptischem Sinn" um eine „Schilderung der endzeitlichen Auferweckung *der* Gerechten" gehe, sondern es werde nur gesagt, „daß hier *etwas* von dem, was die Leser/innen für die Endzeit erwartet haben, bereits jetzt geschieht".[54] Die Reaktion des ἑκατοντάρχος und seiner Begleiter (V. 54) bezieht sich vor allem auf die eben beschriebenen Ereignisse, die zu dem Urteil führen: ἀληθῶς θεοῦ υἱὸς ἦν οὗτος.[55]

Im *MkEv* wird die Grabeserzählung damit vorbereitet, dass in 15,40f. vier namentlich genannte Frauen neu in die Erzählung eingeführt werden, die Jesu Kreuzigung von ferne sehen. Sie waren, wie es jetzt heißt, Jesus schon in Galiläa gefolgt, hatten ihm gedient und waren zusammen mit vielen anderen Frauen mit Jesus nach Jerusalem hinaufgegangen; so soll deutlich werden, dass Frauen zu der Gruppe um Jesus und also

---

[53] Das zweimalige Fehlen des Artikels scheint kein Zufall zu sein, vgl. auch die Vergangenheitsform ἦν.

[54] U. LUZ, Das Evangelium nach Matthäus. Mt 26-28, EKK I/4, Düsseldorf/Neukirchen-Vluyn 2002, 365. Die zeitlich korrigierende Notiz, das Ganze sei geschehen μετὰ τὴν ἔγερσιν αὐτοῦ, ist wahrscheinlich als spätere Glosse zu sehen; der Hinweis von LUZ, Matthäusevangelium, 367, dieser Verweis stehe an der falschen Stelle, da die Auferstehung dieser Heiligen in Jerusalem ja bereits geschehen sei, trifft nicht ganz, denn auch als nachträglicher Kommentar ist die Aussage sinnvoll – der Glossator (oder Mt selber?) betont, das geschilderte Ereignis habe sich selbstverständlich erst nach Jesu Auferstehung ereignet.

[55] Die Umstellung θεοῦ υἱός statt wie in Mk 15,39 υἱὸς θεοῦ könnte als status constructus verstanden werden, so dass doch gemeint ist „der Sohn Gottes".

zur Gemeinde gehören, auch wenn von ihnen zuvor niemals die Rede gewesen war.[56] Jesu Leichnam wird von einem vorher nicht erwähnten βουλευτής namens Joseph, also von einem Fremden, in Leinwand gehüllt und bestattet (15,45f.). Weil die Frauen sehen, wo sich das Grab befindet (15,47), können sie am Morgen nach dem Sabbat dorthin gehen, um Jesu Leichnam zu salben.[57] Am offenen und leeren Grab aber sehen sie einen Jüngling, der ihnen verkündet, dass der gekreuzigte Jesus auferweckt wurde (16,6: ἠγέρθη); jetzt ist wieder von den Jüngern und explizit von Petrus die Rede (V. 7): „Geht und sagt seinen Jüngern und dem Petrus: Er geht euch voran nach Galiläa; dort werdet ihr in sehen, wie er es euch gesagt hatte". Damit wird an Jesu Zusage aus 14,28 angeknüpft, wo allerdings vom „Sehen" in Galiläa nicht die Rede gewesen war. Die Frauen aber fliehen und sagen niemandem etwas, womit das Buch endet (16,8).

Hier zeigt sich eine bemerkenswerte erzählerische Dialektik: Einerseits wird durch die Aussage in Mk 16,7 die schon einmal ausgesprochene Verheissung bestätigt, die sich andererseits aber auf der Ebene der erzählten Geschichte tatsächlich gar nicht erfüllt. So hören bzw. lesen die Leser die Botschaft von Jesu Auferweckung nicht anders als auch die Frauen diese Botschaft hören[58]; die Leser werden aber durch den zweimaligen Hinweis auf Galiläa in 14,28 und in 16,7 indirekt dazu aufgefordert, das vorliegende Buch noch einmal zu lesen: Jesu Wirken beginnt ja in Galiläa und so werden die Leser bei der abermaligen Lektüre des MkEv von Anfang an dem Auferstandenen begegnen.

Auch im *MtEv* verkündet ein Engel den Frauen die Auferstehungsbotschaft; aber der Auferstandene erscheint dann auch selber, zuerst den Frauen (28,9f.), danach den elf Jüngern in Galiläa, die ihn sehen und niederfallen, während einige zweifeln (28,17). Jesus ruft sie auf zur „Weltmission"[59], wobei sich die Aufforderung „Lehret sie halten alles, was ich euch geboten habe" (28,20a) auf das MtEv selber bezieht.

---

[56] Vgl. dagegen Lk 8,1-3.
[57] Die Salbungsabsicht ist ungewöhnlich; die Bestattung Jesu war nach 15,46 nicht vorläufig, sondern endgültig, wie auch die Äußerung der Frauen in16,3 zeigt.
[58] In Joh 20,29b sagt der Auferstandene zu Thomas: „Selig sind, die nicht sehen und glauben."
[59] Die Wendung μαθητεύσατε πάντα τὰ ἔθνη bezieht sich, wie die Wendung πάντα τὰ ἔθνη durchweg bei Mt, auf „*alle* Völker", nicht nur auf die „Heiden" als nichtjüdische Völker; vgl. A. LINDEMANN, *Orbis Romanus* und οἰκουμένη: Römischer und urchristlicher Universalismus, in: G. VAN BELLE/J. VERHEYDEN (Hg.), Christ and the Emperor. The Gospel Evidence, BiTS 20, Leuven 2014, (51-100) 89f.

Im *LkEv* wird von zwei Männern gesprochen, die am leeren Grab die Frauen an Jesu in Galiläa ausgesprochene Kreuzigungs- und Auferstehungsankündigung erinnern (24,6f.). Da die Frauen entsprechend Lk 8,1-3 Begleiterinnen Jesu waren, erinnern sie sich tatsächlich an Jesu in 9,44 gesprochenen Worte (24,8)[60]; aber ihre an die Jünger gerichtete Botschaft findet keinen Glauben (24,11). Petrus geht immerhin zum leeren Grab, sieht die Tücher, in die der Leichnam gehüllt gewesen war, und „wundert sich" (24,12). In der in 24,13-35 folgenden Emmaus-Erzählung „informieren" zwei zuvor nicht erwähnte Jünger den sie unerkannt begleitenden Jesus über das, was man vordergründig über Jesu Leben und Sterben wissen und sagen kann (24,19-21a) und was seit Jesu Tod geschehen ist (V. 21b-24). Daraufhin gibt Jesus diesen Jüngern und der Evangelist seinen Lesern sowohl den Schlüssel für das richtige Verstehen der Geschichte Jesu also auch den hermeneutischen Schlüssel für das Verstehen der biblischen Überlieferung, indem gezeigt wird, wie sich das Jesusgeschehen und die biblischen Schriften gegenseitig interpretieren (24,25-27). Bei Jesu Erscheinung vor den Jüngern und denen, „die zu ihnen gehörten" (24,44), wird dies nochmals präzisiert: „Es muss ($\delta\varepsilon\tilde{\iota}$) alles erfüllt werden, was im Gesetz des Mose und bei den Propheten und in den Psalmen über mich geschrieben steht." Dann öffnet Jesus ihnen „ihren Verstand ($\nu o\tilde{\upsilon}\varsigma$), um die Schriften zu verstehen" (24,45). Dazu gehören das Leiden und die Auferstehung des $\chi\rho\iota\sigma\tau\grave{o}\varsigma$, ebenso aber auch die Ansage, in seinem Namen werde verkündigt werden „Umkehr zur Vergebung der Sünden für alle Völker – beginnend und ausgehend von Jerusalem" (24,47).

I.6. Ein kurzes Fazit

Im *Markusevangelium* erfahren die Jünger und zugleich die Leser von vornherein, dass die Geschichte von Jesu Passion einem göttlichen $\delta\varepsilon\tilde{\iota}$ entspricht - „es *muss* geschehen" (8,31), wie die drei im MkEv literarisch sehr betont gesetzten Leidens- und Auferstehungsansagen in Mk 8,31; 9,31; 10,32-34 zum Ausdruck bringen.[61] Damit wird gesagt, dass sich dieses Leiden nicht einfach nur historisch ereignet hat, sondern dass es geschehen *musste*; es hatte seine Ursache bei Gott und folgte nicht etwa aus Jesu Lebenspraxis oder aus der Bosheit der Menschen. Jesus steht im MkEv aber durchaus nicht in einer ungebrochenen Got-

---

[60] Die Aussage in 24,6f. entspricht im Wesentlichen 9,44, ausdrücklich wird aber darüber hinaus auch die Kreuzigung erwähnt.
[61] Nur bei Markus stehen die Leidens- und Auferstehungsankündigungen im Zentrum der Erzählung, bei Matthäus und Lukas ist ihre Stellung erheblich verschoben.

tesbeziehung; vielmehr klagt er in Gethsemane über den ihm drohenden „Kelch" und bittet Gott um Schonung (14,34-36), am Kreuz ruft er seine Gottverlassenheit aus (15,37). Der markinische Jesus zeigt also kein unerschütterliches Gottvertrauen, aber er sieht sich auch nicht in einer unüberbrückbaren Ferne von Gott. Der Schluss des MkEv lädt vor allem durch 16,6f. dazu ein, die Geschichte Jesu noch einmal aus der „österlichen" Perspektive zu lesen.

Im *Lukasevangelium* wird ein besonderer Akzent dadurch gesetzt, dass Jesus als frommer Jude stirbt; sein gewaltsamer Tod geht auf die Unwissenheit der Täter zurück, aber zugleich spricht er dem reuigen Sünder vollmächtig das Heil zu. In den Ostergeschichten im LkEv ruft der auferstandene Jesus die Jünger dazu auf, Zeugen für die Verkündigung Jesu εἰς πάντα τὰ ἔθνη zu sein; die Apostelgeschichte kann als die Bestätigung und Erfüllung dieses Auftrags gelesen werden, denn auch dort sind, nicht anders als im Evangelium, die Geschichte und deren Deutung unmittelbar miteinander verwoben.[62]

Das *Matthäusevangelium* folgt in der Darstellung der Passionsgeschichte weithin der Markusvorlage; dann aber geht der Evangelist einen ganz ungewöhnlichen Weg, indem der auferstandene und erhöhte Jesus seinen Jüngern sagt, dass ihm gegeben sei „alle Macht (ἐξουσία) im Himmel und auf der Erde", dass er ihnen Mission und Taufe befiehlt und verheißt, er sei bei ihnen bis an der Welt Ende (28,16-20).

Die Evangelisten wollen in ihren Passionserzählungen offensichtlich keine historisch korrekten Berichte geben. Jeder schreibt zwar auf seine Weise von einem historisch grundsätzlich plausiblen Geschehen, aber Matthäus und Lukas wollen mit ihren Änderungen gegenüber dem Markusevangelium[63] nicht sagen, das Geschehen sei „tatsächlich" anders abgelaufen als es im Markusevangelium dargestellt ist. Auffallend ist allerdings, dass sowohl Lukas als auch Matthäus über Mk 16,1-8 hinausgehen und also nicht nur von der Auferstehung (und vom leeren Grab) sprechen, sondern entsprechend ältester Überlieferung (1 Kor 15,3-5; Lk 24,34) auch von Erscheinungen des Auferstandenen. Damit wird Jesu Kreuzestod in die Geschichte Gottes mit den Menschen eingeordnet und er erhält so seine soteriologische Deutung.

---

[62] So werden bestimmte Wendepunkte in der Missionsgeschichte unmittelbar durch das Eingreifen des Heiligen Geistes (vgl. Apg 2,4-38; 8,29; 13,1ff.) oder durch den auferstandenen und erhöhten Christus selber bewirkt (Apg 9,5f.10-19; vgl. auch 8,39; 16,7).

[63] Möglicherweise setzt auch die Passionsdarstellung im Johannesevangelium eines oder mehrere der synoptischen Evangelien voraus.

II. Die „Passionserzählung" des Paulus in 2 Kor 5,14-21

Der Apostel Paulus spricht in seinen Briefen mehrfach vom Kreuz Christi.[64] Er erwähnt (auch) die Kreuzigung ausdrücklich als ein vergangenes Ereignis[65], wobei aus Gal 3,1 und 1 Kor 2,2 hervorgeht, dass dies ein zentraler Aspekt seiner missionarischen Verkündigung war; inwieweit damit eine „Passionserzählung" verbunden gewesen sein könnte, lässt sich nicht sagen.[66] Das Zitat der Mahlüberlieferung in 1 Kor 11,23-25 setzt voraus, dass ein historischer Kontext bekannt ist (... ἐν τῇ νυκτὶ ᾗ παρεδίδετο), aber mehr als diese Zeitangabe ist damit nicht verbunden.[67] Das in 1 Kor 15,3-5 zitierte εὐαγγέλιον impliziert ein Wissen über Kephas und über „die Zwölf", doch Näheres wird dazu nicht gesagt. Aber der Textabschnitt 2 Kor 5,14-21[68] kommt einer die Passion Jesu deutenden „Erzählung" nahe, auch wenn hier vom Kreuz Christi nicht die Rede ist. In diesem Zusammenhang aber erhält der Gedanke der Versöhnung erhebliches Gewicht und deshalb soll nun eine kurze Exegese dieses Abschnitts folgen.[69]

Paulus spricht zunächst (V. 14a) von der „uns"[70] bestimmenden, von Christus ausgehenden Liebe, die uns zu einem bestimmten Urteil geführt hat (κρίναντας τοῦτο). Inhalt dieses κρίνειν ist die Feststellung (ὅτι): „Einer ist für alle gestorben" (V. 14b). Der Verweis auf den Tod Christi (ἀπέθανεν) markiert die geschehene Tatsache, das Zahlwort εἷς betont den Gegensatz zu „allen", aber entscheidend ist die Aussage, dass der Tod Christi „allen" zugute kommt (ὑπὲρ πάντων,

---

[64] Vgl. 1 Kor 1,17.18; Gal 5,11; 6,12.14; Phil 2,8; 3,18.

[65] Vgl. 1 Kor 1,23; 2,2; 2 Kor 13,4; Gal 3,1.

[66] Vgl. dazu A. LINDEMANN, Paulus und die Jesustradition, in: ders., Glauben, Handeln, Verstehen, 73-115.

[67] Wer die von Jesus angeredeten Personen sind (τοῦτο ποιεῖτε ...), geht aus dem Text nicht hervor.

[68] Der „Zweite Korintherbrief" ist m.E. das Ergebnis einer Redaktion, durch die mehrere kleinere Briefe des Paulus nach Korinth (bzw. nach Achaja) zusammengefügt wurden, um die Weitergabe an andere Gemeinden zu vereinfachen. 2 Kor 5,14-21 gehört zum ersten der nach dem 1 Kor verfassten Briefe. Vgl. A. LINDEMANN, „... an die Kirche in Korinth samt allen Heiligen in ganz Achaja". Zu Entstehung und Redaktion des „2. Korintherbriefes", in: D. SÄNGER (Hg.), Der zweite Korintherbrief. Literarische Gestalt - historische Situation - theologische Argumentation. Festschrift zum 70. Geburtstag von Dietrich-Alex Koch, FRLANT 250, Göttingen 2012, 131-159.

[69] In der Perikopenordnung der Evangelischen Kirche in Deutschland ist dieser Text (ohne 5,14a) in Reihe II für die Predigt am Karfreitag vorgeschlagen (ohne Änderung im Revisionsvorschlag von 2014).

[70] Das ἡμᾶς an dieser Stelle meint alle Christen („wir").

vgl. 1 Kor 15,3; Röm 5,6; 14,15). Der Hinweis auf das Faktum ist also sofort mit einer Deutung verbunden: Christus hat den Tod, der als Trennung von Gott zu verstehen ist, stellvertretend „für alle" auf sich genommen. Die abschließende Feststellung, mithin (ἄρα) seien „alle" gestorben, betont die so entstandene Bindung der πάντες an Christus. Das berührt sich mit dem, was in Röm 6,1-11 zur Taufe gesagt ist[71], auch wenn sich kaum sagen lässt, ob die Adressaten in Korinth einen solchen Bezug zur Taufe zu erkennen vermochten.[72]

Dass in V. 14b nicht vordergründig das physische Sterben gemeint ist, geht aus V. 15 hervor: Christus ist „für alle gestorben", damit (ἵνα) diejenigen, die sich gerade dadurch als die Lebenden (οἱ ζῶντες) erweisen, nicht mehr für sich selber leben, sondern für Christus, der für sie gestorben und auferweckt worden ist. Die den Hinweis auf das Sterben ergänzende Nachbemerkung zur Auferweckung (ἐγερθέντι) zeigt, dass das Reden von der Heilsbedeutung des Todes Jesu ohne den Glauben an seine Auferweckung nicht möglich ist.

Man kann durchaus sagen, dass Paulus in 2 Kor 5,14.15 vom Tod und von der Auferweckung Christi „erzählt". Aber anders als in den Evangelien ist diese „Erzählung" nicht bestimmt durch die Beschreibung des Geschehens, sondern es kommt entscheidend auf die Deutung an. Die Aussagen über Jesu Tod und Auferweckung werden bestimmt durch das mehrfach verwendete ὑπέρ (V. 14b. 15a.b), das die soteriologische Deutung dieses Todes anzeigt. Die Nähe zu den Abendmahlsworten Jesu in der in 1 Kor 11,24 zitierten Fassung (τοῦτό μού ἐστιν τὸ σῶμα τὸ ὑπὲρ ὑμῶν) ist deutlich, aber ein Zusammenhang mit dem Abendmahl ist in 2 Kor 5,14f. nicht angedeutet.

In V. 16a zieht Paulus eine Folgerung (ὥστε): „Wir"[73] kennen von jetzt an niemanden mehr „nach dem Fleisch". Der Kontext legt nahezu, dass

---

[71] In Röm 6,3 wird die „auf Christus Jesus" vollzogene Taufe als Taufe „auf seinen Tod" gedeutet; in 6,4 sagt Paulus dann, die Getauften seien „mit ihm begraben worden", und in 6,8 wird explizit gesagt, dass wir „mit Christus gestorben" sind. Dazu M. WOLTER, Der Brief an die Römer. Römer 1-8, EKK VI/1, Neukirchen-Vluyn/Ostfildern 2014, 370: „Die Taufe ist hier nicht der Interpretationsgegenstand, sondern das Interpretationsmittel. Paulus will nicht die Bedeutung der Taufe erklären, sondern mit Hilfe der Taufe erklären, warum die christlichen Wir der Sünde gestorben sind und nicht mehr in ihr leben (V. 2)."

[72] Immerhin hat Paulus in den rhetorischen Fragen in 1 Kor 1,13 die Kreuzigung ὑπὲρ ὑμῶν und die Taufe εἰς τὸ ὄνομα direkt miteinander verbunden.

[73] Das „Wir" in dem ganzen Abschnitt 2 Kor 5,11-6,10 ist sehr umstritten, weil nicht immer deutlich ist, ob Paulus den schriftstellerischen Plural gebraucht und ob er von allen Christen spricht. Vgl. den Überblick bei C. BREYTENBACH, Versöhnung. Eine Studie zur paulinischen Soteriologie, WMANT 60, Neukirchen-Vluyn 1989, 114f.

das „Wir" sich nicht allein auf Paulus bezieht, sondern auf die zuvor erwähnten ζῶντες.[74] Da „die Lebenden" nicht mehr sich selber leben, sondern für Christus, da sie also zu Christus gehören, gilt ἀπὸ τοῦ νῦν, dass wir niemanden mehr nach Kategorien „des Fleisches", also nach vordergründigen Maßstäben beurteilen.[75] Damit ist zugleich die Möglichkeit einer κατὰ σάρκα bestehenden Christusbeziehung verworfen (V. 16b), selbst wenn es zuvor eine solche gegeben haben sollte. Es kommt nicht in Frage, Jesus lediglich als historische Person und seinen Tod als bloßes historisches Datum zu verstehen[76], das Christusgeschehen kommt im Gegenteil nicht ohne den Aspekt des ὑπὲρ ἡμᾶς in den Blick. Die Passion Jesu wird folglich nicht „historisch" erinnert, sondern von vornherein soteriologisch gedeutet. Es geht nicht um „Fakten", sondern um „unsere" Beziehung zu diesem Geschehen.[77] Selbst wenn „wir", d.h. im Grunde: alle Menschen „früher", also vor unserer durch das Sein ἐν Χριστῷ bestimmten Existenz, Christus „nach dem Fleisch" gekannt haben, so gilt nun, da „alle gestorben" und zugleich „Lebende" sind (V. 14.15), dass es ein „Kennen" nach diesem Maßstab nicht mehr gibt.

In V. 17a folgert Paulus (ὥστε), dass das Sein „in Christus", also die Teilhabe an dem in V. 14.15 beschriebenen Heilsgeschehen, „neue Schöpfung" bedeutet. Die Wendung καινὴ κτίσις ist im Sinne einer „präsentischen" Eschatologie zu verstehen[78], denn die Neuschöpfung hat bereits begonnen, wie in V. 17b ausdrücklich gesagt wird: „Das Alte", also die Sphäre des vordergründig fleischlichen Seins und damit die Sphäre derer, die „sich selbst leben" (V. 15: ... ἑαυτοῖς ζῶσιν) ist „vergangen", „Neues" ist geworden (ἰδοὺ γέγονεν καινά). Damit knüpft Paulus offensichtlich an die Gottesrede in Jes 43,18f. an, wo es heißt: „Erinnert euch nicht an die Anfänge und das Alte bedenkt nicht. Siehe, ich mache Neues" (LXX: ἰδοὺ ποιῶ καινά). Gottes Verheißung ist, wie das perfektische γέγονεν zeigt, jetzt Gegenwart geworden;

---

[74] BREYTENBACH, Versöhnung, 130 meint, das „Wir" in V. 16 sei „schriftstellerischer Plural der Selbstbezeichnung", fügt aber hinzu, dass der Apostel „mit dem soziativen Plural jedoch den Leser einbeziehen möchte".

[75] Zu κατὰ σάρκα in den Korintherbriefen s. 1 Kor 1,26; 2 Kor 10,2f.; 11,18.

[76] Auf die außerordentlich komplizierten Fragen der Auslegung von 2 Kor 5,16 kann hier nicht im Einzelnen eingegangen werden. Wichtig ist, die Aussage im Kontext zu verstehen und sie weder als sekundäre Glosse noch als isolierte Logion zu lesen.

[77] Wenn das „Wir" nicht auf Paulus, sondern auf die Christen bezogen wird, ist es unnötig zu fragen, wieviel Jesus-Tradition Paulus kennt.

[78] In Gal 6,15 betont Paulus im Kontext des galatischen Konflikts, dass weder Beschneidung, also jüdische Existenz, „etwas" ist, noch Vorhaut, also heidnische Existenz, sondern καινὴ κτίσις.

aber während „das Alte" als Vergangenes definitiv fest steht, ist das „Neue", die Zukunft, offen. Mit der bei ihm eher seltenen Demonstrativpartikel ἰδού, kennzeichnet Paulus den Charakter dieser Aussage als Offenbarungsrede.[79] Das expliziert Paulus in V. 18 nun durch den Gedanken der Versöhnung: Urheber all dessen, wovon soeben gesprochen worden war, ist Gott, von dem nun gesagt wird, dass er „uns" διὰ τοῦ Χριστοῦ mit sich selbst versöhnt hat. Ist hier die Kreuzigung Jesu im Blick? Cilliers Breytenbach meint, es gehe in V. 18 „in erster Linie um die Mittlerfunktion Christi, als Gott Paulus mit sich versöhnte"[80]; es sei „unrichtig, bei διὰ Χριστοῦ nur an das Kreuzesgeschehen denken zu wollen", denn die Formulierung nenne „die die Person ... und nicht seinen Tod wie in Röm 5,10".[81] Aber vorausgesetzt ist ja die Aussage in V. 14 über Christi Sterben ὑπὲρ πάντων: Christus hat den Tod auf sich genommen „für alle", und auf diese Weise verwirklichte Gott die Versöhnung. Diese Versöhnung ist allein die Tat Gottes, die zwischen Gott und dem Menschen bestehende „Feindschaft" ist durch Gottes Handeln διὰ Χριστοῦ beseitigt worden (vgl. Röm 5,10), nicht etwa durch den Menschen, der seine Beziehung zu Gott womöglich durch eine Leistung, oder durch ein kultisches Opfer hergestellt hätte.

Paulus fügt hinzu, dass Gott „uns" gegeben hat die διακονίαν τῆς καταλλαγῆς. Diese Wendung meint nach Otfried Hofius „den „apostolischen Dienst der Verkündigung [...], den Paulus in 2 Kor 3,8f als διακονία τοῦ πνεύματος und als διακονία τῆς κατακρίσεως bezeichnet hat"[82]. Aber Paulus spricht gleich darauf in V. 19 von der Versöhnung der „Welt" und daher ist es unwahrscheinlich, dass er in V. 18c speziell an seinen apostolischen Auftrag denkt.[83] „Das ἡμῖν kann auf Paulus, bzw. die Apostel überhaupt gehen, aber doch wohl

---

[79] Das spricht m.E. dafür, dass durch V. 17 die in V. 16 vorangegangene Wir-Rede, selbst wenn sie sich vor allem auf Paulus bezogen haben sollte, ausgeweitet und auf alle Glaubenden (ἐν Χριστῷ) bezogen ist.
[80] BREYTENBACH, Versöhnung, 132.
[81] A.a.O. 133.
[82] O. HOFIUS, Erwägungen zur Gestalt und Herkunft des paulinischen Versöhnungsgedankens, in: ders., Paulusstudien, Tübingen 1989, (1-14) 2.
[83] TH. SCHMELLER, Der zweite Brief an die Korinther. 2 Kor 1,1-7,4, EKK VIII/1, Neukirchen-Vluyn/Ostfildern 2010, 329f. nimmt im Blick auf die Deutung des „Wir" an, dass in V. 14f. und V. 16f. „jeweils eine Ausweitung der Perspektive" zu erkennen ist, und daher sei V. 18 auf die Versöhnung des Paulus mit Gott und auf seine Beauftragung zu beziehen, „während V. 19 die Versöhnung aller Glaubenden ausdrückt".

besser auf die christliche Gemeinde", wie Rudolf Bultmann meint.[84] Die Begriffsverbindung διακονία τῆς καταλλαγῆς bezieht sich auf das menschliche Handeln gegenüber anderen Menschen. In der Zürcher Bibel und in der „Einheitsübersetzung" ist der Ausdruck wiedergeben mit „Dienst der Versöhnung", Luther dagegen übersetzt διακονία mit „Amt" und bezieht καταλλαγῇ konkret auf die Predigt: Gott „hat uns das Amt gegeben, das die Versöhnung predigt". Ist „der Dienst der Versöhnung" möglicherweise umfassender zu verstehen als „das Amt, das die Versöhnung predigt"? Ist gemeint, dass etwas für die Versöhnung *getan* und nicht nur davon *gepredigt* wird? Das Predigen ist jedenfalls nicht als bloßes „Reden" anzusehen, das dem konkreten Tun unterlegen wäre; denn am Ende von V. 19 wird gesagt, dass Gott „unter uns aufgerichtet hat das Wort von der Versöhnung" und dieser λόγον τῆς καταλλαγῆς meint das wirkmächtige Wort, durch das geschieht, wovon es spricht. Insofern ist „(Predigt-)Amt" als Wiedergabe von διακονία hier durchaus vertretbar. „Unser" Auftrag zur Verkündigung des Versöhnungshandelns Gottes meint die Gemeinde, die aufgerufen ist, „das Wort"[85] weiterzugeben.

In V. 19a vertieft Paulus die Rede von dem versöhnenden Handeln Gottes. Vermutlich ist nicht gemeint; „Gott war in Christus und versöhnte die Welt mit sich selbst"[86], sondern die Wendung ἦν ... καταλλάσσων ist zu verstehen als *coniugatio periphrastica*: „Gott war es, der in Christus die Welt mit sich versöhnt hat."[87] Es wird also keine Aussage über die Beziehung zwischen Gott und Christus gemacht[88], sondern Paulus hebt noch einmal hervor, dass *Gott* gehandelt hat. Indem nun der κόσμος als Objekt dieses Handelns genannt wird, ist V. 14 wieder aufgenommen: Christus ist „für alle gestorben", und so bezieht sich die von Gott ausgehende Versöhnung auf „die (ganze) Welt", wobei die Erläuterung („indem er ihnen ihre Verfehlungen nicht anrechnete") zeigt, dass κόσμος die Menschenwelt meint. Die direkt angeschlossene partizipiale Aussage, Gott habe „unter uns aufgerichtet das Wort von der Versöhnung" (θέμενος ἐν ἡμῖν τὸν λόγον τῆς

---

[84] R. BULTMANN, Der zweite Brief an die Korinther, hg. von E. DINKLER, KEK Sonderband, Göttingen 1976, 162.

[85] P46 liest τὸ εὐαγγέλιον statt τὸν λόγον; das entspricht zwar eher dem üblichen paulinischen Sprachgebrauch, ist aber wohl doch zu schwach bezeugt (D* F G lesen, offenbar beide Lesarten kombinierend, [τοῦ] εὐαγγελίου τὸν λόγον).

[86] So die Übersetzung von V. 19a in der Lutherbibel und in der Zürcher Bibel.

[87] So die „Einheitsübersetzung".

[88] Vgl. BULTMANN, Zweiter Korintherbrief, 162: Paulus meint nicht „Gott war in Christus", denn „das εἶναι Gottes ἐν Χριστῷ ist doch wohl ein für Paulus unvollziehbarer Gedanke".

καταλλαγῆς) zeigt, dass wir dazu beauftragt sind, diese Botschaft und damit den Aufruf zur zwischenmenschlichen Praxis der Versöhnung weiterzugeben.[89] In V. 20 folgert Paulus (οὖν): „So sind wir also Botschafter für Christus, an Christi Statt." Als diejenigen, die die διακονία τῆς καταλλαγῆς praktizieren, rufen „wir" also in Christi Auftrag und um Christi willen dazu auf, die Botschaft vom versöhnenden Handeln Gottes anzunehmen. Die Verwendung des Verbs πρεσβεύειν „eine Gesandtschaft ausführen" könnte dafür sprechen, dass Paulus sich jetzt auf den ihm gegebenen Auftrag bezieht.[90] Aber da in V. 21 mit den „wir" (ὑπὲρ ἡμῶν) wieder die Christusgläubigen gemeint sind, spricht Paulus vermutlich auch schon in V. 20 vom Verkündigungsauftrag aller Christen. Inhaltlich besteht dieser Auftrag in der von „uns" ausgesprochenen Bitte (δεόμεθα) um Versöhnung mit Gott - nicht als Aufruf: „Versöhnt euch mit Gott", als wäre das eine menschliche Möglichkeit, sondern die Hörer werden darum gebeten, die Predigt von der schon geschehenen Versöhnungstat Gottes anzunehmen. Die Bitte „Lasst euch versöhnen mit Gott" erinnert an die schon geschehene Versöhnung und verweist zugleich aber auf etwas noch Ausstehendes.[91] Dabei wird das Christusereignis nicht durch die Predigt konstituiert, als wäre in der Vergangenheit nichts geschehen; aber die Aufforderung καταλλάγητε blickt auch nicht auf ein noch ausstehendes Ereignis voraus, sondern sie ist die unmittelbar ergehende Einladung zur Versöhnung.

---

[89] O. HOFIUS, Das Wort von der Versöhnung und das Gesetz, in: D. SÄNGER/M. KONRADT (Hg.), Das Gesetz im frühen Judentum und im Neuen Testament. Festschrift Chr. Burchard (NTOA/StUNT 57), Göttingen/Fribourg 2006, (75-86) 84: Die „Aufrichtung" des λόγος meint „das grundlegende Offenbarungsgeschehen [...], in dem Gott, der Versöhner, den Aposteln die in Christi Tod und Auferstehung geschehene Versöhnung erschlossen hat".

[90] So BREYTENBACH, Versöhnung, 136f. Das Verb πρεσβεύειν begegnet im NT sonst nur noch in Eph 6,20.

[91] Die Frage, wer die Adressaten dieser Predigt sind – nur die bisher Ungläubigen oder aber auch die Gläubigen, also die Gemeinde – geht am Text vorbei: „Für Paulus besteht diese Alternative gar nicht. Natürlich redet der im ‚Missionsstil'. Aber dieser ist immer der angemessene Stil für die eschatologische Predigt" (BULTMANN, Zweiter Korintherbrief, 165). Vgl. SCHMELLER, Zweiter Korintherbrief, 336: „V. 20 ist einerseits Zitat der Missionspredigt, andererseits zugleich aktuelle Verkündigung." Problematisch ist m.E. aber die Fortsetzung (ebd.): „Solange die Gemeinde ihren Apostel nicht als Versöhnungsmittler, als autoritativen Boten Christi und Gottes anerkennt, ist ihre Versöhnung nicht Wirklichkeit geworden."

Paulus schließt den Gedankengang in V. 21 mit einer an dieser Stelle überraschenden Feststellung[92]: „Den, der Sünde nicht kannte, hat er um unsertwillen zur Sünde gemacht damit wir würden Gerechtigkeit Gottes in ihm."[93] Dass Christus „Sünde nicht gekannt", also nicht praktiziert hat, meint nicht, Jesus habe ein nach menschlichen Maßstäben einwandfreies Leben geführt; gemeint ist Jesu Beziehung zu Gott[94], die durch Gott selber zerstört wurde, indem er Christus „zur Sünde machte". Das aber geschah „für uns", und damit wird abermals die heilschaffende Wirkung des Todes Jesu betont. Jesus wurde nicht zum „Sünder" gemacht, sondern Paulus schreibt in scharfer Zuspitzung, Gott habe Jesus mit der Sünde geradezu identifiziert (ἁμαρτίαν ἐποίησεν).[95] Ob hier an die Menschwerdung gedacht ist (vgl. Phil 2,6-8) oder aber an den Kreuzestod, der ähnlich wie in Gal 3,13 (γενόμενος ὑπὲρ ἡμῶν κατάρα) als Gottferne gesehen wäre, lässt sich nicht sagen; jedenfalls geschah es „für uns", in der Absicht (ἵνα V. 21b)[96], dass „wir" in Christus (ἐν αὐτῷ) „Gerechtigkeit Gottes" werden. Auch hier ist Gott der Handelnde, wie die der vorangegangenen Aussage ἁμαρτίαν ἐποίησεν entsprechende Formulierung γενώμεθα δικαιοσύνη deutlich macht. δικαιοσύνη θεοῦ[97] ist hier Gegenbegriff zu ἁμαρτία: „In

---

[92] Vgl. SCHMELLER, Zweiter Korintherbrief, 336: V. 21 „führt mit der Gegenüberstellung von Sünde und Gerechtigkeit Gottes einen neuen Gedanken ein, ist aber formal durch das Asyndeton und die sentenzartige Formulierung als Abschluss des Gedankengangs erkennbar".

[93] BREYTENBACH, Versöhnung, 138f. hält es für wahrscheinlich, „daß Paulus in 2 Kor 5,21 traditionelles Gedankengut aufnahm, das ihm wahrscheinlich schon in einer ausformulierten Form bekannt war", denn viele Aussagen hier haben „ihre Parallele in der urchristlichen Tradition".

[94] Vgl. BULTMANN, Zweiter Korintherbrief, 166: „Natürlich ist keine Rede davon, daß der irdische Jesus sündliche Qualitäten hatte [...], sondern er war schlechthin sündlos (vgl. Joh 7,18; 8,46; 1 Joh 3,5)."

[95] Offenbar steht das *abstractum* für das *concretum*, „um den prinzipiellen Sinn des Satzes deutlich zu machen" (ebd, unter Verweis auf Gal 3,13: Χριστὸς ἡμᾶς ἐξηγόρασεν ἐκ τῆς κατάρας τοῦ νόμου γενόμενος ὑπὲρ ἡμῶν κατάρα.

[96] M. WOLTER, Der Heilstod Jesu als theologisches Argument, in: J. FREY/J. SCHRÖTER (Hg.), Deutungen des Todes Jesu im Neuen Testament, WUNT 181, Tübingen 2005, (297-313) 305 verweist darauf, dass im NT einer Aussage über den Tod Jesu sehr oft ein Finalsatz folgt (so u.a. 2 Kor 5,15.21; Gal 3,13f.; 4,5; Röm 8,4, aber auch Joh 11,52; 1 Petr 2,24; 3,18).

[97] In der Lutherbibel ist die Genitivverbindung δικαιοσύνη θεοῦ hier wie auch sonst übersetzt mit der Wendung „die Gerechtigkeit, die vor Gott gilt". SCHMELLER, Zweiter Korintherbrief, 339: „Die Gerechtigkeit evoziert ein rechtliches Verhältnis, das dem Bundesgedanken entspringt, die Versöhnung eher ein persönliches." Fragen nach der Funktion des Genitivs θεοῦ seien „dem Charakter des Verses nicht angemessen".

ihm", also in Christus, *werden* wir „Gerechtigkeit Gottes", also das Gegenteil von Sünde. Insofern spricht Paulus von einem „Tausch": *Christus* wurde „zur *Sünde* gemacht", damit *wir* „in ihm *Gerechtigkeit Gottes* werden".

Paulus führt damit ganz unvermittelt die Begrifflichkeit der Rechtfertigungstheologie ein, die vor allem im Galater- und dann im Römerbrief von zentraler Bedeutung ist; sie ist aber auch in Korinth nicht unbekannt (vgl. 1 Kor 1,30) und offenbar wollte Paulus auch hier daran erinnern.[98] Der zunächst ganz von der Versöhnungsterminologie bestimmte Gedankengang mündet in die Rede von der δικαιοσύνη θεοῦ, wobei sich zugleich der christologische Bezug durchhält (ἐν αὐτῷ). Die „Gerechtigkeit Gottes" in Christus hat sich nicht einst als vergangenes Ereignis verwirklicht, sondern als „erinnerte Geschichte" ist sie jetzt gegenwärtig. „Dazu ist die Kirche da, daß sie an Christi Statt (vgl. 2. Kor 5,20, Luthertext) – also gewissermaßen in einer irdischen Stellvertreterrolle für den verborgen-präsenten österlichen Herrn – die Rechtfertigungsbotschaft ausrichtet", wie Michael Beintker schreibt.[99]

Paulus spricht in diesem Zusammenhang nicht vom *Kreuzes*tod Jesu, den er im Eingangsteil des Ersten Korintherbriefs zur Basis seiner Argumentation gemacht hatte (1,13.17f.23; 2,2.8). Wenn Paulus explizit vom Kreuzestod Jesu spricht, geht es ihm offenbar nicht um das historische Geschehen als solches; er verweist vielmehr dann auf das Kreuz, wenn er hervorheben will, „dass das Heilshandeln Gottes immer mit einer Umwertung derjenigen Werte und Normen einhergeht, die in den von Menschen konstruierten Sinnwelten in Geltung stehen"[100] und dieser Aspekt sollte gerade in der in 1 Kor 1-4 beschriebenen Situation besonders hervorgehoben werden. Da die Problematik in 2 Kor 5,14-21 eine andere ist, kann Paulus in der hier vorgetragenen „Erinnerung" an den Tod Jesu von dessen Heilsbedeutung „erzählen", ohne dabei das Kreuz zu erwähnen.

---

[98] Vgl. O. HOFIUS, Sühne und Versöhnung. Zum paulinischen Verständnis des Kreuzestodes Jesu, in: ders., Paulusstudien, Tübingen 1989, (33-49) 47: Es liegt eine Metonymie vor, denn wenn die „Gerechtfertigten" als Gottes Gerechtigkeit bezeichnet werden, „so sind sie mit der Größe benannt, die das Sein des entsühnten und versöhnten Menschen qualifiziert".

[99] M. BEINTKER, Die Botschaft von der freien Gnade Gottes und die Gestalt einer Kirche des Erbarmens Gottes, in: ders., Rechtfertigung in der neuzeitlichen Lebenswelt. Theologische Erkundungen, Tübingen 1998, (170-184) 170f.

[100] M. WOLTER, Paulus. Ein Grundriss seiner Theologie, Neukirchen-Vluyn 2011, 127. Wolter bezieht sich vor allem auf 1 Kor 1,18-25 und Gal 6,12-16.

III. Die „erinnerte" Leidensgeschichte und der Versöhnungsauftrag

Was folgt aus diesen Beobachtungen zu den Passionserzählungen der synoptischen Evangelien und zu der Passions„erzählung" bzw. -deutung des Paulus in 2 Kor 5,14-21? Hier wie dort wird die Geschichte des Leidens und Sterbens Jesu „erinnert", verbunden mit dem Glauben an die Auferweckung des Gekreuzigten. Einen Bezug zum Gedanken der Versöhnung lassen die Passionsgeschichten in den Evangelien nicht erkennen, weder im Blick auf die zwischenmenschliche Versöhnung noch im Blick auf die Versöhnung zwischen Gott und Mensch; einzige Ausnahme ist die von Jesus in Lk 23,34 ausgesprochene Vergebungsbitte. Die mehrfach ausgesprochene Vorstellung, Jesu Kreuzigung sei Ursache für die Zerstörung Jerusalems gewesen, scheint sogar anzudeuten, dass eine Versöhnung geradezu ausgeschlossen ist: Diejenigen, die für Jesu Verurteilung verantwortlich sind, haben sich damit von Gott abgewandt und so hat sich Gott von ihnen abgewandt.[101] Vorwürfe mit Blick auf die subjektiven Motive der Täter werden in den Passionserzählungen aber nicht erhoben[102]; es ist vielmehr vorausgesetzt, dass Jesu Kreuzigung geschehen „musste", also „objektiv" unvermeidlich war. Der Gedanke, es hätte im Rahmen des Verfahrens gegen Jesus zu einer Verständigung und also zu einer „Versöhnung" bzw. zu einem Freispruch kommen können, liegt fern.

Die Erzählungen der Evangelien von Passion und Tod Jesu enthalten keine Deutung des unmittelbar geschilderten Ereignisses. Aber die von Jesus während des Abschiedsmahls gesprochenen Worte sagen, dass dieser Tod „für andere" geschieht (Mk 14,24: ὑπὲρ πολλῶν; Mt 26,28: περὶ πολλῶν; Lk 22,18.20: ὑπὲρ ὑμῶν); auch wenn dieser Aspekt im weiteren Text nicht wiederholt wird, kann er doch als ein Vorzeichen für das Verstehen der weiteren Passionsgeschichte interpretiert werden. Eine weitere Perspektive kommt in den Osterüberlieferungen im MtEv und im LkEv zur Geltung: In Mt 28,19f. sagt der Auferstandene, ihm sei übergeben „πᾶσα ἐξουσία im Himmel und auf Erden", und infolgedessen (οὖν) seien seine Jünger dazu aufgerufen, πάντα τὰ ἔθνη „zu Jüngern zu machen", also unter den Völkern zu verkündigen, sie zu taufen und sie zu lehren entsprechend Jesu eigenen Weisungen; damit verbunden ist die Verheißung von Jesu ständiger Gegenwart „bis

---

[101] In Mt 27,24f. erklärt sich Pilatus für unschuldig, während das Volk zur Schuldübernahme bereits ist.

[102] Nach Mt 27,18 „wusste" Pilatus allerdings, dass die religiösen Autoritäten Jesus „aus Neid" an ihn ausgeliefert hatten.

an der Welt Ende". In ähnlicher Weise spricht der Auferstandene in Lk 24,47 von der „auf seinen Namen" (ἐπὶ τῷ ὀνόματι αὐτοῦ) ergehenden Verkündigung εἰς πάντα τὰ ἔθνη.[103]; hier ist nun ausdrücklich das mit dieser Verkündigung verbundene Heilsangebot genannt, nämlich die aus der μετάνοια folgende Vergebung der Sünden[104], und so weisen der Tod und die Auferweckung Jesu in der lukanischen Darstellung auf Gottes versöhnendes Handeln hin.

Paulus bietet in der Erinnerung an den Tod Jesu in 2 Kor 5,14-21 schon in der „Erzählung" nahezu ausschließlich den Aspekt der Hingabe des Lebens Jesu „für alle" (V. 14.15.). Dementsprechend gibt es für Paulus keine an der Vergangenheit, am „Fleisch" orientierte Beziehung zu Jesus (V. 16), sondern das endgültig „Neue" hat bereits begonnen (V. 17). Paulus verbindet das mit der Botschaft von der geschehenen Versöhnung Gottes mit dem Menschen (V. 18a), aus der dann die Versöhnung der Menschen untereinander folgt (V. 18b). Aus Gottes versöhnendem Handeln ergibt sich der Auftrag zur „Predigt der Versöhnung", also zur zwischenmenschlichen Versöhnung (V. 19.20), und dies wiederum mündet in der Feststellung, dass im Tod Jesu Sünde und Gerechtigkeit miteinander „vertauscht" wurden. Die von Paulus gegebene „Erinnerung" an Tod und Auferweckung Jesu überschreitet den Rahmen dessen, was vordergründig „erzählt" werden kann, sondern die Botschaft des Paulus wendet sich mit dieser Art der Erinnerung unmittelbar an diejenigen, denen eben diese Botschaft gilt.

---

[103] Die Wendung πάντα τὰ ἔθνη meint in Lk 24,47 ebenso wie in Mt 28,19 „alle Völker", Israel eingeschlossen (vgl. ἀρξάμενοι ἀπὸ Ἱερουσαλήμ).
[104] Die Wendung εἰς ἄφεσιν ἁμαρτιῶν/ begegnet auch in Mt 26,28.

Imre Peres

Die Johannesapokalypse als erinnerte Leidensgeschichte

I. Einleitung

Die Leidensgeschichte Jesu in der Schrift der Johannesapokalypse zu untersuchen ist eine recht komplexe Unternehmung. Die Komplexität liegt darin, dass über die Leidensgeschichte in der Johannesoffenbarung nur aus der Perspektive des Leidens und der Verfolgung zu sprechen missverständlich und nur eine Seite der Wahrheit wäre. Deswegen muss man bereits am Anfang unserer Betrachtung sagen, dass die Leidensgeschichte, an die sich der Autor der Apokalypse erinnert, für ihn ein Ausgangspunkt zu einer weiteren Beschreibung der Entwicklung und schließlich der Erhöhung der kleinasiatischen Kirche ist. Das Bild der Kirche ist nämlich zweiseitig: 1. Es geht hier um eine Kirche, die wirklich leiden muss und die auch schon ihre Märtyrer hat. 2. Aber hier geht auch um die Kirche, die zielbewusst den Weg zum Sieg geht und die trotz ihres Leidens und der Demütigung durch die Welt und die gottlosen Mächte ihre himmlische Ehre erwartet.

Das Leiden ist groß und für die irdische Kirche sehr schmerzlich, es erscheint manchmal schier unerträglich, aber – retrospektiv, vom Ende der Geschichte her gesehen – ist dies nur ein Vorspiel zum endgültigen Sieg[1] und zur großen Ehre der Kirche im Himmel.

Davon ausgehend muss unsere Betrachtung auch diese beiden Aspekte der johanneischen Beschreibung berücksichtigen. Wir richten unser Augenmerk zunächst auf das Leiden Jesu und nachfolgend auf die vielfältigen Leiden der Christen, wie das Johannes in seiner Erinnerung evident macht. Anschließend werden der theologische Sinn des Leidens und die Erinnerung mit Hinweis auf die Hoffnung der Kirche auf die Konsolidierung ihres gesellschaftlichen Status, auf die Vernichtung der gottlosen Mächte und auf den endzeitlichen Sieg des Lammes und der Kirche analysiert. Dann fragen wir nach der Fähigkeit und nach der Bereitschaft der Kirche zur Vergebung und zur friedlichen Versöh-

---

[1] Vgl. D.E. AUNE, Apocalypticism, Prophecy, and Magic in Early Christianity, WUNT 199, Tübingen 2006, 94–98.

nung und auch danach, ob die Kirche in der eschatologischen Endzeit überhaupt die Möglichkeit dazu bekommt. Als Gesamtbild wird man schließlich die eigentliche theologische Profilierung der Kirche in Ephesus zur stärkenden Apokalyptik am Ende des 1. Jahrhunderts entdecken.

II. Leidensgeschichte Jesu

Die Erinnerung des Visionärs Johannes enthält zuerst die *Leidensgeschichte Jesu*. Diese hat mehrere Stufen und Aspekte, abhängig davon, wie es der Autor aus der Tradition übernommen und in sein Werk eingearbeitet hat. Teilweise weist er hier auf die irdische Leidensgeschichte und teilweise auf den Titel und die Bildbeschreibung des himmlischen Christus hin.

Johannes weist auf *die Kreuzigung Jesu* hin, die seine Feinde veranlasst haben:[2] Diese Tat wird aber nicht vergessen, sondern bei seiner Parusie werden ihn alle sehen, die ihn gebrochen haben (1,7) und sie werden seinetwegen mit den anderen jammern und klagen. Die Mörder Jesu müssen sich einmal mit den Folgen ihrer Taten in Schmerz und Scham konfrontieren lassen, dass „sein Tod falsch war, dass seine Hinrichtung ein böser und schändlicher Akt gewesen ist, der für Israel ein Desaster bedeutet".[3] Direkte *Hinweise* finden sich hauptsächlich im Blick auf *das Blut* (αἷμα) *Jesu*, womit er uns von unseren Sünden erlöst hat (1,5), was an sein Leiden, seine Wunden und seine Erniedrigung erinnert. Ähnlich singt auch der himmlische Chor über Christus, dass er geschlachtet[4] wurde und Menschen mit seinem Blut für Gott erworben hat (5,9). Das Blut des Lammes ist auch für die himmlischen Christen, die aus der großen Bedrängnis gekommen sind, ein „Reinigungsinstrument", worin sie ihre Gewänder gewaschen und weiß gemacht haben

---

[2] Der Autor der Apokalypse zitiert auch eine christlich-jüdische apokalyptische Tradition, die den Ort der Kreuzigung Jesu als Sodom und Ägypten nennt, mit einer Anmerkung: geistlich verstanden (πνευματικῶς - Offb 11,8). Jerusalem ist in diesem Sinn als ein gottlästerlicher Ort charakterisiert und degradiert. Dort wurden auch zwei weitere Zeugen Jesu getötet. Vgl. A. SATAKE, Die Offenbarung des Johannes, KEK 16, Göttingen 2008, 268–269.

[3] B. J. MALINA, Die Offenbarung des Johannes. Sternvisionen und Himmelsreisen, Stuttgart 2002, 86.

[4] Über den Tod und das Schlachten Jesu als das Lamm sprechen mehrere Texte, wie z.B. Offb 5,6.9.12.

(7,14).⁵ Dieses selbe Blut des Lammes ist auch eine Quelle der Kraft für die himmlischen Brüder, durch das sie den Drachen besiegt haben (12,11).⁶ Im Rahmen der Betrachtung des Leidens Jesu gibt es auch eine Tradition, die seinen Tod und seine Nachgeschichte in den Fokus nimmt. In diesem Sinn kommen in der Apokalypse Hinweise *auf den Tod und die Auferstehung Jesu* vor,⁷ wo sich z.b. der himmlische Christus vorstellt und zwar als der, der tot war und der lebt in alle Ewigkeit (oder: lebendig wurde, 1,17−18; 2,8). Dieser Gedanke fließt auch in die Titel Jesu ein, die das kleinasiatische Christentum in Erinnerung an das Leiden und den stellvertretenden Tod Jesu übernommen oder selbst ausgebildet hat. So kann man den Titel „*der Erstgeborene der Toten* (ὁ πρωτότοκος τῶν νεκρῶν)" (1,5) finden, oder über den himmlischen Jesus lesen, der die Bezeichnung *Lamm* (ἀρνίον) trägt. In der Johannesoffenbarung ist gewiss eben *das Lamm* der am häufigsten erwähnte Titel Jesu,⁸ der in mehreren Variationen und Zusatzbezeichnungen vorkommt. Dieser Titel geht direkt auf Jesu irdisches Schicksal zurück und ist auch mit seinem Tod am Kreuz verknüpft.⁹ Wie Johannes sagt: „*Ich sah [...] ein Lamm; es sah aus wie geschlachtet* (ὡς ἐσφαγμένος)" (5,6).¹⁰

---

⁵ Dieser Gedanke über die Waschung der Kleidung der Erretteten kommt auch wieder in Offb 22,14 vor, dort aber ohne direkten Hinweis auf das Blut Jesu. Gemeint ist aber das Waschen durch das Blut des Lammes, wie in 7,14.

⁶ In Offb 19,13 wird auch die blutige Kleidung des himmlischen Christus als Reiter auf einem weißen Pferd erwähnt: Er war bekleidet mit einem blutgetränkten Gewand. Es ist aber nicht ganz klar, ob das Blut auf seiner Kleidung sein eigenes Blut als Symbol seines damaligen Todes ist (so K. HUBER, Einer gleich einem Menschensohn. Die Christusvisionen in Offb 1,9−20 und 14,14−20 und die Christologie der Johannesoffenbarung, NTA NF 51, Münster 2007, 298−299) oder das Blut seiner Feinde (vgl. Jes 63,1−3) meint. Diese zweite Möglichkeit ist aber wahrscheinlicher, weil der Reiter hier mit seiner Truppe der Himmelsheere in den Krieg geht (19,11).

⁷ Vgl. HUBER, Einer gleich einem Menschensohn, 297−299.

⁸ Vgl. I. PERES, A mennyei-apokaliptikus Krisztus [Der himmlisch-apokalyptische Christus], Studia Theologica Debrecinensis 5 (2012), 51−62.

⁹ Christologisch verstanden betont es die Überzeugung des „perfekten" Heilsgeschehens, dass Christus in seinem Tod auf dem Kreuz den Sieg schon errungen hat. Vgl. J. FREY, Erwägungen zum Verhältnis der Johannesapokalypse zu den übrigen Schriften des Corpus Johanneum, in: M. HENGEL, Die Johanneische Frage, WUNT 67, Tübingen 1993, (327−429) 386.

¹⁰ Über das Schlachten des Lammes sprechen neben Offb 5,6 auch 5,9.12 und 13,8. Das Verb σφράζω ist ein Ausdruck, der auch für den Tod der Christen gebraucht (Offb 6,9 und 18,24) und ähnlich auch für die ironische Parallelisierung des To-

Aus all diesen Hinweisen wird klar, dass hinter der Johannesapokalypse ein sehr konkretes Christusbild steht und dass das Leiden Christi in die Theologie der Johannesoffenbarung sehr präsent eingebaut ist, was der Autor der Apokalypse und seine Traditoren zielbewusst gemacht haben. Das bedeutet auch, dass nicht nur ihr eigenes Leiden Bestandteil der Erinnerung der Kirche ist, in dem sie eine gerechte Vergeltung ihrer Feinde erwartet, sondern dass auch das Leiden und der Tod Jesu eine vielseitige Bedeutung haben: Vom Vorbild des Glaubens bis hin zum stellvertretenden Opfer und kosmischen Sieg über die dämonischen Mächte. In der Erinnerung der Kirche soll dieser christologische Aspekt alle Leidensgeschichten dominieren.

III. Leidensgeschichte der Märtyrer

In der Offenbarung des Johannes kommen unbestreitbar auch die Leidensgeschichten der Märtyrer vor. Der Autor der Apokalypse beschreibt sie in seiner Vision aus mehreren Perspektiven.[11] Jan Willem van Henten analysiert in seiner neuen Arbeit das Märtyrertum in der Johannesapokalypse recht ausführlich und untersucht dazu viele verschiedene Texte aus der Apokalypse,[12] die das Leiden der Christen und das Leiden des Johannes selbst berühren. Aus den Texten und Geschichten der Johannesoffenbarung kann man als Musterbeispiel für viele andere einen typischen Märtyrer-Text auswählen. In der näheren Spezifikation kann man die Leidensgeschichten der johanneischen Märtyrer dann weiter unterscheiden:
In dem ausgewählten Text geht es um die Märtyrer, deren Seelen unter dem goldenen Rauchopferaltar sind (Offb 6,9).[13] Sie wurden aus zwei Gründen getötet: Wegen des Wortes Gottes und wegen des Zeugnisses, das sie abgelegt hatten. Die griechische Konstruktion lässt nicht erkennen, ob beide Gründe miteinander im Zusammenhang stehen oder als zwei voneinander unabhängige Gründe zu verstehen sind. Es ist aber wahrscheinlich, dass die kleinasiatischen Märtyrer jeweils aufgrund ih-

---

des des ersten Tieres (Offb 13,3) eingesetzt wird. Vgl. HUBER, Einer gleich einem Menschensohn, 298.

[11] Vgl. W.v.d. HENTEN, The Concept of Martyrdom in Revelation, in: J. FREY/F. TÓTH/J.A. KELHOFFER (Hg.), Die Johannesapokalypse. Kontexte – Konzepte – Rezeption, WUNT I 287, Tübingen 2012, 587–618.

[12] Vgl. Offb 1,9; 2,2–3.9–10.13; 3,10–12; 6,9–11; 7,9–17; 11,3–13; 12,10–11; 13,9–10.14–17; 16,6; 17,6; 18,24; 19,2; 20,4–6; HENTEN, The Concept of Martyrdom in Revelation, hauptsächlich die Seiten 590–597.

[13] Zum goldenen Rauchopferaltar vgl. Offb 8,3–5; 9,13; 14,18; 16,7.

rer eigenen Geschichte getötet wurden.[14] Nach ihrem Tod drängen sie aber auf das gerechte Gericht. Ihr Schrei mit lauter Stimme ist nicht sehr galant: Sie erwarten die schnelle Rache Gottes. *„Wie lange zögerst du noch, Herr, du Heiliger und Wahrhaftiger, Gericht zu halten und unser Blut an den Bewohnern der Erde zu rächen?"* (Offb 6,10). Diese Aufregung der Märtyrer und ihre Sehnsucht nach Rache erscheint verständlich: Die Märtyrer sind vorzeitig verstorben und nun spricht aus ihnen der Schmerz über das zu Unrecht erfahrene Leid und die Empörung gegen ihre Feinde. Der Herr der Geschichte dämpft aber dieses Drängen. Sein Gericht wird kommen, aber zu einer späteren Zeit, worüber nicht die kleinasiatischen Kirchen unter dem Eindruck eines konkreten geschichtlichen Traumas und mit vielen negativen Emotionen beladen entscheiden, sondern der Herr allein bestimmt. Die Märtyrer erhalten als Zeichen für ihre Anerkennung und himmlisch-eschatologische Rehabilitation ein weißes Gewand und sie sind beruhigt, um noch eine kurze Zeit zu warten. Die Geschichte der Welt und die Bosheit der gottlosen Menschen ist noch nicht am Ende. Die Zahl der Märtyrer, d. h. ihrer Mitknechte und Brüder, die noch sterben müssen, soll noch größer werden.

Es war schwer zu verstehen, dass die Welt noch viel weitere Märtyrer braucht, um sich zu verändern. Die Märtyrer und die Christen der kleinasiatischen Kirche mussten Angst um sich selbst und ihr Leben haben. Der Herr der Geschichte zeigt der Kirche, dass der Weg zum Sieg des Evangeliums und zur Erhöhung der Kirche durch eine schmerzliche Erniedrigung führt. Die Ehre der Kirche und ihr Sieg sind in ihrem Leiden verborgen und nicht in ihrer apokalyptischen Machtdemonstration zu sehen. Die Kirche hat die Kraft des Zeugnisses und des Wortes Gottes – das ist der Weg zum Sieg, der eventuell auch durch den Tod führt. Der Sieg der Auferstehung Jesu kann eben im Tod die Hoffnung geben, da von diesem Tiefpunkt der Weg zum himmlischen Thron Christi hinaufführt. Die Aufgabe der Kirche ist nicht, Empörung zu proklamieren und auf Vergeltung zu drängen, sondern treu das Wort Gottes und sein Zeugnis abzulegen. Das Gericht ist die Sache des Herrn der Kirche.

Als gemeinsame Motive dieser Leidensgeschichten lassen sich die folgenden Punkte festhalten:

1. Die Märtyrer sind Menschen, die Christus und seiner Gemeinschaft in der Kirche bis zu ihrem Tod treu geblieben sind, d. h. die das Wort Gottes und sein Zeugnis abgelegt haben. Ihr Bekenntnis ist gewiss christologisch zu verstehen.

---

[14] Vgl. H. GIESEN, Die Offenbarung des Johannes, RNT, Regensburg 1997, 183.

2. Die Märtyrer sind nach ihrem Tod in der Position, nach Gerechtigkeit zu rufen und sie zu erwarten. Sie können bei Gott über ihre Leiden sprechen und ihre Mörder anklagen.

3. Die Märtyrer disponieren aber nicht mit der Zeit und mit der Möglichkeit, auf das Gericht Gottes zu drängen.

4. Der himmlische Christus beruhigt sie, dass sie noch eine Zeit lang ruhig bleiben sollen und dass die Gerechtigkeit und Gottes Gericht zu passender Zeit nach seinem Plan kommen.

5. Der himmlische Christus übernimmt damit für die historische Vergeltung und die Verpflichtung der Feinde Gottes oder Christi und der Kirche zum „Rechenschaft Ablegen" selbst die Verantwortung. Die Märtyrer erhalten nicht die Kompetenzen, selbst und nach ihrem Willen Willkür oder nach dem Grad ihrer Schmerzen Vergeltung zu üben. Damit ist die Kirche gebremst, die Gerechtigkeit willkürlich, d. h. nach ihrer eigenen Sicht der Dinge, zu schaffen, nach Rache zu gieren und die Welt vorzeitig in die totale apokalyptische Katastrophe zu bringen. Die Uhr des himmlischen Christus geht anders als die der „Selbstgerechtigkeit" der Kirche, obwohl die weitere Geschichte der Kirche auch nach dem Tod der Märtyrer noch voll von Leid und Schmerz bleibt.

6. Die Versöhnung, die die Kirche und die gottfremde Welt gleichermaßen brauchen, kann nur Christus geben. Die Empörung der Kirche könnte die Versöhnung blockieren. Darum geht die Gerechtigkeit Gottes einen anderen, eigenen und teilweise geheimen Weg zum Ziel.

IV. Leidensgeschichte und endzeitlicher Sieg der Kirche

In der Offenbarung des Johannes kann man lesen, dass die Kirche trotz Schmerzen und Verfolgung ihre Leidensgeschichte überleben wird, aber dieses Überleben ist nicht nur irgendeine traurige Geschichte, die eine verletzte und aus letzter Kraft lebende, zerrissene Kirche zum Himmel führt. Die kleinasiatische Kirche ist in der johanneischen Apokalypse eine Kirche, die vielmehr Ambitionen hat, eine siegreiche Kirche zu sein, die in der letzten Zeit eine große Rehabilitation erfährt, die bei dem Thron des Lammes auch ihren herrlichen Platz haben möchte.

Aus der apokalyptischen Tradition der kleinasiatischen Kirche sind durch den Visionär Johannes solche Motive hervorgehoben, die die Kir-

che der letzten Zeiten in diese ehrliche Position aufheben. Hier kann man nachfolgendweise zusammenfassen:
Wie der Herr, so muss auch die irdische Kirche leiden. Das gehört zu ihrem irdischen Schicksal. Die gottlosen Mächte lassen sie nie in Ruhe: Sie werden gegen sie demonstrativ mit großer Macht oder in Stille hinterrücks streiten, aber dieser Krieg wird letztlich gegen ihren Herrn und Gott geführt. Die Kirche darf aber wissen, dass ihr Leiden nicht endlos sein wird. Prinzipiell ist schon der Sieg durch das Lamm errungen, und es wird zum Sieg im Eschaton kommen. In verschiedenen Visionen des apokalyptischen Johannes kann sie sich schon im Himmel sehen, weil was „im Himmel bereits besteht [...] auf Erden noch zu erwarten ist".[15] Sie wird alles Unvorstellbare erhalten, was nur der Sieger bekommen kann (Offb 2−3). Sie wird mit herrlichen weißen Kleidern bekleidet (3,5; 7,9). Sie wird die Braut und Frau des Lammes und mit ihm wird sie eine herrliche Hochzeit feiern (19,6−8). Sie wird mit dem Lamm auf seinem himmlischen königlichen Thron sitzen (3,26). Für ihre Vertreter sind im Himmel die Kronen bereitet und sie werden um den Thron Gottes auf ihren königlichen Thronen sitzen (4,4). Die Kirche wird auch auf der Erde als König und Priester herrschen (5,10) und in der letzten Zeit zusammen mit Christus in einer friedlichen Welt regieren (20,6; 22,5).[16] Sie wird die schönste und heiligste Stadt Gottes ohne Flecken sehen, das neue himmlische Jerusalem (21,10).[17] Und sie wird die totale Vernichtung ihres Feindes sehen.[18]
Das ist der großartige Sieg der Kirche, auf den sie in der letzten Zeit hoffen kann und den der Autor als „das *futurum* der Heilsvollendung klar akzentuiert."[19] Die Realisierung ihrer Hoffnung braucht aber noch Zeit. Die Kirche kann die Gerechtigkeit nach ihrem Willen nicht sofort durchsetzen. Sie braucht Geduld und Hoffnung.[20] Das Leiden soll

---

[15] J. FREY, Was erwartet die Johannesapokalypse? Zur Eschatologie des letzten Buchs der Bibel, in: DERS./TÓTH/KELHOFFER (Hg.), Die Johannesapokalypse, (473−552) 548.

[16] In diesem Sinne ist die Kirche zweispurig orientiert: Sie hatte eine innergeschichtliche positive Erwartung und eine eschatologische Erwartung mit ewiger Gottesherrschaft. Vgl. FREY, Was erwartet die Johannes-apokalypse?, 546.

[17] Vgl. P. LEE, The New Jerusalem in the Book of Revelation, WUNT II/129, Tübingen 2001, 267−292.

[18] Vgl. S. ALKIER, Leben in qualifizierter Zeit. Die präsentische Eschatologie des Evangeliums von römischen *Novum Saeculum* und die apokalyptische Eschatologie des Evangeliums vom auferweckten Gekreuzigten, ZNT 12 (2008), (20−33) 31.

[19] FREY, Was erwartet die Johannesapokalypse?, 546.

[20] Vgl. K. ERLEMANN, Endzeitvorstellungen zwischen Hoffnung und Vertröstung, ZNT 12 (2008), 62−69.

die Kirche nicht zerbrechen. Sie soll nicht beim Leiden herunterreissen bleiben und beim Blut der Märtyrer vor Selbstmitleid klagen oder willkürlich wüten. Sie kann nicht nur das erlittene Unrecht und all die Schäden zählen und für die harte, sofortige Vergeltung beten. Der Seher findet die Kirche im Himmel als singende Kirche, die ihre Hymnen mit Freude singt.[21] Das zeigt eindeutig, dass die Kirche in der Offenbarung des Johannes den Sieg stark erwartete ebenso wie die ehrenvolle Position auf dem Thron Gottes und des Lammes, die sie auch in der „dramatischen Liturgie" symbolisch inszeniert hat.[22] Deswegen wird die Kirche in der Apokalypse durch Johannes trotz ihres Leidens vielmehr als siegreiche Kirche dargestellt, die ihre Leiden erträgt und die Vergeltung dafür in die Hand des Lammes legt, obwohl sie sie gerne möglichst bald sehen würde.

V. Erinnerung an die Sünde der gottlosen Mächte

Die Kirche in der Offenbarung des Johannes ist nicht eine solche Kirche, die alles, d. h. hauptsächlich die Bosheit der gottlosen Mächte und das eigene Leiden, sozusagen automatisch vergisst oder vergessen sollte. Der Autor der Apokalypse stellt ganz bewusst alles vor Augen, was seine Kirche erleben musste und was sie auch zu seiner Zeit erfahren soll. Aus diesem Grund erinnert die Kirche auch sich selbst an das unendliche Leiden, an die Verfolgung und Ungerechtigkeit bis hin zum Tod ihrer eigenen Mitglieder, also der Märtyrer.[23] Die Bosheit der feindlichen Mächte ist die Sünde, die ihr Leiden bewirkt hat.
Es gibt mehrere Ursachen für das Leiden und die Verfolgung der Christen. Ich möchte nun drei näher beleuchten, die meiner Meinung nach

---

[21] Es ist interessant zu sehen, dass Johannes in der Offenbarung mehr als 30 Hymnen zitiert, die wahrscheinlich aus der Liturgie der kleinasiatischen Kirche stammen. In diesen Hymnen sind die Texte größtenteils feierlich doxologisch formuliert und voll mit der Verehrung der großen Taten Gottes vor dem Thron Gottes und des Lammes. Vgl. J. BOLYKI, A Jelenések könyve liturgikus elemei [Liturgische Elemente der Johannesoffenbarung], in: I. PERES (Hg.), Kezdetben volt az Ige [Am Anfang war das Wort], FS Lenkeyné Semsey Klára, ATD 1, Debrecen 2011, (201–217) 213–214.

[22] J.-P. RUIZ, Betwixt and Between on the Lord's Day. Liturgy and the Apocalypse, in: D.L. BARR (Hg.), The Reality of Apocalypse. Rhetoric and Politics in the Book of Revelation, SBL 39, Leiden-Boston 2006, (221–241) 224.

[23] Vgl. auch das Leiden und die militante Gegnerschaft zu Rom in den jüdischen Quellen und vor allem in den Apokalypsen dieser Zeit: G. STEMBERGER, Die römische Herrschaft im Urteil der Juden, EdF 195, Darmstadt 1983, 107–111.

ganz wichtig für unsere heutige theologische und kirchliche Orientierung sein können.

1. Die erste Ursache, warum die gottlosen Mächte die Kirche so heftig angreifen, ist ihre Zurückhaltung bei der Kollaboration, womit die Kirche zeigen soll, dass sie die gottlosen Mächte anerkennt, verehrt und ihnen absolut gehorsam ist. Das Defizit dieser Loyalität auf Seiten der Kirche provoziert die Mächte zum Hass und Angriff, diese ungehorsame Kirche als einen Fremdkörper in der Gesellschaft mit Macht und Blut zu liquidieren.

2. Diese Unerwünschtheit der Kirche steigert ihre Orientierung hin auf den Himmel und ihre Huldigung (Proskynese) gegenüber einem anderen „Kaiser", dem Herrn Jesus Christus. Er ist der wirkliche „Führer" der Christen, die seinem Willen und seiner Lehre treu nachfolgen. Letztlich wurde aber Jesus als antirömischer Rebell angeklagt und von der römischen Obrigkeit an das Kreuz geheftet. Seine Nachfolger sind deswegen im Reich nicht erwünscht und gelten als Feinde des Reiches, des Kaisers und seiner Regierung.

3. Die dritte Ursache der Verfolgung der Christen war ihre bewusste Isolation von der römischen Kaiserverehrung,[24] (Religions- und Stadt-)Kultur im Ganzen und den ethischen Normen des kaiserlichen Lebensstils.[25] Bekanntlich herrschte im kaiserlichen Rom und seiner Umgebung sowie auch im ganzen Reich eine sehr freie Moral, wie es auch die zeitgenössischen römischen Dichter bestätigen. So schreibt z. B. Martial in seinen Epigrammen[26] über das moralische Niveau im Reich: Es war voller Korruption, Trunkenheit, Unmoral und Aggression. Wie Martial so schreibt auch Johannes über diese unehrenhaften Ausschweifungen seiner Umwelt,[27] wie z. B. Babylon, die Hure/Hurerei, Unzucht, Trunkenheit (17,2), usw. Diese freie Moral war auch für die römisch-orientalischen Kulte und das religiöses Leben der Antike charakteristisch. Die Kirche konn-

---

[24] Vgl. dazu z.B. die Situation mit dem Provinzialkult in Ephesus: TH. WITULSKI, Kaiserkult in Kleinasien. Die Entwicklung der kultisch-religiösen Kaiserverehrung in der römischen Provinz Asia von Augustus bis Antonius Pius, NTOA 63, Göttingen 2010, 98–101.
[25] Vgl. FREY, Erwägungen zum Verhältnis der Johannesapokalypse, 423.
[26] Vgl. T. ADAMIK (Hg.), Martialis: Electa Epigrammata, Budapest 2001.
[27] Vgl. D.L. BARR, Doing Violence. Moral Issues in Reading John's Apocalypse, in: ders. (Hg.), Reading the Book of Revelation, SBL 44, Leiden-Boston 2004, 97–108.

te diesen Weg natürlich nicht gehen.[28] Aber diese bewusste Distanz und mental-religiöse Selbstständigkeit irritierte die römische Obrigkeit und ihre Diener und verursachte ihr Bestreben, die Kirche zu vernichten.

VI. Die Frage nach der Vergebung der Kirche und ihrer Märtyrer in der Johannesoffenbarung

Mit der Versöhnung hängt auch die Frage nach der Vergebung zusammen. Denn wenn die Kirche nach Gnade und Versöhnung ruft, muss man auch fragen, ob die Kirche bereit ist, diese Gnade und Versöhnung auch ihren Feinden und Mördern zu gewähren? Tatsächlich propagiert die Offenbarung des Johannes in der Eschatologie der kleinasiatischen Kirche keine Feindesliebe oder eine herausragende Vergebungsbereitschaft – im Gegensatz zum Evangelium und den Briefen des Johannes, wo die Liebe ein ziemlich zentrales Thema ist.

Ein Diskussionspunkt bezüglich der Theologie der johanneischen Apokalypse ist die Frage: Wie ist das Verhältnis der Kirche zu ihrer feindlichen Umwelt, d. h. zum Imperium Romanum und seinem Apparat, zu sehen? Die Kirche wurde von ihrem Herrn zur Liebe geführt. Aber wie kann die Kirche die Liebe Gottes, die Gnade und die Vergebung erwarten, wenn sie keine solche Bereitschaft gegenüber ihren Feinden zeigt?

Die Zeit und die Position der Kirche in der Johannesoffenbarung zeigen schon eine andere Entwicklung. Man kann vermuten, dass der apokalyptische Autor von der Zeit der Liebe und Gnade weiß und auch die frühere Geschichte als solche verstand. Liebe und Gnade haben aber ihre historischen Grenzen, wenn die Möglichkeit, Buße zu tun, zu Ende ist. Er versteht seine Zeit bereits als diese kritische historische Epoche und als Anfang des apokalyptischen Endes, das ganz bald kommen wird. Deswegen: *„Wer Unrecht tut, tue weiter Unrecht, der Unreine bleibe unrein"* (Offb 22,11).[29] Dies ist ein klares Wort vom Ende der Gnade. Nach Johannes gibt Gott hier nach dieser Zeit keine Möglichkeit zur Umkehr mehr. Die Sünder, die als Menschen der dämonischen Macht der johanneischen Kirche so viel Leid angetan haben, gehen auf

---

[28] Vgl. G. CAREY, Symptoms of Resistance in the Book of Revelation, in: D.L. BARR (Hg.), The Reality of Apocalypse. Rhetoric and Politics in the Book of Revelation, SBL 39, Leiden-Boston 2006, (169–180) 173ff.

[29] Vgl. Dan 12,10b (nach LXX) und Ez 2,27; D.E. AUNE, Revelation 17–22, WBC 52c, Nashville u.a. 1998, 1217.

ihr unabwendbares Gericht und ihren apokalyptischen Untergang zu. Die imperialen Feinde der Kirche haben mit ihren Taten nicht nur die Kirche, sondern viel mehr Gott und sein Lamm verhöhnt. Sie verfluchten den Namen Gottes (Offb 16,9.21). Diese Sünder wird auch die Kirche nicht verhätscheln.

Der Autor-Visionär fühlt die Zeit schon sehr nahe.[30] Die ganze Offenbarung ist stark geprägt von den Komponenten des schnellen und baldigen eschatologischen Endgeschehens (ἐν τάχει),[31] in dem die Parusie Jesu die zentrale Rolle spielt. So weiß man, dass der himmlische Christus *bald kommt* (2,16; 3,11; 22,7.12.20), *wie ein Dieb* (3,3; 16,15), er ist *schon vor der Tür und klopft an* (3,20); *die Zeit ist nahe* (22,10).[32] Aus diesem Grund ruft ihn die Kirche: *Komm, Herr Jesus* (22,17.20). Trotzdem erscheint es der Kirche, dass der Herr und das mit ihm erwartete Ende des Leidens noch schneller kommen könnte und dass er das gerechte Gericht schmerzlich verzögert (6,10). „Das Schreien der Gerechten gilt als Mittel, das Ende der Welt herbeizuführen."[33]

Die johanneische Kirche hat in der letzten Zeit kaum Kompetenzen, etwas beim Gericht Gottes zu tun. Sie hat aber die Möglichkeit, die Sünden ihrer Feinde bei Gott vorzubringen und Gottes Gericht zuzustimmen und richtig zu finden (16,7; 19,2.11). Hier darf die Kirche ihre Freude frei zeigen (18,20). Für Barmherzigkeit bleibt in dem endzeitlichen apokalyptischen Geschehen kein Raum. Die Menschen werden ohnehin keine Gnade oder Buße suchen, sondern den Tod (9,6).[34]

VII. Erinnerung als Selbstschutz

Es war schon die Rede von der Sehnsucht der Kirche, den Sieg über die gottlosen Mächte zu erlangen. So kann die Johannesapokalypse auf der einen Seite auch als die manifestierte Wanderung der Kirche durch viele Leiden zum Sieg verstanden werden.[35] Auf der anderen Seite können

---

[30] Vgl. K. ERLEMANN, Endzeitvorstellungen zwischen Hoffnung und Vertröstung, ZNT 12 (2008), (62–69) 64.

[31] Vgl. K. ALAND, Das Ende der Zeiten, in: ders., Neutestamentliche Entwürfe, ThB 63, München 1979, (124–182) 153–154.

[32] Vgl. H.W. GÜNTHER, Der Nah- und Enderwartungshorizont in der Apokalypse des heiligen Johannes, FzB 41, Würzburg 1980, 60–69.

[33] H. KRAFT, Die Offenbarung des Johannes, HNT 16a, Tübingen 1974, 119.

[34] Vgl. Jer 8,3 und Hiob 3,21.

[35] Im Sieg Jesu (Apk 5,5: ἐνίκησεν) ist auch die Kirche zum Thron Gottes erhöht. Deshalb, „zweifellos betont die Apokalypse den futurischen Aspekt der erhofften endgültigen Entmachtung der gottfeindlichen Gewalten (16,17–21; 19,11–20,15) und schildert den Zustand der Heilsvollendung des Neuen Jerusalem (21,1–22,5)

wir nicht übersehen, dass eine Intention der Offenbarung auch die Warnung der Mitglieder der Kirche vor dem Abfall oder vor Kollaboration darstellt.
In den politischen Systemen kommt die Kollaboration mit der staatlichen Obrigkeit allgemein aus zwei Gründen vor:

1. *Die Kollaboration aus Angst.* Diese sogenannte „Zusammenarbeit" kann man als *zwangsmäßig* definieren. In diese Not- oder Muss-Kollaboration werden allgemein Menschen mit schwachem Charakter getrieben, oder solche, die um ihr eigenes Leben oder um das Leben ihrer Familie fürchten. Sie sind nicht stark genug, die Risiken der Verfolgung zu ertragen oder in Fällen der Versuchung standhaft zu bleiben. So wurden sie unter dem Druck der möglichen Folgen gebrochen, sie verlassen die erste Liebe (2,4) und dienen gehorsam den staatlichen Mächten. Weil es nicht freiwillig ist, führt das gewiss zu inneren Konflikten und zu einem unruhigen, selbstanklagenden Gewissen. Das Risiko dieses Verhaltens ist ein doppelter Druck: Druck von der Gesellschaft und Druck von der Gemeinde, die solches Verhalten als Verrat definiert. Die Kirche reagiert darauf allgemein mit Beschämung und Verachtung.

2. *Die Kollaboration aus Berechnung*: Man kann vermuten, dass in der kleinasiatischen Kirche des johanneischen Kreises sich auch solche Menschen befanden, die aus eigenem Wunsch und eigener Hoffnung das kaiserliche Regime gerne bedienten, um eine bessere gesellschaftliche Position oder materiellen Gewinn zu erhalten. Diese *freiwillige Kollaboration* könnte den Autor der Apokalypse auch inspiriert haben, seine Warnungen in mehreren Bildern in seinen Text einzubauen.

2.1 Die Warnungen sind zunächst als bloße Bilder und Karikaturen der römischen Macht zu verstehen, die wirklich hässlich, tierisch, stolz, unmoralisch und korrupt dargestellt wird, voll von Blut und Gewalt. Diese Macht repräsentieren die sündige Stadt Babylon, die Hure, die unterirdischen Tiere, die deformierten Beziehungen und die schreckliche Lage innerhalb des Reiches. Wer mit dieser Macht zusammenarbeiten möchte und wem es gefällt, ihr Partner zu sein, der muss sehen, von wem er sein

---

als Zukunftsverheißung" (FREY, Erwägungen zum Verhältnis der Johannesapokalypse, 388).

Geld und seine Ehre erwartet.[36] Und er muss auch den Preis dafür bezahlen, dass er dieser Kollaboration verfällt: Er wird genauso hässlich, tierisch, unmoralisch, korrupt und voll von Blut und Gewalt sein wie seine Herrin Babylon. Auch sein Schicksal wird am Ende keine Ehre und keinen Genuss bringen, sondern ähnlich dem Schicksal Babylons Gericht, Scham und Untergang.[37]

2.2 Die Warnungen richten sich an die potentiellen Kollaborateure, oder an die Sympathisanten des römischen Reiches aus der johanneischen Kirche. Ihre Taten, die geistlich als Hurerei definiert sind, bleiben nicht geheim: Sie werden in die himmlischen Bücher geschrieben (20,12). Das himmlische Lamm kennt sie und bringt sie vor das Gericht. Sie werden dann für alle offenbar. Das ist die Möglichkeit der Kirche: Am Ende alles zu sehen, wahrlich, wie es war, aber auf dem himmlischen königlichen Richterstuhl sitzt der Herr. Die Kirche hat hier keine Kompetenzen, willkürlich das Gericht zu beeinflussen. Wie die himmlische, so muss auch die kleinasiatische Kirche Geduld haben und lernen, dass die Sache des Gerichtes und der Vergeltung allein der Herr erledigt.

Der Apokalyptiker Johannes wollte also mit seinen Visionen die Erfahrungen der Verfolgung und die Erinnerung an das Leiden ins Gleichgewicht bringen. Die bildlichen Visionen gaben ihm die Möglichkeit, die Augen der zwangsmäßigen oder der freiwilligen Kollaborateure zu öffnen, sie von der Versuchung der Kollaboration zurückzuhalten, seine Kirche vor der blinden Bedienung des Imperiums oder vor willkürlicher Rache zu schützen und sie zu trösten, um noch weiter auszuhalten.

VIII. Die „apokalyptische Kirche" in Ephesus

Nach unseren Kenntnissen gab es in Ephesus mehrere christliche Gruppen und Strömungen, die nebeneinander bestanden haben. Je nachdem, auf welche Tradition und Theologie sie sich stützten oder welche Ansichten sie entwickelt haben, standen sie sich näher oder ferner. Mindestens drei solche Strömungen können wir definieren, die direkt in Ephesus oder im ephesischen Umfeld existierten.

---

[36] Vgl. D.L. BARR, The Lamb Who Looks Like a Dragon? Characterizing Jesus in John's Apocalypse, in: ders. (Hg.), The Reality of Apocalypse. Rhetoric and Politics in the Book of Revelation, SBL 39, Leiden-Boston 2006, (205–220) 210ff.

[37] Vgl. FREY, Was erwartet die Johannesapokalypse?, 550.

1. Aus der Apostelgeschichte kann man ersehen, dass in der Stadt Ephesus und ihrer Umgebung ein starker paulinischer Kreis von Christen lebte. Seine Existenz darf man auch in der Zeit der Apokalypse annehmen. Daraus folgt aber auch, dass es in der westlichen kleinasiatischen Region solche paulinischen christlichen Gruppen gab, die ihre Theologie von Paulus weiter treu tradierten und in ihrer eschatologischen Orientierung nicht so apokalyptisch extrem waren. Paulus[38] war zwar Apokalyptikfreund,[39] hat die Eschatologie in Bezug auf die Parusie Christi vorangetrieben und weiß auch von dem Jüngsten Gericht. In seiner theologischen Linie dominieren aber keine radikalen apokalyptischen Extreme, sondern vielmehr seine Lehre von Gerechtigkeit und Versöhnung in Christus. Die Leidensgeschichte Jesu und sein eigenes persönliches Leid benutzt er nicht für eine Theologie der Vergeltung und des Untergangs seiner Feinde. Die Erinnerung führt den Apostel Paulus nicht zu Unrecht und zur Aggression, sondern zu Christus, zu seiner Liebe, Gnade und seiner Versöhnung am Kreuz.[40] In diesem Sinn ist Paulus und wahrscheinlich auch sein kleinasiatisches Christentum gegenüber seinen Verfolgern toleranter als die Christen des Visionärs Johannes.

2. Daneben existierten in Ephesus auch die johanneischen Christen, die der theologischen Richtung des Johannes gemäß lebten und dachten. In der Pluralität der (proto)johanneischen Theologie und Theologie seiner Christen ist das Motiv der Liebe und des Kreuzes Jesu bedeutender, in dem der Tod Jesu als Weg zur Erhöhung und Herrlichkeit verstanden wird (vgl. Joh 3,12−14).[41] Das Leid und die Erniedrigung Jesu sowie die Verfolgung sind im Evangelium des Johannes nicht dämonisiert; sie haben keinen negativen Klang und bergen keinen Hass auf die Verfolger. Die johanneische Erinnerung berührt die Passionsgeschichte Jesu, jedoch an der Spitze des Leidens Jesu steht der Sinn seines Todes, in welchem die Sendung Jesu nach dem Willen des Vaters zur Vollendung kommt. Die größte Sorge Jesu vor sei-

---

[38] Vgl. z.B. E. CUVILLER, Das apokalyptische Denken im Neuen Testament. Paulus und Johannes von Patmos als Beispiele, ZNT 12 (2008), (2−12) 6−7.

[39] Vgl. G. MÜNDERLEIN, Die Überwindung der Mächte. Studien zu theologischen Vorstellungen des apokalyptischen Judentums und bei Paulus, Zürich 1971, 58ff.

[40] Aus der Sicht des Paulus ist dies selbstverständlich, weil Paulus früher selbst ein Verfolger der Christen war. Vgl. A. LINDEMANN, Sünde, Schuld, Vergebung? Paulus als Verfolger der Kirche und als Apostel Jesu Christi, Studia Theologica Debrecinensis/Sonderheft (2012), 53−79.

[41] Vgl. U. SCHNELLE, Theologie des Neuen Testaments, UTB 2917, Göttingen 2007, 655.

nem Tod ist nicht seine Angst um sich selbst, sondern um die Einheit seiner Jünger und die überzeugte Verkündigung der Worte Jesu (Joh 17). Sein Wort am Kreuz „*Es ist vollbracht!*" (Joh 19,30) legitimiert sein Leiden und seinen Tod als gehorsame göttliche Tat im Heilsplan des Vaters und einen solchen Sinn wollte Jesus auch dem Schicksal und Leiden seiner Jünger geben,[42] welches der johanneische Kreis in Ephesus weiter tradieren und entwickeln konnte.

3. Daneben kann man in Ephesus auch solche Gruppen finden, die stärker apokalyptisch orientiert waren. Das Bild von ihnen ist aber nicht ganz einheitlich, weil schon aus den „himmlischen Briefen" aus dem 2. und 3. Kapitel der Offenbarung des Johannes klar wird, dass man auch im Rahmen dieser Gemeinden innere Unterschiede feststellen kann.[43] Schon die sieben Gemeindebriefe deklarieren, dass Differenzen zwischen den einzelnen Gemeinden, die zusammen eine Form von kirchlichem „Seniorat" oder „Distrikt" mit einem zentralen Ort in Ephesus[44] bilden, existierten. Ihre theologischen Akzente unterschieden sich ein wenig. Im Prinzip befindet sich in Ephesus eine bedeutende Gruppe, die über andere dominiert und die sehr stark apokalyptisch denkt. Es ist auch möglich, dass eben diese Gruppe oder Hausgemeinde viel mehr blutige Inquisition erfahren hat als die anderen. Deswegen ist auch ihre Reaktion auf die Verfolgung aggressiver und nachdrücklicher und sie fordert die gerechte Vergeltung ihrer Feinde. So ist ihre Theologie stark apokalyptisch geprägt. Dies kommt auch in ihrer Liturgie und in den Hymnen zum Ausdruck, die sie über den Fall der verhassten sündigen Stadt Babylon singt. In diesen Liedern ist die Erinnerung an das Leiden und auf die Verehrung Jesu konzentriert, aber auch – allerdings merklich weniger – an das Leiden und Blut der Märtyrer, wie auch auf den prophezeiten Untergang Babylons.

Es ist auch vorstellbar, dass die Christen in Kleinasien ihre Position und Zugehörigkeit nicht so genau definiert hatten, wie es wir heute sehen

---

[42] Vgl. z.B. die Worte Jesu zu Petrus in Joh 21,18—19 über seinen Tod, der aus dem Mund Jesu und in der johanneischen Tradition über das Leiden der Nachfolger Jesu als Tod zur Ehre Gottes definiert wird.

[43] J. FREY, Von Paulus zu Johannes. Die Diversität „christlicher" Gemeindekreise und die „Trennungs-prozesse" zwischen der Synagoge und den Gemeinden der Jesusnachfolger in Ephesus im ersten Jahrhundert, in: C.R. ROTHSCHILD/J. SCHRÖTER (Hg.), The Rise and Expansion of Christianity in the First Three Centuries of the Common Era, WUNT 301, Tübingen 2013, (235—278) 240.

[44] Es ist gewiss kein Zufall, dass der erste Brief in dem Corpus der himmlischen Briefe eben der an die Gemeinde in Ephesus ist (Offb 2,1—7).

möchten.⁴⁵ Die verschiedenen religiösen Wirkungen und Strömungen gaben den Christen große Freiheit, zu der einen oder anderen theologischen Tradition zu gehören, oder ihre Zugehörigkeit latent zu behandeln, wie es auch Jörg Frey sagt: „Es kam bereits sehr früh in Ephesus zu einem Nebeneinander von unterschiedlich geprägten Gemeinden von Jesusnachfolgern".⁴⁶ Die Christen in Ephesus und deren Umfeld konnten in dieser Pluralität leben und auch ihre Zugehörigkeit wechseln. Das heißt, dass sie freiwillig von Paulus zu Johannes oder umgekehrt konvertieren, oder gleichzeitig zu beiden (und eventuell noch zu anderen, z. B. zu der Synagoge) gehören konnten. Denn, wie Reinhold Bernhardt sagt, „die religiöse Mehrfachzugehörigkeit kann sich als Reaktion auf eine interreligiöse Lebenssituation ausbilden. Dies ist der Fall bei Menschen, die in zwei oder mehreren Religionstraditionen sozialisiert wurden und in beiden leben wollen".⁴⁷ In diesem Fall mussten sich aber die kleinasiatischen johanneischen Christen wegen ihrer Konversion oder ihrer neuen religiösen Herkunftsidentität⁴⁸ den Vorwurf gefallen lassen, dass sie zwar die neuen Apostel auf die Probe gestellt haben (2,2), die Johannes als Lügner bezeichnet, aber trotzdem (oder eben deswegen) *die erste Liebe verlassen haben* (2,4). Ist das eine Anklage an seine Christen, die von seiner harten apokalyptischen Richtung zu einer gemäßigten paulinischen Linie konvertierten? Oder ist dies gegen solche johanneischen Christen gerichtet, die noch stärker apokalyptisch sein wollten und die unruhigen, noch radikaleren Wanderapokalyptiker angenommen haben? Beide Fälle sind nicht ausgeschlossen. Wir heute können nur fühlen, dass zwischen den Radikalen, die baldige Vergeltung gegen die Feinde erwarteten, und den gemäßigten Christen, die sich nach Versöhnung sehnten, eine innere Spannung bestand und dass die Christen in ihrer Identität oder theologischen Zugehörigkeit recht flexibel waren. Es ist aber nicht zu leugnen, dass die Haupttendenzen in der Apokalypse eine Dringlichkeit zeigen.

Eine andere Frage ist, ob die apokalyptische Orientierung der kleinasiatischen Gemeinden in ihrem Ursprung mehr jüdisch oder hellenistisch geprägt wurde, oder: Woher sind diese apokalyptischen Intentionen in

---

[45] Vgl. J. DOCHHORN, Ist die Apokalypse des Johannes ein Text des Christentums der Asia? Einige Überlegungen, in: ROTHSCHILD/SCHRÖTER, The Rise and Expansion of Christianity, 299–323.

[46] FREY, Von Paulus zu Johannes, 246.

[47] R. BERNHARDT, Die Ausbildung religiöser Mehrfachzugehörigkeit als eine Form von Konversion?, in: CH. LIENEMANN-PERRIN/W. LIENEMANN (Hg.), Religiöse Grenzüberschreitung. Studien zu Bekehrung, Konfessions- und Religionswechsel, StAECG 20, Wiesbaden 2012, (166–192) 169.

[48] Vgl. a.a.O. 170.

den johanneischen Visionen entnommen? Meines Erachtens sind diese Motive aus der jüdischen Apokalyptik übernommen,[49] die ziemlich rachebezogen und aggressiv war. Der Visionär Johannes aber hat dieser apokalyptischen Orientierung durch seine Offenbarung in seinem Christentum eine apostolische Legitimität gegeben. So konnte man sie als anerkannte theologische Meinung im kleinasiatischen christlichen Umfeld präferiert finden, ohne dass sie jedoch in allen christlichen Gemeinden in Kleinasien eindeutig akzeptiert worden wäre.[50] Deswegen wäre es ein Irrtum, zu denken, dass in der Zeit der Abfassung der Johannesoffenbarung das ganze kleinasiatische Christentum und seine Theologie so stark apokalyptisch orientiert gewesen wären, wie es in der Offenbarung erscheint. Mit Gewissheit kann man sagen, dass das Christentum in dieser Zeit – auch innerhalb einer theologischen Schule, wie es z. B. die paulinische[51] oder die johanneische waren – theologisch viel stärker polarisiert war als angenommen. Und dieselbe Situation finden wir auch bezüglich der Frage nach der Versöhnung. Eben aus der Apokalypse wird deutlich, dass die Erinnerung an das Leiden und Blut der Märtyrer sehr stark war und dass diese apokalyptische Gruppe das nicht vergessen wollte.[52] Ein „Katalysator" war darin Jesus, der die Vollstreckung der Gerechtigkeit nicht der Kirche überlassen hat, sondern sie als Herr der Geschichte selbst durchführen will.

IX. Zusammenfassung (Konsequenzen für heute)

Die Kirche hat ihre Entwicklungsgeschichte und innerhalb derer finden sich mehrere geistliche oder theologische Tendenzen und Strömungen, die von der Zeit, der Gesellschaft, dem geistlichen Klima, den sozialen

---

[49] Vgl. L.T. STUCKENBRUCK/M.D. MATHEWS, The Apocalypse of John, 1 Enoch, and the Question of Influence, in: FREY/TÓTH/KELHOFFER, Die Johannesapokalypse, 191–234.

[50] Vgl. D. FRANKFURTER, The Legacy of Jewish Apocalypses in Early Christianity: Regional Trajectories, in: J.C. VANDERKAM/W. ADLER (Hg.), The Jewish Apocalyptic Heritage in Early Christianity, CRINT 4, Assen-Van Gorcum 1996, (129–200) 131–132.

[51] Vgl. z.B. J.R. ASHER, Polarity and Change in 1 Corinthians 15, HUTh 42, Tübingen 2000. Diese Polarität innerhalb des frühen Christentums ist keine Überraschung. Sie ist auch in anderen religiösen Strömungen der Antike oder in philosophischen Denkrichtungen und Systemen evident, wie z.B. in der Metaphysik des Aristoteles, bei den Stoikern oder bei Platon; vgl. a.a.O. 176–201.

[52] Vgl. S. ALKIER, Leben in qualifizierter Zeit, 29.

Problemen, dem religiösem Vakuum oder der Vermischung usw. abhängen und die sie positiv oder auch negativ beeinflussen.

Die Einheit der Kirche besteht nicht in einer von einer einzigen Gruppe vorgeschriebenen Lehre oder einem dogmatischem Uniformismus, sondern in der Dynamik des Glaubens als Konsequenz eigener, selbstständiger Meinungen von einzelnen christlichen Gruppen, Kreisen und Strömungen.

Die Kirche muss damit rechnen, dass in ihrer Geschichte von Zeit zu Zeit auch solche Aktivitäten vorkommen, die diese oder jene theologische Themen stärker präferieren oder überspitzen werden, z. B. Enthusiasmus, Pneumatologie, Diakonie, Parusie, Apokalyptik oder eben Asketismus.

Konversion ist auch innerhalb der Kirche möglich. In verschiedenen Zeiten können die Christen ihre Sympathie mehr zu der einen oder anderen geistlichen und theologischen Richtung zeigen. Auch die theologischen Akzente kommen unterschiedlich zum Ausdruck.

Auch in der Kirche besteht die Gefahr, die Sehnsucht nach Rache und willkürlicher Vergeltung zu schüren und auch zu übertreiben. Das hängt mit einer allgemeinen psychologischen Tendenz der Menschen zusammen, eher zu richten, zu verfolgen und zu schikanieren als zu vergeben und zu versöhnen sowie mehr zu erinnern als zu vergessen.

Es ist eine beständige Sorge der Kirche, die Radikalen oder Rebellen zum Frieden zu führen oder zumindest zu beruhigen. Der beste Weg dorthin ist, neben guter Kommunikation, immer die Liebe. Alle anderen Methoden können große Wunden schlagen.

Die Kirche soll fest glauben, dass ihre Geschichte in einem geschichtlichen Prozess und einer Entwicklung stattfindet, in der viele Komponenten eine Rolle spielen, von denen die Kirche wissen kann oder auch nicht. Das Wichtigste für die Kirche aber ist, (unabhängig davon, ob sie ihre Geschichte versteht oder nicht), zu wissen, dass „weil Gott Herr über die Geschichte ist, er es auch über die dunklen Phasen ist, deshalb ist der eschatologische Sieg gewiss".[53]

---

[53] FREY, Was erwartet die Johannesapokalypse?, 551.

Michael Welker

Geschichte erinnnern – heilende und zerstörerische Formen der Erinnerung und des Gedächtnisses

I. Berliner Kindheit und früh persönlich erlebtes „kaltes Gedächtnis"

Meine Vorfahren stammen väterlicherseits aus Thüringen, mütterlicherseits aus Schlesien und Berlin. Meine Eltern lernten sich während der Kriegsjahre in Berlin kennen. Ich wurde 1947 in Erlangen geboren, wo mein Vater in Zahnmedizin promovierte. Ab 1948 wuchs ich im West-Berlin der Nachkriegszeit auf. Von der Not der Blockade, dem Hunger, der Kälte, den mit Brettern vernagelten Fenstern – von all dem weiß ich nur aus kurzen Erzählungen, eher vereinzelten Bemerkungen. Deutlich aber sehe ich noch heute die vielen Ruinen in unseren Straßen vor mir und die zahlreichen Kriegsversehrten: die blinden Menschen mit dunklen Brillen und gelben Armbinden, vor denen ich immer etwas Angst hatte, Menschen mit schwer entstellten Gesichtern, Männern an Krücken mit einem amputierten Bein und dem hochgesteckten Hosenbein, Schwerbeschädigte, die in zwei- oder dreirädrigen Wagen geschoben wurden oder sich mühsam selbst fortbewegten. Die vielen Wunden, die Nationalsozialismus und Krieg geschlagen hatten, und das dumpfe, litaneiartige Reden von den „Brüdern und Schwestern in der SBZ, der Sowjetischen Besatzungszone", waren dunkle Hintergründe unseres alltäglichen kindlichen Lebens.

Meine drei jüngeren Brüder und ich lebten in einer Welt, deren dunkle Seiten uns niemand auch nur in Ansätzen historisch oder politisch erschloss. Meine Mutter hatte als Rote-Kreuz-Schwester die Bombennächte in Berlin miterlebt. Mein Vater war mit 17 Jahren in den Arbeitsdienst nach Belgien geschickt worden, mit 19 in den Krieg nach Russland. Kurz vor der Schlacht von Stalingrad wurde er in eine Einheit verlegt, die mit den Partisanen auf Korfu und Kreta zu kämpfen hatte. Mit ihrem Schweigen wollten unsere Eltern uns Kinder sicher auch schonen. Doch selbst in späteren Jahren war es ihnen unmöglich, uns zu vermitteln, was sie erlebt und durchlitten hatten. Erst als junge Erwachsene etwa hörten wir, dass unser geliebter Großvater mütterlicherseits seine Stelle in einem Berliner Verlag verloren hatte, weil er sich strikt weigerte, in die NSDAP einzutreten, und dass er auch in der Nachkriegszeit ein sehr bescheidenes Leben fortsetzte, denn er hatte sich auch geweigert, seine ehemaligen Kollegen zu denunzieren. Wir erfuhren ebenfalls sehr spät, dass die Großmutter väterlicherseits ihren Mann und ihre drei kleinen Kinder, die davon ein Leben lang traumatisiert blieben, verlassen und mit einem begeisterten Nazi eine neue Familie gegründet hatte. Sie ging mit diesem Mann nach dem Krieg nach Brasilien und war in unserer Familie einfach nicht präsent. Wir wuchsen in einer Welt auf, in der viele Regionen mit Schweigen besetzt waren, um Leiden und Schuld, Angst, Hilflosigkeit, Trauer und Grauen von uns fernzuhalten.

Direkt neben unserem Haus war ein Flüchtlingsbunker. Ein ehemaliger Luftschutzkeller diente als Not- und Übergangsaufnahmelager. Die Menschen lebten in mehrstöckigen Kellern. Ich habe „den Bunker" damals nie betreten. Heute ist er wohl versiegelt. Er war für uns ein Ort, um den wir einen großen Bogen machen mussten. Wir sahen oft Betrunkene. Es hieß, dass einige von ihnen sogar billigen Brennspiritus tranken, aus Flaschen mit einem Totenkopf auf dem Etikett, wie sie in der Praxis meines Vaters standen. Wir sahen verwahrloste Menschen, die vor dem Eingang des Bunkers auf der Straße saßen. Schlägereien und Gewaltausbrüche waren an der Tagesordnung. Wir hörten nachts die Polizeisirenen und sahen das Blaulicht an unserer Zimmerdecke widerscheinen. Niemand erklärte uns, dass hinter diesem gewalttätigen Vordergrund Elend und Leid lagen und dass hier viele Menschen in unglücklichen Übergangssituationen lebten. „Bunkerwanzen" wurden die Kinder aus dem Flüchtlingslager in den ersten Schulklassen genannt. Meine Brüder und ich haben diese Schmähreden und die Hänseleien nie mitgemacht. Aber wir wären auch nicht auf die Idee gekommen, eines dieser Kinder zu uns einzuladen. Sie gehörten in die andere Welt – hinter die Mauern des Schweigens.

Mit acht Jahren lernte ich eine zweite Spaltung der Welt und neue Mauern des Schweigens intensiver kennen, weil ich Mitglied des Berliner Staats- und Dom-Chors wurde. Wir probten zwei- oder dreimal in der Woche am Alexanderplatz in Ost-Berlin. Häufig sangen wir auch sonntags im Bischofsgottesdienst in der Marienkirche. Ich musste also regelmäßig mit der U-Bahn in den Ostsektor der Stadt fahren: „Achtung, Achtung, Sie verlassen jetzt ..." Natürlich hatte ich schon in frühen Kindertagen „die Grenze" mitbekommen, die von „den Vopos", den Volkspolizisten, bewacht wurde, hinter denen „die Russen" standen. Aber auch jetzt erklärte mir niemand in der Familie oder im Chor, was eigentlich „das andere" war am „Osten". Dass die Gerüche, die Beleuch-

tung, dass das Straßenbild (die vielen roten Transparente), das Geld und die Preise anders waren, das war auch dem Kind sofort klar. Allmählich merkte ich auch, dass die Kleidung und die Haltung vieler Menschen anders waren als „im Westen".
Einmal kaufte ich mir am Bahnhofskiosk eine Jugendzeitschrift der SED-Jugendorganisation. „Fröhlich sein und singen", so hieß die Zeitschrift der „Jungen Pioniere". Ich kaufte sie nicht aus politischen Interessen heraus. Diese lagen völlig außerhalb meiner Vorstellungskraft. Ich kaufte die Zeitung, weil eine kleine Tüte mit wenigen Sonnenblumenkernen beigeheftet war und weil der Titel mit einer wunderschönen Sonnenblume Saat und Wachsen verhieß. Dem konnte ich nicht widerstehen. Auf unserem von einer Eiche völlig überschatteten Balkon wuchs zwar später keine Sonnenblume. Aber ich konnte nun lesen, welche Freuden die „Jungen Pioniere" zu bieten hatten. Ich versuchte, meine Mutter zu befragen. Das Heft wurde ohne Kommentar einfach konfisziert: So etwas liest man nicht!
Ich erlebte, wie sich in den wenigen Jahren meiner Chormitgliedschaft das Klima in Ost-Berlin veränderte. Die Grenzkontrollen nahmen zu. Der Ton wurde schärfer, die Gesichter in der U-Bahn wurden angespannter. Aber wir Jungen aus Ost und West sangen im Chor Woche für Woche Bach, Schütz, Kantaten, Choräle, Passionen ...: Te Deum Laudamus. Wir Kinder lebten im Rhythmus von Tag zu Tag, Woche zu Woche, Weihnachtsfest zu Weihnachtsfest. Der Volksaufstand in der DDR vom 17. Juni 1953 und der Ungarnaufstand brachen in unsere Lebenswelt ein wie Tsunamis. Natürlich wurden die Flaggen auf Halbmast gesetzt, es wurde von „Märtyrern der Freiheit" gesprochen, „Gott wird mit ihnen und mit uns sein", sagte Konrad Adenauer, und die „Glocken der Freiheit" wurden geläutet, sagte die Presse. Symptomatisch für das wirklich gelebte Leben im Westen der gespaltenen Stadt war der Refrain des Erkennungsliedes des West-Berliner Kabaretts „Die Insulaner". Das von Günter Neumann inszenierte Kabarett war von 1949 bis zum Bau der Berliner Mauer zeitweilig eine der Lieblingssendungen im Berliner RIAS (Rundfunk im amerikanischen Sektor). Das Erkennungslied schloss mit den Versen: „Der Insulaner verliert die Ruhe nicht, der Insulaner liebt keen Jetue nicht. Der Insulaner hofft unbeirrt, dass seine Insel wieder'n schönes Festland wird." Nicht die Ruhe verlieren, keine unnötige Aufregung, vage Hoffnung auf politischen Wandel zum Besseren – das waren, aus meiner Sicht, die Maximen der Jahre des Kalten Krieges im Berlin meiner Kindheit und in Westdeutschland. Die Feier des 17. Juni, nach dem Bau der Mauer wieder etwas politisch intensiviert, habe ich in meiner Schulzeit in Berlin und dann in

der Pfalz als eine alljährliche politische Pflichtübung erlebt. Im Kontext unseres heutigen Nachdenkens über Gedächtnis und Erinnerung würde ich kommentieren: Um seinerzeit den Kalten Krieg auch wirklich kalt zu halten, wurden wir stetig mit einem Gedächtnis versorgt, das Claude Lévi-Strauss „kaltes Gedächtnis" genannt hat.[1] Jan Assmann kommentierte dieses Gedächtnis treffend: „‚Kälte' ist nun aber nicht lediglich ein anderes Wort ... für das, was andere ‚Geschichtslosigkeit' und ‚fehlendes Geschichtsbewusstsein' nennen." Es ist „eine positive Leistung (gemeint), die einer besonderen ‚Weisheit' und speziellen ‚Institutionen' zugeschrieben wird. Kälte ist nicht der Nullzustand der Kultur, sie muss erzeugt werden. Es geht also nicht nur um die Frage, in welchem Umfang und in welchen Formen Gesellschaften ein Geschichtsbewusstsein ausgebildet hat, es geht zugleich auch um die Frage, in welchem Umfang und in welchen Formen, mit Hilfe welcher Institutionen und Sozialmechanismen, eine Gesellschaft den Wandel ‚eingefroren' haben. ‚Kalte' Kulturen leben nicht in der Vergessenheit von etwas, was ‚heiße' Kulturen erinnern, sondern in einer anderen Erinnerung. Um dieser Erinnerung willen muss das Eindringen von Geschichte verhindert werden. Dazu dienen die Techniken ‚kalter' Erinnerung."[2]

Eine dritte Spaltung der Welt erfuhr ich mit zehn oder elf Jahren, mit einem etwas abrupten, durch ein Versehen meiner Eltern um fast ein Jahr verspäteten Eintritt in das Französische Gymnasium. Nach einer Eingangsphase wurde der gesamte Unterricht – außer Deutsch und Religion – auf Französisch erteilt. Deutsch wurde zur Fremdsprache. Nach der Belastung, schnell ein Jahr Französisch Intensivunterricht ohne Nachhilfe aufholen zu müssen, machte ich die beglückende Erfahrung, wie sich eine „fremde Welt" sprachlich und dann auch erlebnismäßig öffnete. Ich besuchte französische Klassenkameraden, und sie besuchten mich. Ich begann, andere Denkweisen, Lebensgewohnheiten, Traditionen zu verstehen, schätzen zu lernen und in verschiedenen „Lebenswelten" zu denken und zu leben.

Am Französischen Gymnasium wurde ich eines Tages direkt mit dem Abgrund des Grauens der nationalsozialistischen Vergangenheit konfrontiert. Ohne pädagogische und politische Vorarbeit (und auch ohne Nacharbeit) wurden mehrere Klassen des Gymnasiums in die französische Kaserne abkommandiert. Es wurde uns ein Film über die Konzentrationslager und den dortigen Massenmord gezeigt. Der Film traf mich

---

[1] Das wilde Denken, Frankfurt ⁹1994, 270.
[2] J. ASSMANN, Das kulturelle Gedächtnis. Schrift, Erinnerung und politische Identität in frühen Hochkulturen, München ⁷2013, 68.

wie ein Erdbeben. Noch heute sehe ich die ausgemergelten Menschen hinter den Zäunen und die Bilder der Leichenberge erdrückend vor mir. Obwohl wir durch eigene Lektüre und auch durch jüngere Lehrer in der Oberstufe des Gymnasiums immer mehr Details über die Grausamkeiten des Dritten Reiches und der stalinistischen Herrschaft erfuhren, wurden bis in die Sechzigerjahre hinein in meinen Umgebungen weder antifaschistische noch antikommunistische Bewusstseinshaltungen und Lernprozesse nennenswert kultiviert. Sie wurden in der Latenz gehalten, im gekühlten Gedächtnis gelagert.

Dem entsprechen auch Erfahrungen in der christlichen Jugendarbeit, bei den christlichen Pfadfindern, die ich ab 1962 in der Pfalz machen konnte. Sprechend sind die Lieder, die wir sangen, und die weitgehend noch heute gesungen werden, jenseits der Wanderlieder und der Blödel-Songs (wie „Bolle reiste jüngst zu Pfingsten..."). Attraktiv waren für uns amerikanische Spirituals, attraktiv waren aber auch die Lieder über den Mongolensturm („... hinter uns bleibt Tod und Elend, rauchen Dörfer, und Verzweiflung steht den Menschen im Gesicht") und über die Tscherkessen-Horden („... die harte Faust umspannt die kurze Lanze, zum Stoß bereit, denn zahlreich sind der Feinde Scharen"). Wenn es ernst, feierlich und fromm werden sollte, vor allem in den Großen Zeltlagern, dann wurden Lieder gesungen wie: „Kommen wir geschritten über braches Feld, unter unsren Tritten wächst die neue Welt"; oder „Sprung mit Gott ins Ungewisse! Tod, dein Messer trifft uns nicht! Wer sich wagend hingegeben, springt ins Auferstehungslicht." Oder: „Lumpen und Tyrannen lungern um den Straßenrand der Welt, wer in Christus sich gegürtet, schlägt den Teufel aus dem Feld." Heißes Blut, Kriegs- und Kampfbegeisterung blieben unter der gut gekühlten kulturellen und religiösen Oberfläche latent erhalten.

II. Kaltes und heißes, kollektives, kommunikatives und kulturelles Gedächtnis

In einer 2014 in New York durchgeführten internationalen und interdisziplinären Konsultation, vor allem mit Psychologen, zum Thema „Memory and Imagination" (Gedächtnis und Vorstellungskraft) haben wir unter Anlehnung an eine Sprachregelung in der Ökonomie „Mikrogedächtnis und Mikrovorstellungskraft" einerseits und „Makrogedächtnis und Makrovorstellungskraft" andererseits unterschieden. Viele empirisch arbeitende Psychologen konzentrieren sich auf das individuelle Gedächtnis, auf Person-zu-Person-Kommunikation, auf das sogenannte episodische Gedächtnis. Viele von ihnen gehen immer noch davon aus, dass das episodische autobiografische Gedächtnis die Basis für komplexere Formen der Geschichtserinnerung bildet. Doch zunehmend stellen sich auch die vor allem im Labor mit Interviews arbeitenden Kollegen und Kolleginnen die Fragen, wie persönlich das sogenannte persönliche Gedächtnis eigentlich ist und ob das individuelle Gedächtnis als solches tatsächlich ein Garant für akkurate Wahrnehmung vergangener Ereignisse ist. Sie sehen das autobiografische Gedächtnis in offenen Systemen mit vielfältigen Ebenen sozialer, kultureller und historischer Variablen arbeiten. Vor diesem Hintergrund wird dann die Formenwelt der kommunikativen Gedächtnisse, der Makrogedächtnisse, von Interesse und von Belang.

Die oben vorgetragenen Überlegungen wurden mit Perspektiven aus autobiografischem Mikrogedächtnis begonnen. Dieses episodische Gedächtnis war aber in der Berliner Nachkriegszeit im Kontext des Kalten Krieges nach meiner heutigen Sicht und Diagnose in notorisch gekühlte Makrogedächtnisse eingebettet. Ein „heißes Gedächtnis" hätte demgegenüber die Wunden, die Verbrechen, die moralische und politische Ratlosigkeit, die Ermordeten, die Leidenden, die Märtyrer und die Helden der Vergangenheit stark und anhaltend in unser Bewusstsein gerückt. Ein solches heißes Gedächtnis hätte sehr leicht – mit einer Wendung Karl Barths gesagt – einen „moralischen Kampf aller gegen alle" mit unabsehbaren wechselseitigen Anklagen und Verfolgungen entfachen können. Es hätte sich aber auch in einem ideologischen „heißen kollektiven Gedächtnis" konsolidieren können, das unter Selektion bestimmter Unrechtserfahrungen scharfe Freund-Feind-Bilder und entsprechende politisch-moralische Stimmungen entwickelt hätte. Jan Assmann hat den in den Religions- und Kulturwissenschaften verwendeten Terminus „Mythomotorik" empfohlen, um die kollektiv moralische Stimmungen und Handlungs- oder Beschwichtigungsmotivationen erzeugende Kraft der Erinnerung zu verdeutlichen.[3] Man wird nicht pauschal und a priori im Blick auf das heiße und das kalte Gedächtnis das eine Gedächtnis gut und das andere schlecht nennen können. Hoch problematisch, ja gefährlich ist ein Gedächtnis, das diffuse aggressive moralische Energien entfesselt, ebenso problematisch ist aber auch ein Gedächtnis, das Erinnerungen und moralische Imaginationen zu scharf koordiniert, sozusagen in umfassende gleichlaufende Schwingungen versetzt und massenhaft geteilte Stimmungen von Hass und Verzweiflung erzeugt.

Die Gedächtnistheorien, die sich in den letzten Jahrzehnten mit Makrogedächtnissen befasst haben, wurden stark geprägt von Impulsen

---

[3] ASSMANN, Das kulturelle Gedächtnis, 78–86.

des Soziologen Maurice Halbwachs. Die Titel seiner wirkungsvollsten Schriften lauten in deutscher Übersetzung: „Das kollektive Gedächtnis"[4] und „Das Gedächtnis und seine sozialen Bedingungen"[5]. Halbwachs bedenkt nicht nur die Leistungsgrenzen des individuellen und neuronalen Gedächtnisses; er zeigt vor allem die kognitiven und mentalen Errungenschaften des geteilten, gemeinsamen Gedächtnisses und seine sozialen Kultur und Welt prägenden Effekte auf.[6] Gedächtnisforscher wie der Kunsthistoriker Aby Warburg, der Ethnosoziologe Claude Lévi-Strauss und der Ägyptologe und Kulturtheoretiker Jan Assmann haben diese Ansätze zur Gedächtnistheorie aufgenommen und beständig verfeinert. So hat Assmann das kommunikative Gedächtnis und das kollektive Gedächtnis differenziert. Während das kollektive Gedächtnis extrem starke Bindungsformen, stabile moralisch-politische Weltanschauungen, homogenisierende Selbstverständnisse, scharfe Innen-Außendifferenzen bis hin zu aggressiven Freund-Feind-Bildern entwickelt und transportiert, ist das kommunikative Gedächtnis zwar bindend, aber doch beständig im Fluss und prinzipiell polyphon. Beständige Prozesse des Lernens, des Orientierens, aber auch des Umorientierens sind für das kommunikative Gedächtnis charakteristisch. Das von den modernen Massenmedien und von pluralistisch-demokratischen gesellschaftlichen Bildungsprozessen geprägte Gedächtnis ist dafür paradigmatisch. Das kommunikative Gedächtnis nimmt nicht nur zahllose individuelle episodische Gedächtnisleistungen auf, es bringt sie in Prozesse der Abstimmung von Erinnerungen und Erwartungen ein. Das kommunikative Gedächtnis entwickelt Reservoirs von Themen und Wissensbeständen, geteilten Erinnerungen und Imaginationen, die zur Stabilisierung des gemeinsamen und geteilten Gedächtnisses führen und eine vage und fließende soziale Identität stiften.

Die zweite wichtige Unterscheidung, die Assmann zur Diskussion stellt, ist die Unterscheidung von kommunikativem und kulturellem Gedächtnis. Das kulturelle Gedächtnis bezieht sich auf stabile Erinnerungs- und Identitätskerne mit großer bildungsrelevanter, moralischer, politischer und oft auch religiöser Ausstrahlung. Die Französische Revolution, der Civil War in den USA, 1933, der Holocaust, der 11. September prä-

---

[4] Stuttgart 1967 (Neuauflage Frankfurt 1985 u. 1991; französisches Original: La mémoire collective, Paris 1939).
[5] Berlin 1966 (Neuauflage Frankfurt 1985 u. 2006; französisches Original: Les cadres sociaux de la mémoire, Paris 1925).
[6] Siehe dazu J. ASSMANN, Zum Geleit, in: DERS. (Hg.), Kontexte und Kulturen des Erinnerns. Maurice Halbwachs und das Paradigma des kollektiven Gedächtnisses, Konstanz 2002, 7–11.

gen deutlich das globale kulturelle Gedächtnis. In unseren nationalen kulturellen Gedächtnissen spielen ausstrahlungsstarke Ereignisse wie der Volksaufstand von 1956 in Ungarn und der Fall des Eisernen Vorhangs 1989 bzw. der Bau und der Fall der Berliner Mauer gewichtige Rollen. Das kulturelle Gedächtnis verbindet sich mit folgenreichen mnemotechnischen Praktiken und Institutionalisierungen. Allgemeine Bildung in Schulen und an Gedenktagen, historische Forschung, literarische Einsichten, politische Instrumentalisierung, mediale und künstlerische Aufbereitung und Verstärkung – von vielen kulturprägenden Kräften wird das kulturelle Gedächtnis aufgenommen, geprägt, verstärkt, zirkuliert, aber auch umgebaut und deformiert.

Exkurs zur Vieldeutigkeit des „kulturellen Gedächtnisses" bei Jan Assmann:

Der Begriff „kulturelles Gedächtnis" wird in den verschiedenen Veröffentlichungen Assmanns in sehr unterschiedlicher Weite gefasst. So kann Assmann einerseits so etwas wie eine Vision einer alle spezifischen Religionen übergreifenden „unsichtbaren Religion" entwickeln und bemerken, er werde „die Begriffe ‚unsichtbare Religion' und ‚kulturelles Gedächtnis' als weitgehend synonym behandeln".[7] Andererseits scheint er das kulturelle Gedächtnis an die in einer Gesellschaft (noch) stark wirkenden Klassiker binden zu wollen, wenn er das kulturelle Gedächtnis als ein „sowohl gegenüber anderen Gedächtnisformen als auch anderen Kulturaspekten begrenztes Phänomen" bezeichnet und feststellt: „Der Bereich des KG umschreibt nicht mehr, aber auch nicht weniger als das Insgesamt des in einer Gesellschaft zirkulierenden, in die ‚kulturellen Texte' eingeschriebenen, insbesondere vergangenheitsbezogenen Wissens."[8] An anderer Stelle sieht er das kulturelle Gedächtnis auf „das Uralte, Ausgelagerte" und das „Häretische, Subversive" bezogen und nennt es „komplex, pluralistisch, labyrinthisch".[9] Im Folgenden werde ich weder diese Oszillation noch die facettenreiche Kritik an diesem Ausdruck im Detail kritisch aufnehmen, sondern einen Vorschlag zur Abgrenzung und Verwendung dieses Begriffs unterbreiten, der die inneren und äußeren Irritationen vielleicht beenden könnte.

Die Stärke der Unterscheidung von kommunikativem und kulturellem Gedächtnis liegt in der Sensibilisierung für die Differenz von zwei Typen der gemeinschaftlichen Zirkulation, Abstimmung und Verknüp-

---

[7] J. ASSMANN, Religion und kulturelles Gedächtnis, München 2000, 46.
[8] J. ASSMANN, Das kulturelle Gedächtnis: Eine Replik, in: Erwägen, Wissen, Ethik 13, 2002, 273–278, 275.
[9] ASSMANN, Religion und kulturelles Gedächtnis, 41 u. 43.

fung von Erinnerungen und darauf basierenden Erfahrungen und Erwartungen. Das *kommunikative Gedächtnis* verknüpft die individuellen Erinnerungen und die Prozesse des routinierten Abrufens, Fortschreibens und Bereicherns mit immer neuen interaktiven Abstimmungsleistungen, die geteilte Erinnerungs- und Erwartungssicherheit ermöglichen. Es schöpft dabei aus einem sich beständig verändernden Reservoir von Themen, wobei sich in den verschiedensten sozialen Gruppierungen Kern-Themenbestände emergent einspielen, die „das Gedächtnis" latent oder emphatisch selbstreferentiell werden lassen können. Man kann sich dann auf das geteilte Gedächtnis berufen und von einer über das Gedächtnis vermittelten sozialen Identität sprechen. Diese Identität verschiebt sich allerdings im Fluss der Ereignisse, der Erlebnisprozesse, der Bildungsimpulse, denen die Gedächtnisgemeinschaft ausgesetzt ist.

Das *kulturelle Gedächtnis* hingegen führt durch thematische Bindung und mehr oder weniger elaborierte mnemotechnische Folgebindung zu einer stabileren Identität. Die Französische Revolution, der Civil War, 1933, der Holocaust oder der 11. September – in solchen Ereignissen imponiert sich ein Gedächtnis, an dem zwar auch beständig verändernd gearbeitet wird, das aber dennoch die Bedingungen seiner Rezeption und Zirkulation entscheidend mitprägt. Die damit gegebene relative Identitätsstabilität und klare Identifizierbarkeit geht mit starken normativen moralischen, politischen, mitunter auch rechtlichen und religiösen Prägekräften einher.

III. Kulturelles, kanonisches Gedächtnis und heilende Kräfte der Erinnerung

Es ist bequem, die Rede von „heilenden Kräften der Erinnerung" zu einer bloßen Wunschvorstellung zu erklären. Allerdings wird man auf keinen Fall die beschwichtigenden und potentiell verdrängenden Kräfte der „kalten Erinnerung" schon mit „heilenden Erinnerungen" gleichsetzen dürfen. Gewiss kann Zeitgewinn im Erinnerungskontinuum Vergessen fördern: Betroffene und Opfer sterben, Erfahrungen von Unrecht und Unterdrückung rücken in den Nebel einer Vergangenheit, die durch neue Inhalte überlagert wird, durch neue Ereignisse, die sich dem aktuellen kommunikativen Gedächtnis anbieten oder gar aufdrängen. Doch all dies kann nicht mit einem Heilungsprozess verwechselt werden, wie immer man ihn sich im Detail vorstellen mag. Perspektiven auf mögliche Heilungsprozesse im geschichtlichen Gedenken geraten meines

Erachtens erst in den Blick, wenn wir uns das Phänomen des kanonischen Gedächtnisses erschließen.

Mit der Entwicklung der Schriftkultur ergeben sich Chancen zur Entwicklung eines Kanons und eines kanonischen Gedächtnisses. In brillanten Überlegungen zur Entstehung des Kanons hat Jan Assmann gezeigt, dass die Verschriftung der Tradition keineswegs das heiße Gedächtnis nur abkühlen muss, sondern dass sie im Gegenteil einen ständigen Fluss von Interpretationen freisetzen kann, die das kulturelle Gedächtnis ausbauen, formen und lebendig erhalten. Um dies zu leisten, muss die Schriftkultur eine Form annehmen, die Assmann als „Kanon" identifiziert: „Unter einem ‚Kanon' verstehen wir jene Form von Tradition, in der sie ihre höchste inhaltliche Verbindlichkeit und äußerste formale Festlegung erreicht. Nichts darf hinzugefügt, nichts weggenommen, nichts verändert werden"[10] – einerseits. Andererseits aber fordert und will der Kanon Interpretation. Assmann vermutet, dass die Urform des Kanons in der Sphäre des Rechts verwurzelt ist, dass er „die Übertragung eines in der Rechtssphäre verwurzelten Ideals der Verbindlichkeit und Befolgungstreue auf den gesamten Zentralbereich schriftlicher Überlieferungen" vornimmt.[11] Der Kanon ist die verschriftete Grundlage eines zugleich in Fluss gebrachten und durch den Textbestand und seine Verweisungsmöglichkeiten fixierten mehrperspektivischen kulturellen Gedächtnisses.

Das Bedürfnis nach Kanonisierung, nach Fixierung von tragenden Gedächtnisinhalten und normativen Vorgaben in Textsammlungen entsteht angesichts von Erfahrungen radikaler geschichtlicher Diskontinuität, von Erschütterungen, wie sie etwa die Situation des Exils für Israel oder Kreuz und Auferstehung für das frühe Christentum mit sich bringen.[12] Die festgehaltene radikale Diskontinuität aber verlangt nach Interpreta-

---

[10] Das kulturelle Gedächtnis, 103. Im Folgenden nehme ich teils direkt Gedanken auf aus meinem Beitrag: „Kommunikatives, kollektives, kulturelles und kanonisches Gedächtnis", in: Jahrbuch für Biblische Theologie, Bd. 22: Die Macht der Erinnerung, Neukirchen-Vluyn 2008, 321–331.

[11] Das kulturelle Gedächtnis, 106. Assmann zeigt auch, dass in den verschiedenen kulturellen Kontexten die Konzepte des Kanons und auch die Definitionen voneinander abweichen, dass aber jeder Kanon auf die Frage antwortet: Wonach sollen wir uns richten? (123) Der Kanon antwortet auf ein Bedürfnis nach, mit Luhmann formuliert, „Verallgemeinerung von Sinnorientierung, die es ermöglicht, identischen Sinn gegenüber verschiedenen Partnern in verschiedenen Situationen festzuhalten und daraus gleiche oder ähnliche Konsequenzen zu ziehen" (vgl. 124).

[12] J. ASSMANN, Fünf Stufen auf dem Wege zum Kanon. Tradition und Schriftkultur im alten Israel und frühen Judentum, Münstersche theologische Vorträge 1, Münster 1999; auch in: Religion und kulturelles Gedächtnis, 81–100.

tion. Für den Prozess der Kanonisierung ist nun charakteristisch, dass eine *Mehrzahl klassischer Interpretationen* eine Mehrzahl exemplarischer Möglichkeiten der Erklärung und Überbrückung der Diskontinuität entwickelt. Mit diesen Interpretations- und Vermittlungsmöglichkeiten entsteht ein im präzisen Sinn des Wortes „pluralistischer"[13] Bestand von Texten, der nicht nur eine „Pluralität" von Klassikern ist.[14] Erst wenn dieser pluralistische Bestand in einen textlich geordneten Zusammenhang gebracht wird, wenn also geradezu eine Bibliothek von verschiedenen klassischen Perspektiven auf einen gemeinsamen Problemstand entwickelt und festgelegt wird, entsteht ein Kanon. Der Kanon bündelt eine Mehrzahl von kulturellen Gedächtnissen und ermöglicht gerade aus der verschieden orchestrierbaren Polyphonie heraus die Entwicklung eines lebendigen kulturellen, eben eines kanonischen Gedächtnisses. Stabilität und Lebendigkeit schließen sich hier nicht aus, sondern setzen vielmehr eine Kraft beständiger Erneuerung der Erinnerung frei.[15]

Der Kanon ist eine großartige Errungenschaft. Er erlaubt das Zusammenspiel von kaltem und heißem Gedächtnis, ein Zusammenspiel, das *„lebendiges kulturelles Gedächtnis"* genannt werden sollte. Durch den bestimmten Textbestand ist das kulturelle Gedächtnis einerseits gebunden, sind seinen Transformationsmöglichkeiten Grenzen auferlegt. Wahrheitsansprüche sind oft geprüft und als bewährt festgehalten worden. Durch die bestimmte Vielzahl der Perspektiven der kanonischen Überlieferungen wird aber zugleich eine Lebendigkeit stimuliert, eine Lebendigkeit permanenter Auslegung, die faktisch fungiert wie das heiße kulturelle Gedächtnis, ohne aber die geschichtlichen Grundbestände zu verzerren, sie in der Transformation unkenntlich werden zu lassen. Die Suche nach Wahrheit, gerechter und sachgerechter Urteilsbildung wird in Gang gehalten.

Auf diesen Wegen der konzentrierten Arbeit am Gedächtnis und an der Geschichtserinnerung in Wahrheit und Gerechtigkeit suchenden Gemeinschaften kann beständig an der Transformation von Konflikten in Kontraste gearbeitet werden. Es wird aber auch die Freilegung verschütteter und unterdrückter Konflikte und so das Bemühen um Hei-

---

[13] Dazu M. WELKER, „Der Machtkreislauf des Pluralismus", in: DERS., Kirche im Pluralismus, Gütersloh ²2000, 13ff.

[14] Zur Verfassung von „Klassikern" aufschlussreich: D. TRACY, The Analogical Imagination. Christian Theology and the Culture of Pluralism, New York 1981, 99ff.

[15] Diesen komplexen Zusammenhang bedenkt A. ASSMANN, Wie wahr sind Erinnerungen?, in: H. WELZER (Hg.), Das soziale Gedächtnis. Geschichte, Erinnerung, Tradierung, Hamburg 2001, 103–123.

lung der Erinnerungen und tragfähige Prozesse der Versöhnung möglich. Die Wahrheit und Gerechtigkeit suchenden Gemeinschaften sind dabei nicht auf die Kirchen und religiösen Gemeinschaften, auf die etablierte Wissenschaft und das Rechtssystem und ihre vielfältigen Wechselbezüge beschränkt. Sie strahlen auch aus in die breitere Bildung und Kultur, in zivilgesellschaftliche Assoziationen und in die verantwortungsbewussten Medien.

Das säkulare Äquivalent zu den religiösen kanonischen Überlieferungen besteht in der Gewinnung einer Geschichtserinnerung mit belastbaren Wahrheitsansprüchen, die aggressiven und ideologischen Engführungen entgegenwirkt. Ohne in beschönigende Relativismen zu verfallen, müssen mehrperspektivische Interpretationen und Würdigungen von positiven Entwicklungs- und Erfolgsgeschichten sowie von Geschichten des Versagens, der Schuld, des zugefügten und erlittenen Leidens in zugleich stabile, Richtigkeitsansprüchen genügende und lebendig-interpretationsoffene Zusammenhänge gebracht werden. Die Perspektiven der Täter und der Opfer müssen rekonstruiert und möglicherweise reformuliert werden, so dass politisches, rechtliches, moralisches und auch religiöses Lernen möglich wird.

Dabei sind biblisch-kanonische, ökumenische und interreligiöse, aber auch internationale Prozesse des Lernens und der Verständigung durchaus als Modelle brauchbar, sowohl in ihren Zeugnissen des Ringens und des Scheiterns als auch in ihren beglückenden Erfahrungen des versöhnenden Gelingens und der dauerhaften Friedenstiftung.

Ulrike Link-Wieczorek

Wiedergutmachung statt Strafe?

Zur versöhnungstheologischen Aktualität
der Satisfaktionstheorie[1]

I. Einleitung

Die Ökumenische Dekade zur Überwindung der Gewalt hatte uns herausgefordert, die Tatsache ins Auge zu fassen, dass unsere Welt zu einem nicht unwesentlichen Teil von heillosen Gewaltverhältnissen geprägt ist. Dadurch forderte die Dekade auf, dass wir uns theologisch der Erfahrung von Gottwidrigkeit stellen sollten, die der Verheißung des Evangeliums entgegen zu stehen scheint. Zweifellos kann das als ein Lackmus-Test gelten für eine Religion, in deren Zentrum die Symbole Kreuz und Auferstehung stehen. Wie wollen wir von unserer christlichen Hoffnung so plausibel reden, dass die Erfahrung von Gewalt darin nicht verdrängt wird?
Die jüngere theologische Diskussion zu diesem Problembereich hat sich besonders auf zwei Fragenkomplexe konzentriert:
1. Der erste Fragenkomplex betrifft den Eckstein des christlichen Credos: Wie wollen wir verstehen, dass Erlösung und Vergebung der Sünden für die gesamte Menschheit bereits gekommen ist, ein für alle Mal in Jesus Christus? Jürgen Moltmann hat uns dazu ermutigt – unter Referenz auf die jüdische Gottes-Rede und nicht zuletzt im Rahmen einer bewussten „Theologie nach Auschwitz" – von der Unerlöstheit der Welt zu sprechen.[2] Aber was ist dann gemeint mit der „Gabe der Ver-

---

[1] Diesem Beitrag liegt mein bisher nur in englischer Sprache erschienener Artikel zugrunde: Divine Reconciliation and Human Restitution in a Broken World: Re-Visiting Anselm´s Satisfaction Theory, in: A. BIELER/Ch. BINGEL/H.-M. GUTMANN (Hg), After Violence. Religion, Trauma and Reconciliation, Leipzig 2011, 219–238. Für diesen Beitrag wiederum wurden überarbeitete Teile verwendet aus meinem älteren Aufsatz: Sündig vor Gott allein? Überlegungen zur Re-Interpretation der Satisfaktionstheorie Anselms von Canterbury in schöpfungsethischer Perspektive, in: R. LEONHARDT (Hg.), Die Aktualität der Sünde. Ein umstrittenes Thema der Theologie in interkonfessioneller Perspektive (Beiheft zur Ökumenischen Rundschau 86 [Texte des Interkonfessionellen Theologischen Arbeitskreises ITA]), Frankfurt 2010, 121–143.
[2] S. z.B. J. MOLTMANN, Der Weg Jesu Christi. Christologie in messianischen Dimensionen, München 1989, 45–55, bes. 49.

söhnung", von der in der theologischen Reflexion der Dekade zur Überwindung der Gewalt gern gesprochen wird?[3] Was genau ist diese „Gabe"? Und wie ist die Verbindung von Gabe und Aufgabe zu verstehen? Die konkrete Versöhnungsarbeit der Christinnen und Christen wird als aus der Gabe folgende „Aufgabe" bezeichnet.[4] Ist mit Aufgabe das Empfangen der Gabe gemeint? Wird Gottes Gabe der Versöhnung also erst endgültig zur Gabe, wenn Menschen sie als ihre Aufgabe akzeptieren? Wie kommen wir aus der Zwickmühle heraus, dass unsere Rede von Gottes Gabe entweder zu abstrakt ist oder zu einer Vergöttlichung menschlicher Aktion wird? Und: Haben wir in unserer theologischen Tradition die eine der beiden Gefahren mehr gefürchtet als die andere? Mir scheint, es geht genau um diese Frage, wenn die Kirchen des Südens den Kirchen des Nordens vorwerfen, dass ihre Theologie ins Abstrakte abgleite und zu einem akademischen Glasperlenspiel werde. Und es geht umgekehrt genau darum, wenn die Kirchen des Nordens skeptisch sind gegenüber der Theologie der Kirchen des Südens und fürchten, dass Gotteswerk und Menschenwerk hier allzu schnell miteinander verschmelzen könnten. Beide Positionen werden sich hoffentlich in einer stärker eschatologischen Perspektive des Christusereignisses besser verstehen und miteinander kommunizieren können. In einer solchen eschatologisch geprägten Perspektive nämlich könnte Christi Versöhnung eher als ein Prozess denn ein punktuelles Ereignis verstanden werden, ein Prozess, der seinen Anfang in der Schöpfung hat und dessen Gelingen im Kommen von Christus schon wirkmächtig eingeholt wird und – so das christliche Credo – somit nicht mehr gänzlich auf dem Spiel steht. Versöhnung wäre also auch im Bild des Schalom zu erfassen. Erlösung hat dann nicht nur mit Vergebung zu tun, sondern schlichtweg damit, Lebensfülle zu ermöglichen, die Gabe des Lebens. Für weitere Klärungen wäre eine theologische Rezeption von sozialwissenschaftlichen und philosophischen Gabe-Theorien sicher hilfreich.[5]

2. Der zweite Fragenkomplex betrifft die Verbindung von Versöhnung und Gerechtigkeit. Gerät dieser Zusammenhang nicht zu schnell aus dem Auge, vor allem dann, wenn Theologie vornehmlich auf der Lehre

---

[3] Vgl. F. ENNS, Towards an Ecumenical Theology of Just Peace at the Conclusion of the „Decade to Overcome Violence": Churches Seeking Reconciliation and Peace, 2001–2010, in: A. BIELER u.a. (Hg.) 2011 (s. Anm. 1), 198–218.

[4] Ebd., 213–215.

[5] Vgl. zur theologischen Rezeption der Gabe-Metaphorik V. HOFFMANN (Hg), Die Gabe. Ein „Urwort" der Theologie?, Frankfurt 2009; DIES., Skizzen zu einer Theologie der Gabe. Rechtfertigung – Opfer – Eucharistie – Gottes- und Nächstenliebe, Freiburg i.B. u.a. 2013; sowie Jahrbuch für Biblische Theologie 27, 2013: Geben und Nehmen.

von der Rechtfertigung durch Gnade allein aufgebaut wird? Aus dem nicht-theologischen Kontext kennen wir dieses Problem durch den Zusammenhang der Schwierigkeiten, die sich ergeben, wenn Versöhnung unmittelbar mit Amnestie verbunden wird. Wie können wir ein Konzept von Versöhnung vermeiden, das die Würde der Opfer von Gewalt verdeckt? Steht dafür nicht Gerechtigkeit? Die theologische Suche der letzten Jahre nach einem theologischen Konzept, das den Opfern eine Stimme gibt, hat zu einer Re-Vision der Rede vom Jüngsten Gericht geführt.[6] Nicht zuletzt lernten wir in der theologischen Arbeit im Zusammenhang mit der Dekade zur Überwindung der Gewalt, dieses starke Bild durch die Brille des Modells der restaurativen Gerechtigkeit in neuer Weise, nämlich gegen die bisher vorherrschende der distributiven Gerechtigkeit, zu interpretieren: Gottes Gerechtigkeit zielt nicht auf ein vages Statement, sondern auf die gemeinsame Zukunft von Opfern und Tätern im Prozess der Wiederherstellung von Lebensmöglichkeiten. Jedoch schließt dies einen Prozess der Aufdeckung von Wahrheit ein. Genau das wird durch das Bild des Jüngsten Gerichts illustriert, wenn uns hier die Trennung von Guten und Bösen so überdeutlich vor unser (inneres) Auge gestellt wird.

Beide Problemkomplexe fordern somit ein dynamisches Konzept von Versöhnung, in dem der Zusammenhang der erfahrenen Schwierigkeiten zwischenmenschlicher Versöhnung (inklusive eines Konzeptes von Gerechtigkeit, das die unterschiedlichen Perspektiven von Opfern und Tätern berücksichtigt) und der Heilszusage Gottes deutlich wird. Auf der Suche nach einer solchen dynamischen Theologie der Versöhnung wäre auch zu sichten, ob die theologische Tradition eventuell noch ungeborgene Schätze zu bieten hätte. Dieser Teilaufgabe möchte ich mich mit diesem Beitrag widmen und dazu einladen, eine sehr traditionelle und viel gescholtene Soteriologie neu zu sichten: die Satisfaktionstheorie von Anselm von Canterbury. Das mag zunächst überraschen, denn gerade Anselms Lehre von der notwendigen Wiedergutmachung der durch die Sünde verletzten Ehre Gottes steht zwar für eine ausdrückliche Verbindung von Barmherzigkeit und Gerechtigkeit Gottes, wird aber doch gemeinhin als ein Plädoyer für eine rigide distributive Gerechtigkeit Gottes gelesen, bei der letztlich kein Raum mehr bleibt, die Barmherzigkeit Gottes zu denken. Dieser Eindruck scheint zudem geradezu unauslöschlich verstärkt zu werden dadurch, dass am Ende

---

[6] Aus der Fülle der Titel vgl. z.B. H. BEDFORD-STROHM (Hg), „Und das Leben der zukünftigen Welt": Von Auferstehung und Jüngstem Gericht, Neukirchen 2007; J. Ch. JANOWSKI, Allerlösung. Annäherungen an eine entdualisierte Eschatologie, 2 Bde, Neukirchen 2000.

der Tod Jesu als „Gottmensch" dieser Forderung der göttlichen Gerechtigkeit genüge leisten muss. Und schließlich steht gerade die Satisfaktionstheorie für eine Soteriologie, die in ihrer Konzentration auf das Verhältnis von Gott und Mensch eine duale Dramaturgie in Reinkultur bietet: Gott erscheint als das Opfer der Sünde, andere Beschädigte scheint es nicht zu geben und die Opfer menschlicher Gewalt geraten völlig aus dem Blickfeld. In diesem Verständnis jedenfalls wurde diese Theorie zu *dem* bestimmenden westkirchlichen – nicht jedoch orthodox ostkirchlichen – soteriologischen Modell. Auch die Reformatoren haben es bekanntlich nicht geschmäht – wenn wir auch sagen dürfen, dass Martin Luther es nicht sehr häufig gebraucht und lieber auf andere Modelle zurückgegriffen hat.[7] In der reformierten Theologie wie überhaupt in der protestantischen Orthodoxe hat es eine große Rolle gespielt, und heute erfährt die Satisfaktionstheorie als Ausdruck neutestamentlicher Sühnopfertheorie im evangelikalen Milieu Europas, besonders jedoch in den USA einen neuen Auftrieb. Nicht zuletzt dies darf als Herausforderung genommen werden, sie neu zu sichten und von einseitigen Interpretationen zu befreien.

Geiko Müller-Fahrenholz bezeichnet die Vergebung der Sünden durch Gott, die im dritten Artikel des Apostolikums mit der Wirkung des Heiligen Geistes in Verbindung gebracht wird, als eine „befreiende Energie im Leben der Gläubigen", für die die Kirche Zeugnis zu geben habe.[8] Allerdings habe die Christenheit diese Befreiung in drei Aspekten immer wieder verraten: 1. Im Missbrauch des Amtes der Vergebung als Machtinstrument etwa im Sakrament der Buße; 2. in einer Reduktion auf eine „reine Gottesbeziehung", z.B. in der Konzentration auf die Vertikalität im reformatorischen Vergebungsbegriff sowie 3. durch eine exklusive Täter-Orientierung z.B. in der Sünderfixierung in abendländischer Theologie.[9] Es ist nun durchaus interessant, dass die jetzt vorzunehmende neue Sichtung der klassischen Paradigmas der anselmischen Satisfaktionstheorie sich eben mit diesen Punkten beschäftigen wird. Dieser Versuch erfolgt durchaus nicht isoliert von der übrigen theologischen Forschung. Denn mit Erstaunen muss man zur Kenntnis nehmen, dass Anselms Konzept trotz vielfältiger Kritik besonders innerhalb der

---

[7] Vgl. zur reformatorischen Rezeption G. PLASGER, Die Not-Wendigkeit der Gerechtigkeit. Eine Interpretation zu „Cur Deus homo" von Anselm von Canterbury, Münster 1993 (Beiträge zur Geschichte der Philosophie und Theologie des Mittelalters, Neue Folge, Bd. 38), 17–33.
[8] G. MÜLLER-FAHRENHOLZ, Vergebung macht frei. Vorschläge für eine Theologie der Versöhnung, Frankfurt 1996, 21.
[9] Ebd., 22.

vergangenen 30 Jahre erneut zum Gegenstand ernsthafter wissenschaftlicher Beschäftigung geworden ist, besonders intensiv auch in der angelsächsischen Theologie und Philosophie.[10] Generell muss man sagen: Anselm wird gegen seine Rezeption in Schutz genommen, sowohl gegen seine Kritiker als auch gegen seine evangelikalen Verteidiger. Dabei wird ihm zugebilligt, dass sein Konzept mehr Bezüge zum biblischen Zeugnis aufweist als ihm bisher zugestanden wurde.[11] Vor allem aber wird in seinem schöpfungstheologischen Begriff der *ordo* der Welt mehr gesehen als die traditionelle Rezeption wahrgenommen hat: Anselm habe durchaus nicht nur Gott und Mensch in kalter Abstraktion vor sich, sondern – mitten im Kampf des ersten Investiturstreits – eine Welt, die durch die Sünde der Menschen aus den Fugen zu geraten drohe und die durch Gottes Heilswillen gerettet werden müsse. Insofern liegt ihm gerade an der Verbindung der zwischenmenschlichen Versöhnung und dem Gott-Mensch-Verhältnis, also dem ersten der oben skizzierten Problemkomplexe.

Aber auch der zweite Problemkomplex, ein Interesse an einem Konzept der restaurativen Gerechtigkeit, kann bei Anselm zum Vorschein gebracht werden. Das möchte ich im Folgenden unter Bezug auf den besonders geschmähten Begriff der Satisfaktion deutlich machen. Die traditionelle Rezeption versteht ihn als abstrahierende Aufrechnung von Schädigungen. Kennen wir aber nicht zumindest versuchte, angedeutete Wiedergutmachung viel mehr aus der Erfahrung von zwischen-

---

[10] Aus der Fülle der neueren Literatur seien genannt: L. HÖDL, Art.: Anselm von Canterbury, in: TRE Bd. 2, 759–778; O.-H. PESCH, Anselm von Canterbury und die Lehre von der stellvertretenden Genugtuung Christi. Eine kleine kritische Ehrenrettung, in: B. ACKLIN-ZIMMERMANN/F. ANNEN (Hg.), Versöhnt durch den Opfertod Christi? Die christliche Sühnetheologie auf der Anklagebank. Zürich 2009, S. 57–73; H. VERWEYEN, Anselm von Canterbury, 1033–1109. Denker, Beter, Erzbischof, Regensburg, 2009; J.-O. HENRIKSEN, Desire, Gift, and Recognition. Christology and Postmodern Philosophy, Grand Rapids, Michigan/Cambridge, U.K. 2009, 269–294; G. E.M. GASPER/H. KOHLENBERGER (Hg.), Anselm and Abaelard. Investigations and Juxapositions, Toronto 2006; B. DAVIES/B. LEFTOW (Hg.), The Cambridge Companion to Anselm, Cambridge 2005; S. VISSER/Th. WILLIAMS, Anselm, Oxford 2009; D. E. LUSCOMBE/G. R. EVANS (Hg.), Anselm. Aosta, Bec and Canterbury. Papers in Commemoration of the Nine-Hundreth Anniversary of Anselm's Enthronement as Archbishop 25 September 1093, Sheffield 1996; J. D. WEAVER, The Nonviolent Atonement, Grand Rapids, Michigan/Cambridge, U.K. 2001, 180–188: The Defenders of Anselm.

[11] Vgl. M. BIELER, Befreiung der Freiheit. Zur Theologie der stellvertretenden Sühne, Freiburg 1996; G. GÄDE, Eine andere Barmherzigkeit. Zum Verständnis der Erlösungslehre Anselms von Canterbury, Würzburg 1989; H. STEINDL, Genugtuung. Biblisches Versöhnungsdenken – eine Quelle für Anselms Satisfaktionstheorie?, Freiburg/Schweiz 1998; G. PLASGER, Not-Wendigkeit (s. Anm. 7).

menschlicher Versöhnungsarbeit, bis in die Debatten um Wiedergutmachungszahlungen nach historischen Konflikten hinein? Kann es Versöhnung geben, ohne dass zumindest der Wunsch nach Wiedergutmachung geäußert würde? Wäre es so ganz unmöglich, dass auch Anselm dabei an zwischenmenschliche Konflikte dachte – etwa an seine Erfahrungen als Seelsorger und brüderlicher Freund im Klosterleben? Ich möchte also im Folgenden prüfen, ob sich nicht gerade der Schwerpunkt der Satisfaktion, der Genugtuung, bei Anselm auch lesen lässt als ein Aspekt von restaurativer Gerechtigkeit, indem er als eine unerlässliche Versöhnungspraktik ernst genommen wird, in der eine gemeinsame Zukunft von Tätern und Opfern von Gewalt zu errichten versucht wird.[12]

Diese Frage steht im Folgenden im Zentrum. Dabei übergehe ich die zahlreichen kritischen Einwände gegen Anselms Konzeption, die ja schon zu seinen Lebezeiten beginnend bis heute vorgebracht werden müssen, nämlich: Ob die innere Logik dieser Theorie einleuchtet; ob ihr nicht ein zu starres Bild göttlicher Souveränität zugrunde liegt, das die Liebe Gottes und ihre spezifischen Möglichkeiten verdeckt; und vor allem, ob Anselm nicht doch das Bewusstsein vermissen lässt, dass die von ihm erläuterte Genugtuungsleistung letztlich im grausamen Tod eines Menschen besteht.[13]

II. Satisfaktion um der Opfer willen: Versuch einer Re-Interpretation

Auf der Spur, die jetzt verfolgt werden muss, finden wir schon den katholischen Theologen Piet Schoonenberg, wenn er über Anselms Konzept schreibt: „Die Intention aber, die gerade durch die juristische Vorstellung irreführend ausgedrückt wird, wird deutlicher, wenn man bedenkt, gegen wen sich die Sünde richtet. *Nicht nur* gegen Gott. Die Verletzung, die destruktive Gewalt der Sünde greift gerade die Geschöpfe an, und Gott insoweit, als sie seine Geschöpfe und seine Kinder ver-

---

[12] Wichtige Anregungen für diese Interpretation habe ich empfangen aus D. SATTLER, Erlösen durch Strafe? Zur Verwendung des Strafbegriffs im Kontext der christlichen Lehre von Heil und Erlösung, in: Aufgebrochen. Theologische Beiträge, Mainz 2001, 11–35.
[13] Vgl. dazu z.B. J. D. WEAVER, The Nonviolent Atonement (s. Anm. 10), 179–224 sowie J.-O. HENRIKSEN, Desire (s. Anm. 10), 273–275 und 275–278 (zu Weaver) sowie das Themenheft „Das Kreuz mit dem Kreuz" der Ökumenischen Rundschau 2015, Heft 2.

letzt."[14] Bei dieser Erläuterung Schoonenbergs entsteht eine entscheidende Perspektivenverschiebung: Die zwischenmenschliche Ebene tritt in den Vordergrund und damit die *hier* spürbare „destruktive Gewalt der Sünde", die „gerade die Geschöpfe (angreift)". Lässt sich das wirklich bei Anselm finden?

Schoonenberg bezieht sich mit seiner Bemerkung auf Anselms *ordo*-Theologie, wie sie in CDH I,15 zum Ausdruck kommt. Sowohl bei der Verletzung des Willens Gottes wie auch bei der seiner Ehre geht es um die Zerstörung der Weltordnung.[15] In den Worten von Sandra Visser and Thomas Williams: „Reflecting our purpose he suggests that rectitude of will consists in loving God for his own sake; reflecting on our place suggests that rectitude of will consists in maintaining, so far as it lies within our power, the fitting order that God has established in the universe as a whole."[16] Anselm sieht in der Ordnung auch eine Garantie für die Schönheit der Schöpfung, für Visser und Williams ein Argument dafür, dass es ihm nicht um eine metaphysische *command theory* geht, in der die Befolgung der göttlichen Gebote ein moralischer Selbstzweck wäre.[17] Das aber heißt: Wenn Gottes Wille und seine Ehre für die Leben ermöglichende und erhaltende Ordnung der Welt stehen, dann geht es in der Sündengeschichte der Menschheit nicht um eine isolierte Verletzung und Versöhnung Gottes. In Anselms Worten:

> „Will (der Mensch), was (er) soll, so ehrt (er) Gott; nicht weil (er) ihm etwas schenkt, sondern weil (er) sich freiwillig seinem Willen und seiner Anordnung unterwirft und ihren Platz in der Dinge All und die Schönheit dieses Alls ... wahrt. Will (er) aber nicht, was (er) soll, so entehrt (er) Gott ..., weil (er) sich nicht freiwillig seiner Anordnung unterwirft und die Ordnung und Schönheit des Alls ... zerstört." (I.15)

In der Achtung von Gottes Willen respektiert der Mensch nicht mehr und nicht weniger als das kostbare Werk der Schöpfung. Diese Einsicht hat bedeutende Konsequenzen, die die Grundpfeiler der neue-

---

[14] P. SCHOONENBERG, Tod des Menschen und Tod Christi, in DERS., Auf Gott hin denken. Deutschsprachige Schriften zur Theologie, hg. von W. ZAUNER, Freiburg u.a. 1986, 225–243, hier 23 (Hervorhebung U.L.-W.).

[15] PLASGER, Not-Wendigkeit (s. Anm. 7), 91; vgl. schon G. GRESHAKE 1973: Erlösung und Freiheit. Zur Neuinterpretation der Erlösungslehre Anselms von Canterbury, in: Theologische Quartalsschrift 153, 1973, 323–345, hier 328; R. SCHWAGER, Der wunderbare Tausch. Zur Geschichte und Deutung der Erlösungslehre, München 1986, 168; Hödl, Anselm, 775.

[16] S. VISSER/Th. WILLIAMS, Anselm, Oxford 2009, 196.

[17] Ebd,. Vgl. so auch H. VERWEYEN, Anselm von Canterbury (s. Anm. 10), 118.

ren Anselm-Forschung bilden. Sie wandeln den Eindruck eines narzistischen Gottes in einen fürsorglichen, die Deutung des Versöhnungsgeschehens nach dem Modell eines ökonomischen Tauschgeschäftes zu einem Beziehungsgeschehen – so auch Sandra Visser und Thomas Williams: „It is true that the breadth of meaning of these words (*debere* and *debitum*, U.L.-W.) allows Anselm to switch back and forth between then language of commercial transactions and the language of justice and obligation, but we should not be tempted to think that Anselm regards justice as a kind of commercial exchange in which God acts as a rather obsessive auditor who insists that the books be balanced down to the last farthing. Rather (...) it is better to say that for Anselm, debt is a species of obligation and can therefore serve as an illuminating analogy for our relationship to God."[18] In der neuen Aufmerksamkeit für diesen Zusammenhang werden auch alte Fragen wieder laut, nämlich ob wir bei Anselm – so der katholische Theologe Gisbert Greshake – nicht doch einen bewussten Rückgriff auf germanische Rechtsvorstellungen voraussetzen dürfen. Hier stehe nämlich im Lehnssystem die „Ehre" des Königs repräsentativ für den Erhalt der gesellschaftlichen „Freiheits-, Rechts- und Friedensordnung".[19] Es geht also nicht einfach nur um eine Beleidigung Gottes, sondern um die durch ihn repräsentierte Lebensordnung. Allerdings kann man für diesen Zusammenhang nicht nur germanisches Recht, sondern durchaus auch schon römisches heranziehen.[20] Für den monastischen Seelsorger Anselm wäre aber eine selbstverständliche Prägung durch biblische Begrifflichkeit zudem sicher wahrscheinlicher als in der traditionellen Rezeption vorausgesetzt. Das nun wieder führt dazu, die neuere Anselm-Forschung in Zusammenhang zu bringen mit dem ebenfalls neuen Nachdenken über den biblischen Terminus der Herrlichkeit Gottes, hebr. *kavot*, griech. *doxa*.[21] Für alle gilt, dass sie eine relationale „Aura" haben und ihr Träger

---

[18] VISSER/WILLIAMS, Anselm, 224/225. Vgl. dazu auch J.-O. HENRIKSEN, Desire (s. Anm. 10), 270 über Anselms „relational understanding of sin".

[19] G. GRESHAKE, Erlösung und Freiheit. Zur Neuinterpretation der Erlösungslehre von Anselm von Canterbury, in: Gottes Heil – Glück des Menschen. Theologische Perspektiven, Freiburg u.a. 1983, 80–104, hier 89 (Neufassung des gleichnamigen Aufsatzes 1973).

[20] Vgl. PLASGER, Not-Wendigkeit (s. Anm. 7), 85–98.

[21] Vgl. R. KAMPLING (Hg.), Herrlichkeit. Zur Deutung einer theologischen Kategorie, Paderborn u.a. 2008; W. KRÖTKE, Gottes Klarheiten. Eine Neuinterpretation der Lehre von Gottes „Eigenschaften", Tübingen 2001; M. L. FRETTLÖH, Gott Gewicht geben. Bausteine einer geschlechtergerechten Gotteslehre, Neukirchen 2006; hier bes. 57–150; V. H. MATTHEWS (Hg.), Honor and Shame in the World of the Bible, Semeia 68, 1996; D. A. DE SILVA, The Hope of Glory: ho-

in einer repräsentativen Funktion für das Ganze zu stehen kommt. Die neueren theologischen Forschungen zum biblischen Begriff der *doxa* Gottes stellen deutlich heraus, wie sehr gerade hier die „Bezogenheit Gottes auf sein Gegenüber" mitgedacht werden muss.[22] Man kann dabei sogar an eine Beziehung mit gewisser Wechselwirkung denken, wie es die Begriffspaare Ruf/Wort und Antwort oder – neuerdings auch in der Theologie ernst genommen – Geben und (aktives) Empfangen nahelegen. Im Neuen Testament wird ein responsorischer Charakter im Verständnis der Verherrlichung Gottes gefunden.[23] Magdalene Frettlöh übersetzt das entsprechende hebräische Wort *kavod* mit „Gott Gewicht geben", ihn „wichtig nehmen".[24] In Untersuchungen deutschsprachiger dogmatischer Entwürfe zeigt sie, wie sehr der Begriff der Ehre / Herrlichkeit Gottes über Aspekte des Herrschens hinausreicht und stattdessen eher von Gottes eindrücklicher, unwiderstehlicher, aber auch werbender und verlockender Wirkung auf die Geschöpfe zu sprechen sei, die auf einen Widerhall drängt, auf eine bestätigende, freudige und lebensgestaltende Antwort.[25] Gerade ein Klosterleben darf man sich von dieser Theologie geprägt vorstellen, und somit diese auch als Anselms Hintergrund vermuten, wenn er von der „Ehre" (*honor*) Gottes redet. Mit Recht summiert Georg Plasger: „Aber dieser *honor* strahlt aus auf die Schöpfung und bittet um des Menschen Antwort, um die Anerkennung Gottes als des Herrn."[26] Das nun wieder hat Folgen für das Verständnis der Sünde gegen Gott: Sie wird durchsichtig für die geschöpflichen *konkreten Geschädigten*.[27] Gottes Verletzung durch die Sünde

---

nour discourse and New Testament interpretation, Collegeville, Minn. 1999; N. CHIBCI-REVNEAU, Die Herrlichkeit des Verherrlichten. Das Verständnis der doxa im Johannes-Evangelium, Tübingen 2007.

[22] M. BONGARDT, Epilog. „Der Wunsch nach der Landschaft diesseits der Tränengrenze taugt nicht" (Hilde Domin), in: R. KAMPLING (Hg.), Herrlichkeit (s. Anm 21), 443–467, hier 458.

[23] Vgl. z.B. M. GIELEN, Von Herrlichkeit zu Herrlichkeit. Doxa bei Paulus zwischen den Polen protologischer und eschatologischer Gottebenbildlichkeit am Beispiel der Korintherkorrespondenz, in: R. KAMPLING (Hg.), Herrlichkeit (s. Anm. 21), 79–122, sowie die in Anm. 21 genannte neutestamentliche Literatur.

[24] M. L. FRETTLÖH, Gott Gewicht geben. Bausteine einer geschlechtergerechten Gotteslehre, Neukirchen 2006, 2.

[25] FRETTLÖH, Gott Gewicht geben, 57–121. Zum responsorischen Charakter des alttestamentlichen Gott-Mensch-Verhältnisses vgl. auch B. JANOWSKI, Die Tat kehrt zu Täter zurück. Offene Fragen im Umkreis des Tun-Ergehen-Zusammenhanges, in: ZThK 91, 1994/3, 247–291.

[26] PLASGER, Not-Wendigkeit (s. Anm. 7), 98.

[27] Vgl. HENRIKSEN, Desire (s. Anm. 10), 270: „Anselm implicitly points to how the compensation implied includes recognition of the violated".

kann somit als eine „stellvertretende" verstanden werden. Darauf werde ich am Schluss noch zurückkommen.

Blickt man in den Text von Cur Deus Homo, so sind vier Beobachtungen gegenüber der üblichen Paraphrase der Satisfaktionstheorie überraschend:
1. Mehrfach äußert Anselm, Gott könne seine Ehre gar nicht verlieren (I, 14; 15). „Gottes Ehre kann, soweit es ihn betrifft, nichts hinzugefügt noch entzogen werden. Denn er selber ist sich die unzerstörbare und ganz und gar unwandelbare Ehre." (I, 15). Letztlich sagt Anselm, dass die durch Menschen verursachte Ehrverletzung Gott nur „uneigentlich", jedenfalls nicht Wesens-bedrohlich trifft – eine Art von Apathieaxiom.[28] Um so interessanter ist es, dass die „uneigentliche" Verletzung so wichtig genommen wird. Entweder ist Gott hier ein unerträglicher Prinzipienreiter – so wird Anselm von vielen Kritikern verstanden – oder es geht „eigentlich" um etwas anderes. Steht möglicherweise die „uneigentliche" Verletzung für eine konkrete, „eigentliche" Destruktion auf der Schöpfungsebene? Denn offensichtlich gibt es doch eine Destruktion, gegen die um Gottes Gerechtigkeit willen Strafe eingesetzt werden *müsste*. Das jedenfalls ist Anselms Denkangebot: Gott verliere seine Ehre nur deswegen nicht, weil Gott selbst sie sozusagen automatisch „regenerieren" lassen müsse, wenn sie verletzt werde. Sie müsste regeneriert werden durch göttliche Bestrafung (I,14). Verletzt wird sie also durchaus! Aber auch die Strafe definiert sich wieder aus der Verletzung der Schöpfung: Sie besteht darin, dass der Mensch sein Schöpfungsziel, die ewige Seligkeit (*beatitudo*), nicht erreicht (I,14).[29] Das gilt es zu verhindern. Die Argumentation Anselms in der Begrifflichkeit von Ausgleichszahlung geht über in die Vorstellung, es müsse verhindert werden, dass der Mensch sein Leben verwirkt:
„Dabei ist zu bedenken: sowie der Mensch sündigend raubt, was Gottes ist, so nimmt Gott strafend, was des Menschen ist. Denn nicht nur das nennt man Eigentum eines Menschen, was er bereits besitzt, sondern was er zu haben die Macht hat. Da also der Mensch so geschaffen wurde, daß er die Seligkeit erwerben konnte, falls er nicht sündigte: wenn er wegen der Sünde der Seligkeit und alles Guten beraubt wird, so zahlt er, obwohl gegen seinen Willen, von dem Seinen, was er geraubt hat (...)" (I,14).
Es geht nicht um die „Ehrenrettung" Gottes als solche, sondern um die *Rettung des Menschen* vor dem Verlust seiner Zukunft in der Gottesgegenwart (= ewige Seligkeit, *beatitudo*).

---

[28] Vgl. dazu SCHWAGER, TAUSCH (s. Anm. 15), 169.
[29] Vgl. zum Folgenden GÄDE, Barmherzigkeit (s. Anm. 11), 94.

2. Trotzdem hat all dieses bei Anselm etwas „Hypothetisches",[30] denn er sagt auch, dass Gottes Beschluss zur Seligkeit aller Menschen feststeht (I, 10; II, 1; II, 4). Es steht also schon fest, dass Christus schließlich die einzig rettende Alternative bringt, die als eine freiwillige Genugtuungsleistung denkbar wird. Es ist diese das Evangelium „nachzeichnende" Gestalt der Argumentation, die in der Anselm-Interpretation sicher nicht ausreichend beachtet wird: Aus dem Wissen um die *bereits erfolgte* Heilszusage Gottes – und aus dem Wissen um den eben auch erfolgten Tod Jesu – heraus rekonstruiert er die Heilsgeschichte hypothetisch in ihrer möglichen Denkbarkeit und Plausibilität.[31]

3. Ein weiterer Gedanke Anselms erstaunt: Versuchte Gott, dem Menschen ohne Genugtuungsleistung zu vergeben, so schadete das dem Menschen, denn er stünde Gott als Bedürftiger (*indigens*) gegenüber (I, 24; I,11). Das aber soll nicht sein. Es gehört bekanntlich zu den Dissensthemen innerhalb der protestantisch-katholischen Ökumene um das Verständnis der Rechtfertigung, ob man Anselm hier folgen solle oder nicht. Deutlich aber ist: *Die Genugtuung kommt nicht Gott zugute, sondern dem Sünder oder der Sünderin.*[32]

4. Schließlich eine vierte Beobachtung: Der Begriff der Genugtuung, satisfactio, der in der Paraphrase einen so formalistischen, aufrechenbaren Akzent zu bekommen pflegt, erscheint bei Anselm als direkter Reflex wohl juristisch geregelter, aber doch empirischer Versöhnungserfahrung. Als Beispiele weist er auf so etwas wie Schmerzensgeld, auf eine „Erstattung" der Schmach bei Entehrung oder auf einen Ausgleich über die Rückgabe des Gestohlenen hinaus nach einem Diebstahl: „Denn wie es für einen, der die Gesundheit eines anderen geschädigt, nicht genügt, wenn er die Gesundheit des anderen zurückgibt, es sei denn, er vergüte etwas für den ungerecht verursachten Schmerz: ebenso wenig genügt es für einen, der die Ehre eines anderen verletzt, seine Ehre wiederherzustellen, wenn er nicht entsprechend der angetanen

---

[30] So auch R. K. WÜSTENBERG, Die politische Dimension der Versöhnung. Eine theologische Studie zum Umgang mit Schuld nach den Systemumbrüchen in Südafrika und Deutschland, Gütersloh 2004 (Öffentliche Theologie 18), 454, Anm. 81. Auch PLASGER, Not-Wendigkeit (s. Anm. 7),122, weist darauf hin, dass Nicht-Seligkeit als Folge der Sünde letztlich Sterblichkeit und Tod bedeute; die Strafe der Sünde sei also der Tod, und somit gehe es um Tod oder Seligkeit, letztlich um die Befreiung des Menschen.

[31] Vgl. dazu auch PLASGER, Not-Wendigkeit (s. Anm. 7), 57–78.

[32] M.E. kann damit Anselms Betonung der Würde des Sünders gegenüber Gott durchaus im Sinne der reformatorischen „Freiheit eines Christenmenschen" gelesen werden.

Schmach der Entehrung etwas, was dem Entehrten zusagt, erstattet." (I,11) Es geht um Fälle der – in meinen Worten ausgedrückt – Übertretung der Persönlichkeitssphäre des anderen. „Wegen der zugefügten Entehrung muss er mehr erstatten, als er genommen hat."(I, 11) Dabei muss die Erstattung „dem Entehrten (zusagen)" (I, 11) Immer muss es etwas Zusätzliches sein als die theoretisch denkbare reine Erstattung des Schadens als eine *restitutio ad integrum*, als eine materiell denkbare Wiederherstellung des alten Zustandes. Warum diese kleinliche Rechnerei? Offensichtlich muss mehr erstattet werden, weil es um eine durch schuldhaften Übergriff gestörte Beziehung – die Ehre, *honor* – geht. Versteht man diesen Begriff ausdrücklicher als einen Reflex der biblischen Begrifflichkeit im Zusammenhang der Rede von der *doxa* Gottes, wie oben skizziert, so ist der Beziehungsaspekt freilich sehr viel deutlicher. Offenbar zielt der geforderte Mehrwert der satisfactio auf eine *Anerkennung* des Rechtes des Geschädigten – ausgedrückt innerhalb der Gott-Mensch-Dramaturgie im Bild der Ehrverletzung Gottes.[33] Damit aber stellt sich die Frage, ob hinter der juridischen Terminologie nicht doch mehr steckt als abstraktes Ausgleichsdenken und entsprechend in dem Beharren auf der Unsymmetrie der satisfactio mehr als nur ein starr hierarchisierendes Gottesbild.[34]

Man muss also sagen, dass es eine Reduktion von Anselms Konzeption darstellt, wenn man die Gott zugefügte „Beleidigung" isoliert sieht von der Gefährdung der Welt und sie in ihrer Größe allein an der Größe Gottes misst. Vielmehr sieht Anselm eine direkte Relevanz der Nichtbeachtung des Willens des Schöpfergottes für das Ergehen der Schöpfung – auch wenn er dies im 12. Jahrhundert noch sehr vorsichtig zur Sprache bringt und er das Wohlergehen in der Schöpfung vornehmlich als Erhalt der in ihr tragenden hierarchischen Ordnung sehen mag: Es „entstünde ... eine gewisse Verunstaltung,... und es schiene, als ob Gott in

---

[33] Die Größe der geforderten Genugtuung bemisst sich bei Anselm übrigens nicht, wie Schoonenberg nahe legt, an der Größe Gottes, sondern an der Größe der Sünde; freilich an der „universalen" Größe der Sünde als Sünde der universalen Menschheit. Christi Tod überragt „Zahl und Größe aller Sünden" (II, 14; 119). Auch diese Äquivalenzbestimmung freilich ist nur denkbar innerhalb der Voraussetzung, dass das Problem eigentlich von Gott schon gelöst ist – dm Ausgangsaxiom Anselms.

[34] Nicht hinlänglich differenziert wird in der Rezeption zumeist auch die Bedeutung von satisfactio als Vergeltung und damit doch juristisch eher als Strafe oder als Kompensation mit der Intention der „restorative justice" im Blick auf die Zukunft des Zusammenlebens. Dass diese Unschärfe schon in Bezug auf die Interpretation der entsprechenden biblischen Befunde auszumachen ist, stellt Helmut Steindl, Genugtuung, a.a.O (s. Anm. 11) heraus.

seiner Leitung versagte." (I,15). Vor dem historischen Hintergrund des Investiturstreits und dem Ringen um die Rechte von König und Papst freilich bekommt auch dies einen sehr konkreten Bezug. Vor allem ist deutlich, dass die Genugtuungsleistung um des *peccators* willen zu geschehen habe. Sie dient damit zu nicht mehr und nicht weniger als zur Wiederherstellung seiner Würde vor Gott: Mit aufrechtem Haupt soll der Mensch als ein würdiger Partner Gottes dem schöpfungsmäßigen Ziel seines Lebens folgen können.

Man muss sich bewusst machen, was das bedeutet: Anselm sagt damit nicht, dass die Störung der Ehre/der Gottesbeziehung durch die Sünde lediglich *Auswirkungen* habe auf den zwischenmenschlichen bzw. kreatürlichen Bereich. Der Wille Gottes steht hier für alles, was Gott mit seiner Schöpfung allgemein und für den Menschen und seine Natur im Besonderen „vorhat": die *beatitudo*. Seine Missachtung wird realisiert, wenn man den guten Sinn der Schöpfung missachtet, auf den Gottes Willen zielt.

III. Konsequenzen für das Verständnis von Wiedergutmachung

Denkt man an Gott als Fürsprecher seiner Schöpfung, so geschieht Verletzung seiner Ehre *repräsentativ* für die Verletzung der Schöpfung. In diesem Gedanken kann man durchaus Anselms Dialektik von eigentlicher und uneigentlicher Verletzung der Ehre Gottes wiederfinden. Man kann sie weiterführen in einen Zusammenhang, der in der zentralen christlichen Konzeption zur Erfassung der komplexen Beziehungshaftigkeit Gottes in der Begrifflichkeit von Fürsprache und Stellvertretung zum Ausdruck gebracht wird: In ihrem Schöpfer findet die geschädigte und bedrohte Schöpfung nicht nur ihren Fürsprecher, sondern auch ihren Ankläger gegen ihre Feinde sowie in seinem Eintreten für Gerechtigkeit einen ordnenden, zurechtbringenden Richter. In dieser Funktion kann man Gott auch mit Anselm „Wiedergutmachung" von den Menschen fordern sehen – in der Ernsthaftigkeit, wie sie notwendig ist für die Heilung der Wunden, die durch die immer wieder neu geschehende Verletzung von Lebensmöglichkeiten in der Schöpfung entstehen. Anselm drückt das aus mit dem Gedanken: Ohne *satisfactio* bleibt etwas ungeordnet im Machtbereich Gottes (I,12). Damit weist er auf den drohenden Gefahrenzusammenhang, dass mit der Missachtung Gottes die geschöpfliche Struktur aufgehoben werde und die Welt dann ihrem Untergang geweiht sein könnte. In der Konsequenz dieser Überlegungen frage ich mich also vor allem, ob das nicht überhaupt Anselms Forderung nach Wiedergutmachung, *satisfactio*, jetzt in neuem Licht erscheinen lässt: Könnten wir sie nicht so verstehen, dass Gott sie stellvertretend *für die Opfer* der Sünde fordert, die dadurch wieder in ihr Recht gesetzt werden sollen? Sie würde dann deutlich auswandern aus dem ursprünglich bußtheologischen Kontext, in dem sie zumeist als ein Geschehen ausschließlich zur Entlastung der Gewissen der Täter verstanden wird. Die Forderung von Genugtuung könnte so sogar als eine Metapher verstanden werden, die der Erfahrung von zwischenmenschlichen Versöhnungsprozessen erwachsen ist und in Hinblick auf diese auch gehört werden will: Als Notwendigkeit, den Opfern Genugtuung widerfahren zu lassen – und als Unmöglichkeit, dies in ausreichendem Maße tun zu können. Der Begriff wäre also in einem größeren Umfeld biblischer Termini zum Versöhnungsgeschehen zu hören, letztlich als ein sichtbares Zeichen von *metanoia*, Umkehr.[35]

Aber die Dramaturgie der Versöhnung bei Anselm erweist sich als noch komplexer. Denn sie läuft ja zu auf Gottes Versöhnungswerk in Jesus Christus, der ja nach Anselm nun die notwendige Genugtuung leistet. Eigentlich wäre die gesamte Menschheit aufgefordert, diese übergroße Wiedergutmachung zu leisten. Aber wie schon die verletzte Schöpfung von Gott selbst als ihrem Fürsprecher vertreten wird, der ihre Verletzung einklagt, so sieht Anselm hier – mit der christlichen Tradition – die Notwendigkeit, dass die Menschheit auch von Gott bzw. dem Gottmenschen vertreten werden muss, um Wiedergutmachung zu leisten – denn eine wirklich adäquate Wiedergutmachung ist ihr selbst nicht möglich. Von Menschen geleistet kann sie nur Stückwerk werden.

In dieser Dramaturgie kann man damit sagen: in Christus handelt Gott selbst nun als Freisprecher der Schädiger der Schöpfung, der Sünder und Sünderinnen als Täter und Täterinnen. In der Ontologie der Zwei-Naturen-Lehre stellt uns Anselms Soteriologie Gott selbst als den inkarnierten Christus als für uns Genugtuung-Leistenden vor Augen – damit durchaus menschliche Aktivität mit umfassend. Zweifellos verbindet er damit die biblische sühnetheologische Metaphorik mit juristischen Metaphern. Aber gerade darin lassen sich Spuren eines empirischen Kontextes sehen: die Erfahrung mit zwischenmenschlicher Konfliktregelung. Dazu im letzten Abschnitt:

---

[35] Vgl. dazu R. SCHWAGERS angedeutete Gedanken zum Zusammenhang von satisfactio und Umkehr in seinem Aufsatz: Logik der Freiheit und des Natur-Wollens. Zur Erlösungslehre Anselms von Canterbury, in: ZKTh 1983, 125–155, hier 146–147.

IV. Symbolhafte „Genugtuung" in Versöhnungsprozessen

Als ein Beispiel für ein mögliches empirisches Bezugsfeld heutiger Versöhnungserfahrung für den Prozess, den Anselm mit Genugtuung/ Wiedergutmachung anspricht, kann auch schnell die jüngste deutsche Erfahrung mit der Problematik von Entschädigungszahlungen an die ehemaligen Zwangsarbeiter aus der Zeit des sog. Dritten Reiches in den Sinn kommen. Ist sie nicht Anlass für die Einsicht, dass eine adäquate Wiedergutmachung *überhaupt nicht* geleistet werden kann? Wie überhaupt kann eine Entschädigungszahlung für Zwangsarbeiter und Zwangsarbeiterinnen wirklich ihrem Namen Ehre machen? Wenn also Wiedergutmachung offensichtlich inadäquat ist, sollen wir ganz darauf verzichten? Ralf Wüstenberg hat sich in seiner Untersuchung von Schuldverarbeitungsprozessen in Südafrika und im Deutschland nach der „Wende" mit diesem Problem beschäftigt.[36] Er stellt fest: Wiedergutmachung als Versuch von Ausgleichsleistungen spielt im Versöhnungsprozess nur eine geringe Rolle – sowohl materiell als auch juristisch stößt man dabei zu schnell an die Grenzen des rein Aufrechenbaren. Der Begriff könne, so Wüstenberg, somit lediglich als christologische Redeweise auf der theologischen Ebene der Rede von Gottes Versöhnung Geltung haben. Vor allem sei sie nicht als *Voraussetzung* von konkreter Versöhnung zu verstehen.

Wäre das nun die einzige Möglichkeit, Wüstenbergs Untersuchungsergebnisse zu verstehen, so wäre freilich die Metapher der *satisfactio* Anselms um ihre empirische Verankerung gebracht. Dafür scheint zunächst auch ein anderes Negativ-Beispiel zu sprechen, nämlich die wahrhaftig grausamen Strafformen des Mittelalters und auch der frühen Neuzeit, die als aufrechnende, vergeltende Wiedergutmachungsmaßnahmen verstanden wurden.[37] Andererseits lässt sich, wie Joachim Zehner herausgearbeitet hat, auf mehreren Gebieten nicht-theologischer Wissenschaften feststellen, dass der Begriff der „Sühne" wieder neu gewürdigt wird: Ich weise hier nur hin auf das Strafrecht, wo man neue Sanktionsformen wie den Täter-Opfer-Ausgleich erörtert.[38] Vor allem im Jugendstrafrecht wird versucht, die Täter mit ihren Opfern zu konfrontieren, damit die Täter den „Verletzungscharakter ihres Ver-

---

[36] WÜSTENBERG, Die politische Dimension (s. Anm. 30).
[37] Vgl. J. ZEHNER, Art. Sühne, Ethisch, TRE Bd. 32, 355–360; hier 356.
[38] Vgl. dazu J. ZEHNER, Das Forum der Vergebung in der Kirche. Studien zum Verhältnis von Sündenvergebung und Recht, Gütersloh 1998, 64–75.

haltens" erkennen können.³⁹ In diesem Zusammenhang werden auch Wiedergutmachungsbemühungen als strafmildernd anerkannt. In jüngeren strafrechtlichen Diskussionen in Deutschland wird über eine begriffliche Differenzierung nachgedacht, mit der durch die Unterscheidung von materieller Wiedergutmachung und symbolischer Wiedergutmachung auch Zusammenhänge ins Blickfeld geraten, in denen es um über-individuelle Wiedergutmachung, z.b. den Staat oder die Allgemeinheit betreffende, geht.⁴⁰ In der Politikwissenschaft – ein anderes Beispiel – werden von Gesine Schwan Wiedergutmachungsleistungen nach vorsichtiger Abwägung auch als Mittel gegen ein „Beschweigen von Schuld" nach historischen politischen Schulderfahrungen erwogen.⁴¹

Unter Berücksichtigung dieser Entwicklungen lässt sich sagen: Obwohl Wiedergutmachung nicht als ein adäquater Ausgleich der Tatfolgen leistbar und vorstellbar ist, scheint sie doch nicht vollständig verzichtbar zu sein. Religiös gehört sie in den Bereich, der bußtheologisch mit Reue, Umkehr und Sühne zu erfassen versucht wird.⁴² Sie scheint vor allem notwendig um der Würdigung der Opfer willen – ein Aspekt, der in der klassischen Bußtheologie nicht explizit, hoffentlich jedoch im Vollzug implizit zum Ausdruck bzw. zur Wirkung kommt. Wiedergutmachung muss dafür aber wohl in einem breiteren Sinn verstanden werden, nämlich als Erweis der notwendigen Achtung der Situation der Opfer.⁴³ So arbeitet auch Ralf Wüstenberg heraus, dass es ein notwendiges Element im Versöhnungsprozess sei, dass es zur Einsicht in das „Grundbedürfnis der Opfer nach Anerkennung ihres Leidens" komme.⁴⁴ Für politische Versöhnungsarbeit sei es dafür notwendig, dass ihr Leiden als gesellschaftlich anerkannte „Wahrheit" öffentlich wird (und dies nennt er schließlich: moralische Wiedergutmachung). Aber auch

---

³⁹ A.a.O., 65 mit Verweis auf Peter-Alexis Albrecht, Jugendstrafrecht. Ein Studienbuch, München 2. Aufl. 1992.

⁴⁰ Vgl. Ch. LAUE, Symbolische Wiedergutmachung, Berlin 1999 (Schriften zum Strafrecht, Heft 118).

⁴¹ G. SCHWAN, Politik und Schuld. Die zerstörerische Macht des Schweigens, Frankfurt 1997, 234f.

⁴² Vgl. auch dazu ebd., 29–34 und 63–68. Schwan erkennt hier vor allem in den Einsichten in die heilsame Notwendigkeit der Sühne-Funktion auch strafrechtlicher Maßnahmen ein säkularisiertes Fortleben religiöser Versöhnungsweisheit (U.L.-W.-Ausdruck).

⁴³ Man kann diese Einsicht sogar schon in Anselms „Mehr" vermuten, s.o., 2. Punkt 3.

⁴⁴ WÜSTENBERG, Die politische Dimension (s. Anm. 30), 296 in Bezug auf die Situation in Deutschland, 133–136 und 202/03 vorsichtig kritisch und vor Romantisierung warnend in Bezug auf Südafrika.

im persönlichen oder strafrechtlichen Bereich können Versöhnungsprozesse nicht gegen die Wahrheit und nicht im Verschweigen der Leiden der Opfer gelingen. Vor allem die südafrikanische Wahrheitskommission war ja bekanntlich von diesem Grundsatz ausgegangen.[45] Hier kamen sowohl Opfer des Apartheitsregimes – durch Polizeifolter verkrüppelte Familienväter oder misshandelte Frauen – wie auch Täter zu Wort, die sich den Fragen und verbalen Angriffen ihrer Opfer stellen mussten. Auch hier dürfen Ambivalenzen nicht verschwiegen werden – etwa die Frage, ob sie nicht politisch die kleinere und doch einzige Möglichkeit der Aufarbeitung der Vergangenheit Südafrikas war. Dennoch kann man aus der Arbeit der Wahrheitskommission durchaus Einsichten gewinnen über persönliche Versöhnungsprozesse im Kontext von historischer Schuld. Mir geht es hier um die Einsicht, dass die Anerkennung der Leiden der Opfer nicht nur verbal zum Ausdruck gebracht werden, sondern geradezu „geschehen" muss, hier in der gesamten Interrelation von Opfern, Tätern, Kommissionsmitgliedern und Zuhörenden, in der die Auswirkung auf das Weiterleben in der Gesellschaft vorwegnehmend spürbar werden kann. Anerkennung kann nicht nur mitgeteilt werden, sondern sie muss passieren. Wüstenberg weist darauf hin, dass sie passieren muss innerhalb einer grundsätzlichen Situation des Fragmentarischen, in der allein sie nur möglich ist. Die Anerkennung der Leiden der Opfer kann ja niemals bedeuten, dass ihre Leiden vollständig nachvollzogen werden können, was doch eigentlich die Voraussetzung von Anerkennung wäre. Noch dazu gilt dies in unterschiedlicher Weise von den Beteiligten in Versöhnungsprozessen – von Tätern anders als von ihren Opfern; wieder anders von Tätern, die auch Opfer sind/waren oder wieder anders etwa von indirekt Beteiligten wie den Angehörigen einer späteren Generation. Folterung, Erfahrungen von Demütigung, Beteiligung an Massakern, sozialer Absturz der Familie mit Auswirkungen in mehrere Generationen – all dies lässt sich sowohl in seinen Auswirkungen auf die Person der Opfer als auch in der Verstrickung von Opfern und Tätern immer nur im Fragment nachvollziehen und anerkennen. Damit aber muss gesagt werden: Auch im breiten Sinn ist Wiedergutmachung als Anerkennung der Leiden der Opfer im Grunde menschenunmöglich, obwohl notwendig. Für eine ganze Gesellschaft kann das nur heißen, dass für sie Versöhnung zu erhoffen bedeutet, dass sie lernt, zukunftsoffen mit dem Fragmentarischen, auch mit nicht möglicher Vergebung und nicht gelingender Umkehr, zu leben. Versöhnung im zwischenmenschlichen Bereich kann somit überhaupt nur denkbar sein

---

[45] Ebd.,129–133, 141–173 (Lit.).

als Gelingen im Fragment, und innerhalb dessen ist sie angewiesen auf Symbol-Handlungen von Wiedergutmachung, die in ihrer eigentlichen Unmöglichkeit angenommen werden müssen. In über-individuellen gesellschaftlichen Transformationsprozessen gilt es somit, eine Sensibilität für die „unmögliche Möglichkeit" von Versöhnung und die Funktion von symbolischer Wiedergutmachung zu entwickeln.[46]

Die Betonung der Notwendigkeit von Wiedergutmachung – statt Strafe(?!) bei Anselm –[47] kann somit als eine analogische Denkform verstanden werden, die ihren Hintergrund in der inter-personalen Erfahrung von Unversöhntheit und der „unmöglichen Möglichkeit" von Versöhnung überhaupt hat. Wiedergutmachung spielt hier eine große Rolle. Nur oberflächlich gesehen erscheint sie als eine Kompensation, denn man weiß, dass es keine wirkliche Balance gibt. Dennoch ist die Form der Kompensation nicht völlig sinnlos, denn sie veranschaulicht den den schwierigen und schmerzhaften Prozess der Anerkennung von Schuld, Opfer-und Täter/innen-Status. Die Tatsache, dass eigentlich nur Gott allein diese Kompensation leisten kann und dass Gott das auch will – das scheint mir der Sinn jeder christozentrischen Soteriologie zu sein, die auch Anselms Konzept aufweist. Dieser Sinn des christlichen Credos ist uns zugesagt in der Botschaft von der Rechtfertigung, und zwar als Ermutigung, uns dem schmerzhaften Prozess der anerkennenden Kompensation von Gerechtigkeit in dem zwischenmenschlichen Versöhnungsgeschehen so zu unterziehen, dass die Vision einer gegenseitigen Befähigung zur Zukunft als restaurative Gerechtigkeit entsteht. Das Bemühen um Ausgleich ist also nicht endgültig, sondern ein Mittel zum Zweck, Wahrheit, Einsicht, Anerkennung und möglicherweise sogar Umkehr – *metanoia* – aufzuschließen.

---

[46] G. SCHWAN, POLITIK (S. ANM. 41),235, nennt das einen „lebendigen Konsens, (...) einen *common sense*, (...) ein Bürgerethos", das „eine Seelengröße bei den Opfern" erfordere, „die man weder verlangen, noch erwarten, die man aber erbitten und auf die man hoffen darf."

[47] In der Anselm-Literatur wird vielfach herausgestellt, dass bei Anselm Genugtuung/Wiedergutmachung als Alternative zur Strafe eingeführt werde, etwa wenn er in CDH I,14 sagt, dass ohne eine Genugtuungsleistung Strafe unvermeidlich wäre: „Denn entweder zahlt der Sünder freiwillig, was er schuldet, oder Gott erhält es von ihm gegen seinen Willen." Plasger hält es nicht für notwendig, die beiden Begriffe poena und satisfactio als steile Alternativen zu verstehen, zumal die in der Sekundärliteratur verwendete „aut ... aut"-Formulierung bei Anselm nicht exakt so wie zitiert erscheine. In der weiteren Ausführung folgt aber auch er Anselms Gebrauch von satisfactio und arbeitet heraus, dass Anselm diese für notwendig hält, damit der sündige Mensch (wieder) mit Gott „gemeinschaftsfähig" werde – also eine deutlich versöhnungstheologische und nicht vergeltungsrechtliche Argumentation (vgl. PLASGER, Not-Wendigkeit [s. Anm. 7], 109–115; bes. 109 und 114/115).

V. Resümee

Anselms staurozentrisches Argument zur Begründung der Inkarnation, nach dem Gott Mensch werden und sterben musste, um die Versöhnungsarbeit zustande zu bringen, die die Menschen nicht leisten können, hat zweifellos einen Makel: Die Genugtuung, die hier als notwendig bezeichnet wird, besteht letztlich im Tod eines Menschen. Man kann das Argument deshalb für gescheitert betrachten. Die hier vorgebrachten Überlegungen sollen auch nicht darauf abzielen, eine Deutung des Todes Jesu anzubieten, nach der dieser als von Gott dargebrachtes Wiedergutmachungsopfer zu gelten habe. Anselm selbst versucht alles in seiner argumentativen Kraft stehende, um diesen Eindruck zu verhindern und den Tod Jesu als Selbsthingabe des inkarnierten Gottes zu erklären. Man muss von diesem Versuch durchaus nicht in allen seinen Phasen überzeugt sein. Anselm greift dafür zu einer für uns heute komplizierten Argumentation, in der die freiwillige Hingabe der inkarnatorischen menschlichen Natur Jesu im Modell einer real-ontologisch verstandenen Zwei-Naturen-Lehre gesehen wird. Das aber lässt sich in einer nachmittelalterlichen Ontologie nicht mehr ohne Weiteres nachvollziehen, so dass wir es als ein Geschehen zwischen Mensch und Gott sehen müssen. Die Intention der Zwei-Naturen-Lehre hingegen, ohne ein Ausbuchstabieren im Detail sozusagen, steuert auch moderne offenbarungs-theologische soteriologische Modelle, die den Tod Jesu als die *Konsequenz* seiner Hingabe in ein Leben für Gott und seine Schöpfung und darin eben auch ein von Gottes Gegenwart umfasstes Geschehen verstehen. Die evangelische Theologie neigt ja sogar von Luther über Barth und Bonhoeffer bis zu Moltmann und Jüngel dazu, die von Jesus freiwillig getragene Konsequenz des Todes als „freie Tat Gottes" selbst zu verstehen und sie somit in das Subjekt Gottes zurückzubiegen.[48] Sie umklammert also die zwei unterschiedlichen Naturen quasi-monophysitisch und verhindert eben dadurch das rationalistisch überdehnt wirkende Anselmsche „Ausbuchstabieren" der unterschiedlichen Handlungsebenen von göttlicher und menschlicher Natur. Sie benutzt die Zwei-Naturen-Lehre dadurch aber auch anders, nämlich nicht als eine real-ontologisch auszubuchstabierende erklärende Anschauung, sondern als in das Geheimnis Gottes hinführende Metapher mit doxologischem Drive, der in die gläubige Spekulation führen

---

[48] Vgl. die Aufzählung bei M. WELKER, Ein evangelisches Vermächtnis. H.-G. GEYERS gesammelte Aufsätze, in: Ev. Theol. 65, 2005/6, 478–480, hier 479. Zu ergänzen wäre demnach die Reihe der evangelischen Leiden-Gottes-Theologen noch durch den Namen von Hans-Georg Geyer.

will. Die Kritik Schleiermachers, es sei ein Kategorienfehler, wie wir heute sagen würden, den Begriff der Natur unmittelbar auf Gott zu beziehen,[49] hat in der evangelischen Theologie eine starke Zustimmung erfahren und sich mit einer oft unbewussten Vorsicht gegenüber einem propositionellen Verständnis christologischer Modelle verbunden. Die Re-Vision der anselmischen Gedanken zur Versöhnung mit dem Element der *satisfactio* kann nur jenseits des Durchbuchstabierens der Zweinaturenlehre in der Würdigung der praktischen Versöhnungsarbeit bestehen, wie er hier bezüglich der Wiedergutmachungsthematik aufgezeigt wurde. Und das auch nur dann, wenn man seine duale Dramaturgie des Geschehens von Gott und Mensch als eine Kurzformel liest, mit der das heilsschaffende Verhältnis Gottes zur gesamten bedrohten Schöpfung gemeint ist. In dem Moment, in dem wir Anselm in dieser Weise sozio-zentrisch lesen, lässt sich theologischer Gewinn für eine Theologie der Überwindung von Gewalt schlagen: In dem wir sie nicht mehr nur als ein Geschehen zwischen Gott und Mensch lesen, sondern als eine Dramaturgie der Bewahrung und Vollendung der Schöpfung angesichts ihrer Bedrohung durch zwischenmenschliche Unversöhntheit. Die Kernbegriffe Anselmischer Argumentation sind dann: *ordo*, Wille Gottes und Ehre Gottes als Wahrung seiner Herrlichkeit (*kavod* und *doxa*) zugunsten der Schöpfung. Die implizite Stellvertretungstheologie Anselms lässt sich dann theozentrisch lesen: Wird Gott als Fürsprecher und Freisprecher der Schöpfung ins Auge gefasst, so können wir die Rede von der stellvertretenden Genugtuungsleistung Christi verstehen als Verheißung der Wiederaufrichtung derjenigen, die inmitten der Sündhaftigkeit der Menschheit durch Ungerechtigkeit, sinnlose Gewalt oder Untätigkeit geschädigt sind. Anselms Beharren auf der Genugtuung Gott gegenüber wird so deutlich zu einer Genugtuung, die Gott für die Unversöhnten der Schöpfung fordert. Dass Gott sie in Christus selbst leistet, kann dann weiterhin als Gottes Versprechen verstanden werden, dass er auch unser fragmentarisches Versöhnungswerk vollenden werde – und somit als Ermutigung und Aufforderung an uns, es inmitten der Gebrochenheit der Schöpfung zu wagen.

---

[49] Vgl. F. D. SCHLEIERMACHER, Der christliche Glaube 1821/22, hg. von Hermann Peiter, Studienausgabe Bd. 2, Berlin/New York 1984, § 117, S. 33.

Dávid Németh

Schuld und Vergebung im seelsorgerlichen Gespräch

Schuld und Vergebung sind konstitutive Bestandteile aller interpersonalen Beziehungsgeschichten. Falls sie fehlen: Entweder besteht keine Beziehung oder Personen stehen einander nicht gegenüber. Wo aber Personen interagieren, dort entstehen, gewollt oder ungewollt, Kränkungen von beiden Seiten.[1] Die gemeinsame Geschichte kann dann nur durch Vergebung fortgesetzt werden. Bricht aber die persönliche Beziehung infolge gegenseitiger Verletzungen ganz ab, wird die jeweilige individuelle Geschichte erst durch Vergebung frei für die Zukunft. Die Seelsorge hat es immer mit Beziehungsgeschichten, genauer formuliert mit gestörten Beziehungsgeschichten zu tun. Beziehungsstörungen gehen immer mit Schuld einher, so ist und bleibt Schuld ein zentrales Thema und das Aufspüren der Wege der Versöhnung eine bleibende Aufgabe des seelsorgerlichen Gesprächs. Es geht um Beziehungen in dreifacher Richtung: zu Gott, zu sich selbst und zu den Mitmenschen.[2] Interessanterweise rückten diese drei Bereiche der interpersonalen Beziehungen in der Geschichte der Seelsorge abwechselnd ins Zentrum der Aufmerksamkeit – zumindest, was die letzten 75 Jahre in Europa anbelangt. Die Seelsorge der dialektischen Theologie fokussiert eindeutig auf die Gottesbeziehung des Menschen und auf ihre Grundstörung, die Sünde, wobei *Eduard Thurneysen* so weit geht, dass in seiner „Lehre von der Seelsorge"[3] das Wort Schuld als Störfaktor der zwischenmenschlichen Beziehungen – bis auf zwei Randbemerkungen[4]

---

[1] „Wer keine Schuld empfinden kann, gilt als ‚Unmensch'. Schuld ist nicht aufzulösen, sie ist zu übernehmen und zu verantworten." – sagt Klaus Winkler in: DERS., Seelsorge, Berlin / New York 2000, 351.

[2] In der neusten Seelsorgeliteratur wird der Aspekt Beziehung wieder thematisiert, die Schuldfrage kommt aber in diesen Publikationen nur am Rande vor. Vgl. W. REUTER, Relationale Seelsorge. Psychoanalytische, kulturtheoretische und theologische Grundlegung, Stuttgart 2012; F. SCHIRRMACHER, Seelsorge als Beziehungsgeschehen. Perspektiven zur Weiterentwicklung der Seelsorgepraxis, Neukirchen-Vluyn 2012.

[3] E. THURNEYSEN, Die Lehre von der Seelsorge, München 1948.

[4] Auch hier wird die Aufmerksamkeit bald auf das Sündersein des Menschen weitergeleitet: „Dass alle bloß moralischen Abklärungen und Urteile, die Situation von Anklage und Schuld lösende Wort ist wiederum kein anderes als das göttliche Wort,

– gar nicht vorkommt. Dies war ein versöhnungsgeschichtlicher Zugang zum Problem Schuld und individuell ausgerichteter Vergebung in der Seelsorge. In der nächsten Epoche handelt es sich statt Sünde und Schuld um das Schuldgefühl, das ein Störungssymptom der Selbstbeziehung des Menschen oder sein Verhältnis zu seiner eigenen Lebensgeschichte bezeichnet. Dies können wir etwa lebensgeschichtliche Zugangsweise nennen. In den letzten 15 Jahren richtete sich der Blick auf die Schuld- bzw. Vergebungsfrage in den Beziehungen zwischen den Mitmenschen, was als bindungsgeschichtlicher Ansatz bezeichnet werden kann. Was in der Geschichte der Seelsorge epochenweise erst nacheinander zum Vorschein kam, sollte in den seelsorgerlichen Gesprächen gleichzeitig präsent sein, weil Seelsorge ihrem Wesen nach Beziehungsherstellung oder -erneuerung im Deutungshorizont des christlichen Glaubens ist[5] – sowohl in vertikaler als auch in horizontaler Dimension.

I. Sünde

Das seelsorgerliche Gespräch ist der Ort, wo die unterentwickelte, entstellte und ge- oder zerstörte Gottesbeziehung des Einzelnen zurechtgebracht werden kann. Mit der Formulierung von Klaus Winkler: Wo für den Seelsorgesuchenden ein persönlichkeitsspezifisches Credo ermöglicht wird. In diesem Sinne vollzieht sich in der Seelsorge eine Glaubensanalyse, die dann in eine christlich geprägte „Glaubenstherapie" übergeht. Über Therapie können wir nur reden, wenn wir eine Vorstellung von einem Menschen mit intakter Gottesbeziehung haben. Das ist gemäß der biblischen Botschaft der begnadigte, aus Gnade gerechtfertigte Sünder: Der Mensch, der freiwillig und in jeder Situation seines Lebens Gott danken und Ihn loben kann – sogar angesichts des Todes. So ist das im Seelsorgeprozess zustande kommende Credo immer ein dankbares Bekennen des unbedingten Vertrauens zum unbedingt gnädigen Gott.
Das alles wurde in der Seelsorgelehre der dialektischen Theologie erkannt und betont: zuerst von *Hans Asmussen* in einer eindeutig lutheri-

---

das Wort von der Vergebung der Sünden." (THURNEYSEN, Die Lehre von der Seelsorge, 125) „Es ist ein Sprung ins Dunkel, im Fall einer Schuld, die unser Leben belastet, dazu zu stehen, alle eigenen Erklärungs- und Rechtfertigungsversuche aufzugeben, aber auch alle unfruchtbaren Selbstanklagen und alle Verzweiflung wegzulegen und sich ganz der Vergebung der Sünden zu überlassen." (A.a.O. 126)

[5] Vgl. M. KLESSMANN, Seelsorge. Begleitung, Begegnung, Lebensdeutung im Horizont des christlichen Glaubens. Ein Lehrbuch, Neukirchen-Vluyn 2008, 8.

schen Färbung,⁶ dann mit calvinistischen Schwerpunkten von *Eduard Thurneysen*. Sie konnten aber ihren Ansatz auf der Ebene der Praxis ohne entsprechende methodische Mittel nur bruchstückhaft zur Geltung bringen. Die Autorität der Schrift, des Pfarramtes und der Person des Seelsorgers hatten die Lücken der Methodologie zu füllen und so wurde die Veränderung der Sichtweise oder Überzeugung des Ratsuchenden durch Überreden, nicht aber durch das Herbeiführen der Einsicht erreicht.

Hier herrscht eindeutig eine versöhnungsgeschichtliche Perspektive. Es wird nicht von Schuld oder von moralischen Verfehlungen geredet, die auf der Handlungsebene korrigiert werden können, sondern von der Sünde des Menschen, die unmittelbar die Gottesbeziehung betrifft. Thurneysen war der Letzte in der Geschichte der Seelsorge, der darüber deutlich gesprochen hat. Seitdem wird das Sündersein des Menschen in der Seelsorge durchgehend totgeschwiegen. Praktisch wird so getan, als ob dieses Theologumenon im christlichen Glauben gar nicht existiere. Im Hinblick auf die durchweg empirische Orientierung ist zuzugeben, dass es eine Glaubensaussage, eine Art Interpretation des menschlichen Daseins ist – was in einer naturwissenschaftlich eingestellten Welt von vornherein verdächtig erscheint–, sie ist aber doch insofern zu verantworten, als dass alle Grundaussagen über den Menschen zwangsläufig Glaubensaussagen sind. Der Mensch kann über sich nur als Glaubender denken und reden. Eben das ist der Punkt, an dem sich die Seelsorge als Glaubensorientierung gerechtfertigt fühlen kann. Ihr orientierendes Handeln hat aber einen bestimmten Horizont, nämlich den christlichen Glauben. Und zu Recht – nicht allein von ihrer theologischen Gebundenheit her, sondern auch von ihren Erfahrungen unterstützt, die bezeugen, dass Menschen, die „einen gnädigen Gott gekriegt haben", freier sind, ihre Lebensaufgaben zu meistern und ihre Stresssituationen zu bewältigen. Die eigentliche Richtung, an der man sich orientieren soll, ist der gnädige Gott und seine durch Barmherzigkeit bestimmten Interpretationsbeiträge zu unserer Lebenswirklichkeit. Die Frage ist nicht, ob wir glauben, sondern wem wir glauben, wem wir Recht geben, wen wir um Ratschläge bitten. Der Sündenfall des Menschen besteht darin, dass er einem Geschöpf mehr Vertrauen schenkt als Gott. Der Mensch glaubt einem Geschöpf, dass es ihm etwas Besseres, Bereicherndes, Beglückenderes zuteil werden lässt, als das, was Gott ihm geben will. Es wird eingeflüstert, dass Gott dir nicht das Beste bieten würde, er sei dein Feind, der am besten zu beseitigen, an das Kreuz zu schlagen

---

⁶ H. ASMUSSEN, Die Seelsorge. Ein praktisches Handbuch über Seelsorge und Seelenführung, München (1933) ²1935.

sei. Davon kannst du ausgehen. Du kannst selbst bestimmen, wem du glaubst. Sünde ist also die Bevorzugung von etwas (in- und außerhalb von uns bzw. durch uns) Geschaffenem dem Schöpfer gegenüber. Die jetzt angedeutete Interpretation der Sünde als leichtgläubig verfehlte Grundorientierung mag im Vergleich zu Deutungen, wie Selbstbezogenheit (homo incurvatus in se), Selbstzentriertheit, Verschlossenheit, Entfremdung, Unglaube usw. als zu simpel erscheinen, ihre lebenspraktische ebenso wie auch ihre seelsorgerliche Relevanz ist aber nicht anzuzweifeln. Die verfehlte Orientierung führt unausweichlich zu verfehlten Glaubens- und Lebensentscheidungen und zu einer verkehrten Lebensführung. Ist es schicksalhaft, ist davon jeder Mensch betroffen? Ja, weil es keinen Menschen gibt, der nie in seinem Leben das Gefühl gehabt hätte, sich in einer Situation auch selbst zurechtzufinden, oder der alle Lebensereignisse auf Gott bezogen erleben und deuten würde, also uneingeschränkt coram Deo lebte.

Thurneysen macht die Sünde groß, damit die Gnade und Vergebung noch großartiger wird. Sein Anliegen ist nicht, den Menschen in seinem tragischen Sündersein darzustellen und ihn im seelsorgerlichen Gespräch bloßzustellen, sondern die einmalige Möglichkeit der Vergebung sichtbar und attraktiv zu machen. Er sagt zugespitzt: „Das seelsorgerliche Gespräch hat [...] zum alleinigen Inhalt die Ausrichtung der Vergebung der Sünden in Jesus Christus".[7] Sünde betrifft den ganzen Menschen, deshalb kann unser Augenmerk nicht allein auf das Moralische oder auf das Psychische, also auf konkrete menschliche Handlungen und Erlebensweisen festgelegt werden. Letztlich geht es nicht darum, wie sich jemand schuldig gemacht hat und was er dabei erlebt hat, es geht aber auch nicht um die Sünde, also um eine Disposition für allerlei Verfehlungen und absichtliche Bosheiten, sondern darum, „dass uns unsere Sünden vergeben werden, mehr noch, dass sie uns vergeben sind und dass es sich jetzt nur noch darum handeln kann, dies zu erkennen und gültig werden zu lassen".[8] Also es gibt ein „großes, göttliches Von-Vornherein",[9] erst danach und im Lichte dessen kann man über die Details der menschlichen Lebenswirklichkeit sprechen. Die Vergebung der Sünden kann „bedingungslos ausgerichtet" werden, auch wenn die Kirche – ganz evangeliumswidrig – immer wieder Vorbehalte anmeldet und vor unbegründeter Großzügigkeit und leichtsinniger Weitherzigkeit warnt. Im günstigeren Fall sollte das Evangelium über die Gnade Gottes den Ratsuchenden zur

---

[7] THURNEYSEN, Die Lehre von der Seelsorge, 129.
[8] Ebd.
[9] Ebd.

Erkenntnis seines Sünderseins und zur Einsicht des wiederholten Verstoßes gegen den Willen Gottes bringen (vgl. Luk 5,8; Röm 2,4). Ob auf die Vergebungsbotschaft ohne irgendeinen methodischen Beitrag seitens des Seelsorgers ein vorbehaltloses „Staunen" – wie es *Klaus Winkler*[10] formuliert –, oder eine Attitüde „schlechthinniger Empfänglichkeit" – wie *Ulrich H.J. Körtner*[11] sagt – auf der Seite des Seelsorgesuchenden als spontane Reaktion zum Vorschein kommt, bleibt fraglich. Thurneysen ist allerdings fest überzeugt, dass das Wort Gottes ohne menschliches Zutun wirkt. Ja bestimmt, das Wirken des Heiligen Geistes müssen wir als Vorbedingung aller echten Sündenerkenntnis und Vergebungserfahrung annehmen; dass aber deshalb der Seelsorger keine weiteren Aufgaben habe, müssen wir schon allein aus praktischen Gründen bezweifeln. Die früheren falschen Grundannahmen und Kernüberzeugungen des Ratsuchenden, die als „implizite Axiome"[12] bzw. als kognitiv-affektive Schemata in seiner psychischen Struktur fest eingefügt sind, bauen sich selten spontan ab. Als tiefliegende Kreditionen (d.h. transzendenz- oder quasi-transzendenzbezogene Kognitionen) müssen sie in der Regel zuerst erschlossen, dann „diskreditiert", und zum Schluss durch neue ersetzt werden. Das emotionale Ergriffensein vom Freispruch Gottes kann wohl eine inhaltliche Umgestaltung der psychischen Schemata und eine gründliche Umstrukturierung des realitätsmodellierenden und/oder des motivationalen Systems in Gang setzen,[13] zur Vollendung muss aber noch am Gottesbild, an den Vorannahmen, Missverständnissen und Vorurteilen und an den durch diese geprägten Deutungsmustern viel gearbeitet werden, bis das Leben des Seelsorgepartners „grundlegend von der Dankbarkeit bestimmt"[14] wird. Pisteotherapeutisch kann die Seelsorge nur dann wirken, wenn sie den „Tiefenglauben" des Seelsorgepartners („wo es in uns glaubt" – *Alfred Dedo Müller*)[15] erschließt, seinen Inhalt mit den Glaubensaussagen des gemeinsamen christlichen Glaubens konfrontiert und ihn in

---

[10] K. WINKLER, Werden wie Kinder? Christlicher Glaube und Regression, Mainz 1992, 120; K. WINKLER, Grundmuster der Seele. Pastoralpsychologische Perspektiven, Göttingen 2003, 141.

[11] U.H.J. KÖRTNER, Schuldvergebung und Schuldübernahme in der Seelsorge, WzM 58 (2006/3), (259–269) 168. Vgl. DERS., Wiederkehr der Religion? Das Christentum zwischen neuer Spiritualität und Gottvergessenheit, Gütersloh 2006, 40.

[12] D. RITSCHL, Zur Logik der Theologie. Kurze Darstellung der Zusammenhänge theologischer Grundgedanken, München 1984, 142–144.

[13] Vgl. R. SACHSE, Klärungsorientierte Psychotherapie, Göttingen u.a. 2003, 17–32.

[14] KÖRTNER, Schuldvergebung und Schuldübernahme, 268.

[15] A.D. MÜLLER, Grundriss der Praktischen Theologie, Gütersloh 1950, 286. Vgl. A.D. MÜLLER, Ist Seelsorge lehrbar?, in: F. WINTZER (Hg.), Seelsorge. Texte

korrigierter, ergänzter und persönlichkeitszugeschnittener Form situationsbezogen bekennen lässt. In dieser Hinsicht könnte die Seelsorge wichtige Anregungen von den neusten Formen der kognitiven Psychotherapie bekommen. Wegen berechtigter Vorbehalte gegen die Verhaltenstherapie zögert sich (leider) die Pastoralpsychologie den Dialog mit dieser Therapierichtung aufzunehmen.

Die Psychotherapie unternahm vage Versuche, den Sündenbegriff irgendwie theoretisch zu integrieren, ohne ihn im geläufigen Schuldbegriff aufgehen zu lassen. Zum einen sei der Vertreter der sogenannten dritten Wiener Schule der Psychoanalyse, *Wilfried Daim,* zu nennen. Er sieht das gemeinsame Kernproblem aller neurotischen Störungen im Phänomen der psychischen Fixation. Der Mensch habe eine unaufgebbare, sozusagen schicksalhafte Neigung, seine psychischen Energien auf bestimmte Bereiche der Wirklichkeit zu konzentrieren. Dadurch verleihe er diesem Wirklichkeitsabschnitt eine herausragende Bedeutsamkeit, weit mehr als er es objektiv hätte. Folglich erwartet er von ihm Leistungen, zu denen er nicht fähig ist, bekleidet ihn mit einer Macht, über die er gar nicht verfügt. Man verabsolutiert also etwas, das sonst zur Welt der Relativen gehört. „Da nun das Fixationsobjekt – so führt Daim aus – nur subjektiv absolut genommen werde, ohne es objektiv zu sein, bezeichne ich es als ‚Götze'."[16] Das wahre, objektive Absolutum kann und soll für jede Person allein Gott sein. Alle Fixationen an immanenten Objekten sind falsche Verabsolutierungen, in religiöser Terminologie: Erscheinungsformen des Götzendienstes. Falsche Verabsolutierungen sind nach Daim im menschlichen Leben verhängnisvoll. Sie ruhen nicht auf bewussten Entscheidungen. Die Beziehungen des Kindes zu seiner Mutter, dann zum Vater, später zu weiteren Autoritäten und letztendlich in der Pubertätszeit zu sich selbst sind je durch Verabsolutierungstendenzen charakterisiert, die ungewollt wirken und oft zu nachhaltigen Fixationen kommen. Diese Tendenz bleibt trotz einer göttlichen Befreiung lebenslang erhalten.

Ein anderer Ansatz, der dem Sündersein des Menschen Rechnung trägt, kommt von der psychologischen Daseinsanalyse her. Es wird die existenzielle Schuldhaftigkeit des Menschen vorausgesetzt, die nach *Gion Condrau* – Heidegger folgend – im Nichterfüllen aller wesentlichen Lebensmöglichkeiten besteht. Das heißt: „das eigene Dasein nicht zu jener vollen und reifen Entfaltung gebracht zu haben, zu der wir ange-

---

zum gewandelten Verständnis und zur Praxis der Seelsorge in der Neuzeit, München 1985, (125–133) 128.

[16] W. DAIM, Umwertung der Psychoanalyse, Wien 1951, 226. Siehe noch die Seiten 125–155.

sichts unseres In-der-Welt-Seins aufgerufen sind".[17] Ganz lebenspraktisch bedeutet das, dass z. B. ich, indem ich an dieser Konferenz teilnehme, nicht zugleich zusammen mit meiner Familie die letzten Tage der Semesterferien verbringen und mit den Meinigen lebensbereichernde Erfahrungen machen kann. Meinem Dasein gegenüber habe ich mich schuldig gemacht, da ich eine wichtige Möglichkeit versäumt habe. Aber wenn ich die umgekehrte Entscheidung getroffen hätte, wäre ich auch nicht weniger schuldig. Eine heutige Vertreterin der Daseinsanalyse, *Alice Holzhey-Kunz* ist der Meinung, dass wir bloß durch unser Dasein im doppelten Sinne Schuld auf uns laden.[18] Es ist festzustellen: „Zu existieren heißt, da statt nicht da zu sein." Das bedeutet einerseits, dass wir in der Welt einen Platz einnehmen, „den nicht zugleich auch ein anderer einnehmen kann". Wir beanspruchen für uns damit ein Recht auf Leben, auf Kosten desselben Rechtes anderer Menschen. Andererseits sind wir infolge einer Entscheidung da und nicht woanders. Jeder Entscheid impliziert eine „faktische Schuld", „weil jeder Entscheid für die eine Möglichkeit zugleich ein Entscheid gegen andere einschließt und daher, überpointiert ausgedrückt, immer einen ‚Mord' an den nicht gewählten Möglichkeiten bedeutet." Diese Feststellungen sind durchaus einsichtig. Ob sie, wegen ihres verhängnisvollen Charakters, mit dem theologischen Erbsündengedanken gleichzusetzen sind, ist zu fragen. Einerseits kann dagegen eingewandt werden, dass hier der Transzendenzbezug ganz und gar fehlt. Diese Schuldhaftigkeit bleibt ganz im Bereich des menschlichen Lebens, auch wenn wir das Seinsganze als Kontext in Betracht ziehen. Ihre Lösung aber – und das gibt auch *Holzhey-Kunz* zu – kann nur in religiöser Perspektive gefunden werden. Aus christlicher Sicht besteht die Lösung der existentiellen Schuld in der Annahme, dass der Mensch zur Verwirklichung seiner Gottebenbildlichkeit in der Welt bestimmt ist. Er lebt nicht einfach dahin und macht sich durch seine unausweichlichen Entscheidungen schuldig, vielmehr ist er zu einer Lebensweise bestimmt und er hat einen bestimmten Lebensweg. *Wilfried Joest* hat die Gottebenbildlichkeit des Menschen folgendermaßen definiert: „Gott hat den Menschen gewollt und geschaffen zum Zusammensein mit ihm selbst".[19] Er soll in

---

[17] G. CONDRAU, Angst und Schuld als Grundprobleme der Psychotherapie. Philosophische und psychotherapeutische Betrachtungen zu Grundfragen menschlicher Existenz, Frankfurt a.M. 1976, 8.

[18] Vgl. A. LÄNGLE / A. HOLZHEY-KUNZ, Existenzanalyse und Daseinsanalyse, Wien 2008. Die folgenden Zitate befinden sich auf den Seiten 257–258.

[19] W. JOEST, Dogmatik II. Der Weg Gottes mit dem Menschen, Bd. 2, Göttingen 1986, 382.

der Welt eine Position einnehmen, wo er sozusagen Gott befragt, was er zu tun und zu verwirklichen hat und wo er Gott gegenüber verantworten soll, was dann alles daraus entstanden ist. Wenn einer vollbringt, wozu er von Gott berufen wurde, sind alle existenziellen Schuldgefühle und Grübeleien unbegründet.

II. Schuldgefühl

Eine der zentralen Aufgaben der Seelsorge ist, Menschen beim Loskommen von ihren irrealen Schuldgefühlen zu helfen, damit sie sich aus freier Entscheidung und ohne Angst dem Willen Gottes unterordnen können. Die Konfrontation mit den unrealistischen und lebensgeschichtlich anachronistischen Forderungen des Über-Ichs eröffnet für den Ratsuchenden die Möglichkeit, Situationen und Beziehungen seiner Lebensgeschichte umzudeuten und ihnen einen neuen Stellenwert zu verleihen. Sowohl im Glauben als auch in der Lebenspraxis der Kirche wird die Grenze zwischen realen und irrealen Schuldgefühlen absichtlich verwischt und dadurch der Anschein erweckt, dass alle Schuldgefühle durchaus berechtigt sind und Reue nach sich ziehen müssen. Allein die Seelsorge schafft Raum für eine ehrliche und differenzierte „Schuldarbeit". Insofern trägt sie wesentlich dazu bei, die christliche Glaubenspraxis von einer Über-Ich-geleiteten zu einer Ich-geleiteten Erlebensform zu überführen. Die Schuldfrage wird hier im Rahmen der Selbstbeziehung der Person behandelt, um den Ratsuchenden von belastenden Selbstverschuldungen bzw. Selbstrechtfertigungen zu befreien und sein Selbstwertgefühl auf ein glaubensbedingtes Optimum zu erhöhen. Dabei kommt vor allem die psychotherapeutische Funktion der Seelsorge zur Geltung.

In der nächsten Epoche (d.h. im Zeitraum etwa zwischen 1960 und 1990) der Geschichte der Seelsorge war eine psychotherapeutische Ausrichtung charakteristisch. Diese Profilierung kam von einem fachkundigen Dialog mit den verschiedenen psychotherapeutischen Richtungen und von der Einsicht her, dass die Seelsorge formal eigentlich ein psychotherapeutisches Vorgehen sei. Man braucht immer auch psychologische Hilfe, wenn man Glaubensprobleme hat. Insbesondere gilt das für Schuldprobleme. Die Psychoanalyse hat darauf aufmerksam gemacht, dass ein soziales Umfeld, das seine Wertvorstellungen durch rigorose Verhaltens- und Handlungsnormen vermittelt, in den Individuen unbegründete Schuldgefühle erwecken kann. In einem religiösen Kontext ist dies betont der Fall. In den 70er Jahren berichtet *Dietrich Stollberg*: „Der Mensch, der Seelsorge begehrt, ist nach meiner Erfahrung keines-

wegs amoralisch; im Gegenteil: er ist oft durch und durch ein pharisäischer Moralist, der sich und andere aufgrund des zum Götzen gemachten Gesetzes verurteilt. [...] Mich beschäftigt das Problem des Pharisäismus, weil es mir täglich in mir selbst, in der Institution Kirche, in unserer Gesellschaft und in meinen Klienten begegnet und mit den Krisen, die eine Seelsorgesituation wesentlich konstellieren, aufs engste zusammenhängt."[20] Die Seelsorge fand in dieser Zeit eine prämoderne Kirche vor, wo die Gläubigen – die Seelsorgebedürftigen insbesondere – unter einer Bevormundung leiden, deshalb sind sie hilflos und ängstlich und versuchen von Gewissensbissen geplagt alles, um den hochgeschraubten Erwartungen mindestens äußerlich zu entsprechen. Ihres Wissens nach sind es Verpflichtungen, die direkt von Gott eingefordert werden.[21] Als ob die Stimme des Gewissens gleichwohl die Stimme Gottes wäre. Wir wissen mindestens seit der freudschen Beschreibung des Entstehens und Funktionierens der psychischen Instanz Über-Ich, dass das so gar nicht stimmt.[22] *Freud* beschäftigt sich (ja) nur mit der neurotischen Seite der Schuldfrage, deshalb redet er von Schuldgefühlen, die mit real begangenen schlechten Taten oder mit dem Versäumen von notwendigen Hilfeleistungen nichts zu tun haben, sondern die „bei allen subjektiven Begründungsversuchen durch die Betroffenen keinen wirklich ‚stichhaltigen' Grund haben und deshalb auch anderen Menschen nicht nachvollziehbar erscheinen".[23] Nach einer realen Schuld hat man laut Freud ein Schuldbewusstsein, das mit Reue und Traurigkeit über das eigene Handeln oder Verhalten gleichbedeutend ist. Die Beobachtung des Gefühls des irrealen und meist irrationalen Schuldigseins führte Freud zur Annahme einer innerpsychischen Substruktur, die mit ihren Bedrohungen das Ich beängstigen kann.
Zwischendurch ist die Über-Ich-Theorie von *Sigmund Freud* zum Bestandteil der Allgemeinbildung geworden. Fast jeder weiß, dass das Kind die durch die Eltern vertretenen verhaltensregulierenden Forde-

---

[20] D. STOLLBERG, Wahrnehmen und Annehmen. Seelsorge in Theorie und Praxis, Gütersloh 1978, 15f.

[21] Zu gleicher Zeit ist das Buch „Gottesvergiftung" von Tillmann Moser (Frankfurt a.M. 1976) erschienen, das ernüchternd über einen Über-Ich-Gott berichtet.

[22] Die umfassendsten theologischen Reflexionen aus der Anfangszeit der therapeutischen Seelsorge sind: H. HARSCH, Das Schuldproblem in Theologie und Tiefenpsychologie, Heidelberg 1965; R. GOETSCHI, Der Mensch und seine Schuld. Das Schuldverständnis der Psychotherapie in seiner Bedeutung für Theologie und Seelsorge, Zürich u.a. 1976; M. HARTUNG, Angst und Schuld in Tiefenpsychologie und Theologie, Stuttgart 1979.

[23] K. WINKLER, Werden wie die Kinder, 129f. Vgl. K. WINKLER, Seelsorge, Berlin / New York 2000, 353.

rungen, Verbote und Erwartungen (Ideale) allmählich verinnerlicht. Es befürchtet, die Liebe der Eltern zu verlieren, so sieht es ein, dass zu gehorchen besser sei, auch wenn dies mit dem Verzicht auf eigene elementare Strebungen und Wünsche einhergeht. Das Kind kann seine Triebregungen nur beherrschen, wenn es sich mit den Eltern identifiziert und ihre Verhaltensmuster internalisiert. In der sogenannten ödipalen Zeit, also zwischen dem dritten und sechsten Lebensjahr, vollzieht sich diese Entwicklung, wobei die Identifizierung mit dem gleichgeschlechtlichen Elternteil eine besondere Rolle spielt. Von da ab fängt die elterliche Autorität an, im Inneren des Kindes ihre Macht auszuüben. „Wie das Kind unter dem Zwange stand, seinen Eltern zu gehorchen, so unterwirft sich das Ich dem kategorischen Imperativ seines Über-Ichs"[24] – schreibt Freud. Die so entstandene seelische Instanz erzwingt Folgsamkeit ebenso durch Angsterzeugung wie die elterliche Autorität, aber erheblich unerbittlicher. Vor dem Über-Ich können die Wunschphantasien nicht verheimlicht werden, auch wenn sie von allen Realisierungen weit entfernt sind. Sogar unbewusst gebliebene Strebungen können Schuldgefühle – genauer gesagt: Gewissensängste – auslösen. Man weiß selber nicht, wo die unangenehme innere Spannung herkommt. Versuchen wir also mit rationalen Argumenten die Rigorosität unseres Über-Ichs zu mildern, so kann es unterschwellig sein Verlangen weiterhin aufrecht zu erhalten und das Ich einzuschüchtern. Das Über-Ich-Gewissen gibt nicht leicht nach. Es arbeitet aufgrund von zwei Prinzipien: Das eine ist das „lex talionis", d.h. die unbedingte Vergeltung, die Rache; das andere ist die absolute Gleichsetzung von Wunsch und Tat. Aus dem Zusammenspiel beider Prinzipien ergeben sich schwere Schuldgefühle bezüglich Situationen oder Personen auch ohne irgendeinen tadelnswerten Akt. In bestimmten christlichen Kreisen gilt ein solches überempfindliches Gewissen als Tugend. Es wird dabei leider nicht berücksichtigt, dass im Hintergrund eine pathogene Eltern-Kind-Beziehung steht, die das Leben der betreffenden Person in ihrer Kindheit entweder durch rigorose Verhaltensvorschriften oder durch verängstigte Besorgnis überregulierte und einschränkte. Das heißt, dass die Stimmen, die in den Gewissensregungen laut werden, von den Eltern und nicht von Gott stammen. Oft sind sie allzu humanistisch anderen gegenüber, aber inhuman und gnadenlos bezüglich der eigenen Person.

---

[24] S. FREUD, Das Ich und das Es, in: ders., Werkausgabe in zwei Bänden, Bd. 1, Frankfurt a.M. 1978, 394. Weitere Ausführungen zur Über-Ich-Problematik finden wir in: S. FREUD, Neue Folge der Vorlesungen zur Einführung in die Psychoanalyse, in: a.a.O. 402–418.

In der Seelsorge ist ein ziemlich sicheres Zeichen für die neurotische Qualität eines Schuldgefühls, wenn es sich gegen die Vergebung resistent erweist. Der Betreffende ist unfähig, wirkliche Gründe und Motive zu seiner vermeintlichen Schuld zu benennen. Das Schulderleben dient nicht der Lösung einer Beziehungsstörung, wie es normalerweise der Fall wäre, sondern hat einen von dem gemeinten Problem unabhängigen inneren Konflikt abzudecken. Deshalb schlägt *Helga Lemke* vor, nicht von Schuldgefühlen oder gar von Schuldbewusstsein, sondern von Schuldphantasien zu sprechen.[25] Wo nämlich alle realen äußeren Gründe fehlen, wird sich einfach etwas eingebildet. Phantasiebilder bilden statt der äußeren immer die innere Realität ab. Sie sind natürlich auch ernst zu nehmen, aber nicht in ihrer ersten, sondern in ihrer weiteren, übertragenen, symbolischen Bedeutung. Die eigentliche Bedeutung der Schuldphantasien hat in der Regel mit dem Mangel an erfahrener Liebe, Anerkennung und Selbstwert zu tun. In diesem übertragenen Sinne ist auch das irreale Schuldgefühl berechtigt, weil es auf eine Not hinweist, die zu kurieren ist. Nicht unbedeutende zusätzliche Aufgaben bereitet für die Seelsorge der Sachverhalt, dass die irrealen Schuldgefühle oft, besonders vor einem fundamentalistischen christlichen Hintergrund erscheinend, mit der Gottesvorstellung in Verbindung stehen. Normalerweise hätte das Über-Ich-Gewissen mit Gott nichts zu tun. In einem solchen Erziehungsmilieu geben die Eltern ihren Erwartungen, Verboten und Geboten dadurch einen Nachdruck, dass sie irgendwie – meist gar nicht expressis verbis – auf Gott hinweisen. So entsteht eine geheime Fusion zwischen dem irrealen Schuldgefühl und dem Erbsündenglauben. Ein frei schwebendes irreales Schuldgefühl zu haben wird für einen natürlichen Bestandteil des Seelenlebens des gefallenen Menschen gehalten. Der Seelsorger hat dann zu helfen, diese Verflochtenheit aufzuheben. Praktisch bedeutet das, dass der Seelsorgesuchende zwischen den Inhalten der horizontalen und der vertikalen Ausrichtung des Gewissens zu unterscheiden lernt. Das horizontale Gewissen zwingt zum Gehorsam den in das Über-Ich aufgenommenen elterlichen Lebensregeln gegenüber. Alle seiner Inhalte sind also von menschlicher Herkunft – von daher auch provisorisch, überprüfbar und relativ. Seine unbedingte Herrschaft ist in allen ihren Formen illegitim, auch wenn sie unter dem Mantel Gottes erscheint. Dieses wird erst entlarvt, wenn der Mensch den Willen Gottes in einer persönlichen Beziehung zu Ihm aus Seinem Wort kennenlernt. Danach können die Inhalte des horizontalen Gewissens durchleuchtet werden, wobei es sich zeigt, welche Instruk-

---

[25] Vgl. H. LEMKE, Seelsorgerliche Gesprächsführung. Gespräche über Glaube, Schuld und Leiden, Stuttgart 1992, 100–107.

tionen dem Willen Gottes entsprechen, welche auf Korrektion oder Ergänzung angewiesen sind, und welche bei dieser Überprüfung durchfallen. Dieser Klärungsprozess kann nur von bewussten und verantwortlichen Glaubensentscheidungen begleitet vorgetragen werden. So hat *Joachim Scharfenberg* Recht, wenn er unter den Zielsetzungen der pastoralpsychologischen Arbeit hervorhebt: „Auch wo Über-Ich war, soll Ich werden".[26]
Es wäre also ein Fehlgriff, wenn der Seelsorger einer unter irrealen Schuldgefühlen leidenden Person die Sündenvergebung Gottes verkündigen wollte. Er würde dadurch die Überzeugung des Schuldigseins seines Partners rechtfertigen und weiter vertiefen, aber gewiss nicht beseitigen. Stattdessen sollte sein Ich angesprochen werden, wobei eine Stellungnahme zur Ordnung und zu den Verordnungen Gottes gefordert wird. Zum anderen ist es im Allgemeinen nötig – wieder als eine Ichleistung –, den Eltern und Erziehern die Schuld der Eingabe von negativen Gewissensinhalten zu vergeben.

III. Schuld

Oftmals kommt dem seelsorgerlichen Gespräch die Aufgabe zu, in zwischenmenschlichen Konflikten die gegenseitige Vergebung zu vermitteln. Die Psychotherapie hat erst in der letzten Zeit erkannt, dass die echte Vergebung bei der Genesung vieler psychischer Störungen einfach unumgänglich ist. Unvergebene Verletzungen verursachen unheilbare Wunden. Der Lösungsversuch „Schwamm darüber!" reicht nicht aus, bringt eigentlich nichts. Das ist auch in der Kirche zu erfahren. Man muss den ganzen Prozess der Vergebung durchkämpfen und ohne den Beistand des Seelsorgers geht es in vielen Fällen nicht. Da der Glaubende von der Vergebung Gottes lebt, sollte es ihm leichter fallen, auch „seinen Schuldigern" zu vergeben. Kennt der Seelsorger den intrapsychischen Ablauf des Vergebungsgeschehens und sind ihm die theologischen Knotenpunkte der Versöhnungstat Gottes bekannt, so kann er auf Parallelitäten zwischen dem menschlichen und göttlichen Vergebungsvorgang hinweisen und in dieser Weise die Bereitschaft zur zwischenmenschlichen Vergebung stärken.

---

[26] Die Formulierung Scharfenbergs ist eine Anspielung auf den programmatischen Satz von Freud: „Wo Es war, soll Ich werden." J. SCHARFENBERG, Seelsorge als Gespräch. Zur Theorie und Praxis der seelsorgerlichen Gesprächsführung, Göttingen 1974, 41.

Im Christentum war die Pflicht zur Vergebung[27] für andere von Anfang an präsent. Das regelmäßige Beten des Vaterunsers ließ dieses Bewusstsein auch nicht verblassen. Das Thema gehörte aber traditionell zum Bereich der Ethik und der Kirchenzucht, weniger zur Seelsorge. Bis heute kommt wesentlich häufiger vor, dass jemand wegen seines Gekränktseins seelsorgerliche Hilfe und Verständnis sucht, eventuell Bestätigung einholen will, als dass ein Ratsuchender sich befähigen lassen wollte, eine böse Tat seitens eines Mitmenschen vergeben zu können. Zwischenmenschliches Vergeben ist ein viel selteneres Thema in den seelsorgerlichen Gesprächen, als es notwendig und wohlbegründet wäre.

In der Psychotherapie ist es auch nicht viel anders. Sie war bis vor kurzem fast ausschließlich mit dem Phänomen des Schuldgefühls beschäftigt. Bei der Behandlung von Opfern ist es meistens nur bis dahin gekommen: Die schlechten Gefühle der Gekränktheit zu verbalisieren, den entstandenen Ärger an die wirklichen Adressaten zu richten und das Ich zu stärken, damit das Heraussprechen der Gekränktheit gelinge. Dass das Vergeben der Verletzung von mentalhygienischem Gewinn wäre, wurde gar nicht beachtet. Genau vor zwei Jahrzehnten beklagte noch *Reinhard Tausch*, dass er in internationalen psychotherapeutischen Fachzeitschriften keine Untersuchung über das Vergeben gefunden hätte und legte die interessanten Ergebnisse seiner eigenen Forschung vor.[28] Seitdem ist es ein vieldiskutiertes Thema geworden.[29]

Für die Seelsorge ist der wichtigste von mehreren erforschten Aspekten, dass der Vorgang des Vergebens in vier Schritten verläuft, was unbedingt berücksichtigt werden soll.[30] Die Vergebung misslingt, wenn die nötigen Schritte nicht gemacht werden. In diesem Fall kann der

---

[27] Wir folgen um der Einfachheit willen der sonst sinnvollen Unterscheidung von M. Weinrich nicht, wonach „der rechte Umgang mit der Schuld auf Versöhnung zielt und die angemessene Thematisierung der Sünde von der Vergebung herkommt". M. WEINRICH, Schuld und Sünde – Versöhnung und Vergebung, in: M. BEINTKER / S. FAZAKAS (Hg.), Die öffentliche Relevanz von Schuld und Vergebung, Studia Theologica Debrecinensis – Sonderheft, Debrecen 2012, (125–132) 127.

[28] Vgl. R. TAUSCH, Vergeben – ein bedeutsamer seelischer Vorgang, in: K. FINSTERBUSCH / H.A. MÜLLER (Hg.), Das kann ich dir nie verzeihen!? Theologisches und Psychologisches zu Schuld und Vergebung, Göttingen 1999, 39–66.

[29] Einen guten Überblick über die Forschungslage finden wir bei K. HORVÁTH-SZABÓ, Vallás és emberi magatartás [Religion und menschliches Verhalten], Piliscsaba 2007, 99–119.

[30] Für die Seelsorge wird das Thema gründlich behandelt: B.M. WEINGARDT, „… wie auch wir vergeben unseren Schuldigern". Der Prozess des Vergebens in Theorie und Empirie, Stuttgart 2003; B.M. WEINGARDT, „Das verzeih ich nie". Vom Umgang mit Verletzungen, in: Brennpunkt Gemeinde 2004/1, Studienbrief 42.

psychische Vorgang nicht vollständig ablaufen und kommt nicht zum gewünschten Ergebnis. Jede einzelnen Phasen sind konstitutiv im Vorgang und die Phasen sind nicht beliebig austauschbar.

Vergeben heißt dreierlei: einerseits den freiwilligen Verzicht auf die berechtigte Vergeltung, andererseits die Annahme der Konsequenzen der Verletzung und zum dritten die Entscheidung den Vorfall dem anderen nie mehr vorzuwerfen.

Die Phasen des Vergebungsprozesses sind die Folgenden:[31]

1. *Bewusste und ehrliche Auseinandersetzung mit der eigenen Verletztheit, mit den Verlusten, mit der Enttäuschung, der Wut und dem Ärger, die dabei entstanden.*

Christen sind geneigt, die ihnen zugefügten Verletzungen schnell „runterzuschlucken". Sie verdrängen auch die negativen Gefühle, die dabei entstehen, um den Anschein der Sanftmütigkeit aufrecht zu erhalten. Meist nicht aus Heuchelei, sie fühlen sich einfach besser ohne exzessive Gefühlsausbrüche. Erst bei der Unfähigkeit zum Vergeben stellt sich heraus, dass die negativen Emotionen ins Unbewusste verbannt wurden. Nicht nur die Aggression, sondern die Enttäuschung, oder die infolge verschiedener Demütigungen hochkommenden Wertlosigkeitsgefühle ebenso, wie das Selbstmitleid gehören auch mit dazu. In dieser Phase sollte man den ganzen Schmerz und die volle Wut seiner Verletztheit wieder erleben, frei von allen Entschuldigungen oder Verbagatellisierungen. Dies fällt Christen oft unheimlich schwer. Sie sind an kurzschlüssige Lösungen gewöhnt. Im seelsorgerlichen Gespräch – auch wenn es seltsam erscheint – sollen die negativen Gefühle in ihrer ganzen Tiefe und Dynamik neu erlebt, mutig zugelassen und ausgesprochen werden. Wenn dies erspart wird, bleibt auch die Vergebung oberflächlich und provisorisch.

Auch im Versöhnungswerk Gottes ist dieser Moment gegenwärtig. Viele Gläubige fragen: Warum musste Jesus den Kreuzestod erleiden, hätte Gott nicht durch ein prophetisches Wort die Vergebung der Sünden kundmachen können? Warum hat er nicht einfach Amnestie geübt? Wie es in den zwischenmenschlichen Vergebungsvorgängen zu beobachten ist, soll beim echten Vergeben der Verletzte den Schmerz der Verletzung auf sich nehmen. Da auf der Seite des Menschen gegen Gott auch mörderische Affekte im Spiel sind, soll jemand um der Versöhnung willen auch den Schmerz des Todes tragen. Durch den Kreuzestod Christi teilt Gott mit, dass er die schwerwiegendste Konsequenz der Sün-

---

[31] Siehe R.D. ENRIGHT, Vergebung als Chance. Neuen Mut fürs Leben finden, Bern 2006; WEINGARDT, „wie auch wir vergeben...", 110–112; WEINGARDT, „Das verzeih ich nie", 14–18; HORVÁTH-SZABÓ, Vallás és emberi magatartás, 104–106.

de des Menschen, das Sterben, voll übernommen hat, um die Vergebung vollbringen zu können. Das ist eine erlebnishafte Identifikation mit der Opferrolle. Auf der Grundlage des Glaubens an den versöhnenden Gott wird die zwischenmenschliche Vergebung zur Teilhabe am Kreuz Christi.

2. *Im nächsten Schritt soll der verletzende Sachverhalt aus dem Blickwinkel des Verletzers beschaut werden.*
Das ist der Schritt der Perspektivenübernahme und der Empathie und zugleich eine Distanznahme zur Opferrolle. Man versucht, die Motivationen, die Intentionen und die Gewinne des Angreifers zu verstehen. „Was hat ihn dazu gebracht, mich zu beleidigen?" „Was für ein Bedürfnis kann im Hintergrund stehen?" Es kann sein, dass ihn sein tiefes Gekränktsein, sein Hunger nach Liebe und Anerkennung motiviert hat, ohne zu wissen, was er tut. Sein Hass ist eigentlich ein verzweifelter Ruf nach Liebe. Oder mein Verhalten war irritierend für ihn. Der eigentliche Zielpunkt der Verletzung war nicht meine Person, sondern jemand, dem gegenüber er sich immer verteidigen muss. Ich bin bloß eine Übertragungsfigur dabei. Folgende Differenzierungen sollen in dieser Phase stattfinden:[32]

- Unterscheidung zwischen der Person des Verletzers und seiner Tat,

- Unterscheidung zwischen der verletzenden Tat und der Art und Weise, wie der Betroffene sie wahrnimmt und erklärt,

- Unterscheidung zwischen den mit der Verletzung zusammenhängenden Aspekten und den weiteren Aspekten der Persönlichkeit des Verletzers,

- Unterscheidung zwischen den jetzigen und den sonstigen Handlungsweisen des Verletzers,

- Unterscheidung zwischen dem betroffenen Identitätsanteil der verletzten Person und den unbetroffenen Anteilen,

- Unterscheidung zwischen berechtigten und ganz ungerechten Aspekten der verletzenden Tat.

Das einfühlende Verstehen des Anderen darf nicht bedeuten, dass dadurch seine Tat verharmlost wird, sondern es geht darum, ein detailliertes Bild zu gewinnen und sowohl von dem Vorfall als auch von der

---

[32] Vgl. WEINGARDT, „Das verzeih ich nie", 16f.

eigenen Sichtweise emotional Distanz zu nehmen. Der Versuch, aus dem Status des Opfers den Schuldiger zu verstehen, setzt eine bedeutende Ichstärke voraus, die einen befähigen kann, von der Opferrolle Abschied zu nehmen, sich über die eigenen Interessen und Gefühle zu erheben und der inneren Welt der anderen anzunähern.

Zwei wichtige Aspekte der göttlichen Vergebung zeigen eine Parallelität zu dieser Phase des menschlichen Vergebungsprozesses. Der eine ist die Inkarnation, in der sich die göttliche Empathie, das Sich-Hineinversetzen Gottes in die Lage und Erlebensweisen des Menschen manifestiert, die bis zur Identifikation reicht (Hebr 4,15). Gott in Jesus Christus ist in eine ihm gegenüber feindselige Welt gekommen. Durch die Menschwerdung wird das gegenseitige Verständnis zwischen Gott und Mensch möglich. Gott wäre natürlich imstande, den Menschen (sozusagen) auch von Ferne zu verstehen, aber erst infolge der Menschwerdung Gottes kann sich der Mensch verstanden fühlen. Die Inkarnation hat also eine versöhnungspraktische Bedeutung. Der andere Aspekt ist der in evangelikalen Kreisen vielfach zitierte, sonst biblisch zutiefst begründete Gedanke, dass Gott zwar die Sünde hasst, den Sünder aber liebt. Er beurteilt den Menschen nicht aufgrund seiner guten oder schlechten Handlungen und Verhaltensweisen. Unsere Person hat in seinem Auge viel mehr Wert, als die Gesamtheit unserer Produktionen. In Gottes Heilshandeln erscheint diese Wahrheit in ihrer extremsten Form, indem der Mensch allein aus Gnade, trotz seiner bösen Taten, erhalten wird. Gott unterscheidet scharf zwischen der Person und ihren Verfehlungen.

3. Im dritten Schritt soll der Verletzte eine bewusste Enscheidung treffen zu vergeben.

Nach den ersten zwei Phasen folgt die Vergebung immer noch nicht automatisch. Von selbst geschieht sie nicht. Man muss sie willentlich vollbringen. Es kann von Person zu Person unterschiedlich lange dauern, die Zeit muss dafür allerdings reif werden. Diese Phase fordert die Leistungsfähigkeit des Ichs noch mehr heraus als die vorherige. Es handelt sich um das entschlossene Loskommen von den belastenden und schmerzhaften Auswirkungen des Verletzungsgeschehens und um das Freiwerden aus der – wenn auch situativen – Abhängigkeit von ihm. Dadurch kann der Verletzte seine Autonomie und menschliche Würde wiedergewinnen und gleich in einer eminent menschenwürdigen Tat bewähren. Vergeben heißt nicht unbedingt Vergessen, es bedeutet vielmehr eine vorbehaltlose Offenheit, die ein vorurteilsfreies Verhältnis mit dem Anderen ermöglicht. Oft kommt es nicht zu einem neuen Kontakt, weil der Verletzte nicht mehr zu erreichen ist, oder weil er sich vor der vergebenden Annäherung verschließt. So bleibt der Vergebungsakt ein innerer Vorgang. Aber auch wenn die Möglichkeit zur aktiven Teilnahme des Verletzten im Vergebungsvorgang besteht, darf der Vergebende keine Vorbedingungen oder nachträglichen Verpflichtungen erheben.

In der Versöhnungsgeschichte Gottes mit dem Menschen kann die Auferstehung Christi als Analogie zu diesem Schritt erscheinen. Das Leben gewinnt. Das Verhältnis zwischen Gott und Mensch wird durch keine destruktiven Handlungen mehr belastet, es wird durch das Leben bestimmt. Der Auferstandene sucht die untreu gewordenen Jünger, den verleugnenden Petrus, den zweifelnden Thomas, die Hoffnungslosen auf dem Weg nach Emmaus, dann Saul, den Verfolger. Er nimmt Beziehung mit ihnen auf und macht ihnen klar, dass die Auferstehung ihre Rechtfertigung und nicht ihre Verurteilung abzielt. Bei diesem Schritt ist wichtig, dass der Verletzte der Initiator ist, er versöhnt die Welt mit sich (2 Kor 5,19). Der Mensch ist und bleibt dabei als Beschenkter. Die Auferweckung Jesu „um unserer Gerechtsprechung willen" (Röm 4,29) zeigt, dass zur Vergebung Gottes „eine eigentümliche Grundpassivität"[33] auf der Seite des Menschen gehört. Es reicht also aus, wenn Gott allein aktiv ist.

4. *Zum vierten kann noch der Schritt vom Neuaufbau der Beziehung folgen – nach dem Motto: „es gibt einen neuen Anfang".*
Im engeren Sinne gehört die neue Kontaktaufnahme und die Neugestaltung der Beziehung nicht mehr zum Prozess der Vergebung, eher ist sie sein Nachklang. Es kann vorkommen, dass der Verletzte keine Bereitschaft zeigt, sie entgegenzunehmen. Er ist eventuell eindeutig abweisend, oder setzt seine verletzenden Handlungen fort. In engeren Beziehungen (Familie, Arbeitsstelle) ist es unvermeidbar weiter zu kommunizieren. Bei solchen Fällen kommt diesem Schritt eine besondere Bedeutung zu. Manchmal geschieht es ohne einen verbalen Austausch über die inneren und äußeren Vorgänge oder ohne eine ausgesprochene Entschuldigung. Die Verbalisation tut aber einer Beziehung immer gut, sie macht offensichtlich, was abgedeckt oder verschwiegen immer schon da war. So können die Partner reagieren, Missverständnisse klären, einen eigenen Standpunkt einnehmen. Hilfreich ist, wenn zusätzlich eine rituelle Handlung die Zäsur markiert. Fällt die klärende Besprechung aus, so sind doch die Voraussetzungen für einen Neuanfang schon im letzten Schritt beschaffen worden, die Verhältnisse sind klar, jetzt muss man einfach davon Gebrauch machen.

---

[33] KÖRTNER, Schuldvergebung und Schuldübernahme, 268.

Die Versöhnung zwischen Gott und dem Menschen vollendet sich dadurch, dass Gott uns seinen Geist, den Geist der „Sohnschaft" (Röm 8,15) und „der Kraft und der Liebe und der Selbstbeherrschung" (2 Tim 1,7) gibt. Der Geist erinnert uns unaufhörlich, dass wir nicht Feinde, sondern Kinder Gottes sind (Röm 5,10; 8,16), und er befähigt uns zu einem friedensschaffenden Leben. Gottes Geist bürgt dafür, dass die Gott-Mensch-Beziehung ungestört bleibt. Auf menschlicher Ebene können Beziehungsklärungen nicht so weit gehen, dass die Partner von da an durch den gleichen Geist bewegt werden. Wir brauchen den Neuanfang immer wieder, sonst verlieren wir einander. Gott verliert aber seine Geretteten nie wieder, „wenn wir untreu werden, bleibt er treu, denn er kann sich selbst nicht verleugnen" (2 Tim 2,13).

Als Schlussgedanken möchte ich noch hervorheben, dass die Sünden- und Schuldfrage in der Seelsorge immer indikativisch und auf keinen Fall imperativisch hervorgebracht und behandelt werden darf. Grundsätzlich kommuniziert der Seelsorger das Evangelium über Gott, „der den Gottlosen gerecht spricht" (Röm 4,5), im Wort und durch annehmendes Verhalten und das auch nie fordernd, sondern immer deutend. Das sagt aber nicht, dass er sich von ethisch-moralischen Zugangsmöglichkeiten schlicht abgrenzen soll, sein Profil ist aber die Lebensdeutung im Horizont des christlichen Evangeliums – auch bezüglich der Schuld- und Vergebungsproblematik.

Autorenverzeichnis

Balogh, László Levente, Dr. phil., geb. 1969, Dozent für Politikwissenschaft an der Universität Debrecen/Ungarn

Beintker, Michael, Dr. theol., geb. 1947, Professor für Systematische Theologie an der Ev.-theol. Fakultät der Westfälischen Wilhelms-Universität Münster

Fazakas, Sándor, Dr. theol., geb. 1965, Professor für Systematische Theologie und Sozialethik an der Reformierten Theologischen Universität Debrecen

Karasszon, István, Dr. theol., geb. 1955, Professor für Altes Testament an der Reformierten Károli Gáspár Universität Budapest

Körtner, Ulrich, Dr. theol., geb. 1957, Professor für Systematische Theologie (reformierte Theologie) an der Evangelisch-Theologischen Fakultät der Universität Wien

Lindemann, Andreas, geb. 1943, Professor für Neues Testament an der Kirchlichen Hochschule Wuppertal/Bethel

Link-Wiecorek, Ulrike, geb. 1955, Professorin für Systematische Theologie und Religionspädagogik an der Carl von Ossietzky Universität Oldenburg

Naumann, Thomas, geb. 1958, Dr. theol., Professor für Altes Testament an der Universität Siegen

Németh, Dávid, Dr. theol., geb. 1957, ist Professor für Religionspädagogik und Pastoralpsychologie an der Reformierten Károli Gáspár Universität Budapest

Peres, Imre, Dr. theol., Dr. paed., geb. 1953, ist Professor für Neues Testament an der Reformierten Theologischen Universität Debrecen

Welker, Michael, Dr. theol., geb. 1947, Professor für Systematische Theologie an der Ruprecht-Karls-Universität Heidelberg